Aisha Rokovsky

Der Eva-Effekt

Aisha Rokovsky

Der Eva-Effekt

Wie Frauen erreichen, was sie wollen

Wirtschaftsverlag Langen Müller/Herbig

Besuchen Sie uns im Internet unter
http://www.herbig.net

© 2001 by Wirtschaftsverlag Langen Müller/Herbig in der
F. A. Herbig Verlagsbuchhandlung GmbH, München
Alle Rechte vorbehalten
Unter Mitarbeit von Dr. Dr. Wolf Ruede-Wissmann
Lektorat: Martina Wagner
Schutzumschlag: Atelier Seidel, Altötting
Satz: Fotosatz Völkl, Puchheim
Gesetzt aus: 11/13 Punkt Bookman
Druck: Jos. C. Huber KG, Dießen
Binden: R. Oldenbourg, München
Printed in Germany
ISBN 3-7844-7420-9

Inhalt

5

🦉 Kapitel 4:
Für den ersten Eindruck gibt es
keine zweite Chance 173

🦉 Nachwort

Vorwort

Verehrte Leserinnen, vor Ihnen liegt ein Buch, dessen Inhalt das Ergebnis meines bisherigen Lebens ist. Es ist eine Botschaft an Frauen aller Schichten und jeden Alters, die bis jetzt glaubten, nicht das Recht und das Verlangen zu haben, etwas Besonderes zu sein – oder denen der Mut und die Entschlossenheit fehlte. Nicht jede Frau hat die Möglichkeit, die Zeit und auch das Geld, um sich mit ihrer gesamten Wirkung, ihrer gesamten Weiblichkeit auseinander zu setzen. Doch gerade die wichtigsten Attribute, wie der optimale äußere und vor allem der innere Eindruck, sind die Schlüssel zur Öffnung des Tores zu *Ihrem wahren Königreich.*

Entscheidend ist natürlich die Frage, was ich den Frauen, den Leserinnen, als Konsequenz aus meinem turbulenten Leben bieten kann. Ganz ehrlich und offen will ich Frauen ansprechen, die auf dem Weg zur Selbstfindung sind und mit ihrem Herzen die »Lust, Frau zu sein« wieder gewinnen oder auffrischen möchten. Vielleicht ist gerade jetzt der beste Augenblick, Ihre Lebensqualität und Lebensfreude entscheidend zu verbessern. Vielleicht ist die Hälfte Ihres Lebens um und Sie fragen sich, warum ausgerechnet ich und warum jetzt erst? Weil auch Sie zu Ihrer eigenen Königin werden können und weil es in jedem Leben Ungewöhnliches gibt.

Außergewöhnliche Lebensläufe haben bekanntlich viele Menschen. Und ich finde es stets faszinierend, wenn ich Menschen gegenübersitze, die selbst nicht nur eine eigene, ungewöhnliche Geschichte haben, sondern als Menschen selbst auch außergewöhnlich sind. Gerne war ich auch bereit, solche Lebensgeschichten als eine Art »Vorbildfunktion« für mich zu respektieren. Aber stets habe ich mich gefragt, was *ich* denn nun konkret tun kann, um diese Weisheiten, diese Philosophien für *mein* Leben umzusetzen. Was ich hörte und las, waren die großen Überschriften. Und die Details, die Hinweise, die Empfehlungen – also das, was ich für mein tägliches Leben benötige –, wo waren sie? Das habe ich stets bei den großen Lebensläufen vermisst.

Mit meiner Botschaft in diesem Buch möchte ich den Frauen nicht nur die große Überschrift geben, sondern ihnen auch zeigen, was sie konkret und auch im Detail tun sollten, um das zu erreichen, was sie wollen.

Ob mein bisheriger Lebenslauf zu den außergewöhnlichen gehört oder nicht, werden Sie, verehrte Frauen, nach dem Lesen dieses Buches beurteilen. Und Sie werden beurteilen, ob die Tipps und Hinweise, die ich Ihnen in diesem Buch gebe, für Sie praktisch umsetzbar waren beziehungsweise sind und *zu Ihrem Königreich* führen.

Auffallen werden Ihnen sicherlich meine Vorgehensweise, meine Beispiele – und sicher auch mein Schreibstil. Die vier Kapitel haben eine bestimmte Ordnung, aber an eine total perfekte Ordnung bestimmter Kriterien möchte ich mich bewusst nicht halten, weil ich diese schlicht langweilig finde. Ich möchte alles so beschreiben, wie ich auch in meinen Seminaren rede und agiere, denn ich bin fest davon überzeugt, dass mich die Leserinnen auch »schriftlich« verstehen.

Das Inhaltsverzeichnis gibt bereits einen groben Überblick über meine Absichten. In Kapitel 1 beschreibe ich Ursprung und Auslöser für mein Handeln. In Kapitel 2 vermittle ich Ihnen meine Überzeugung, so zu werden, wie Sie es sein wollen – es geht um Ihr Selbst-WERT-Gefühl. Das Kapitel 3 hat mit unserer Gemeinschaft zu tun, denn Frauen und Männer leben in einer Gemeinschaft – niemand kann ohne den anderen auskommen. Die Männerwelt hat ihre eigenen Ordnungen und Gesetze. Für uns Frauen ist es darum wichtig, die Männer verstehen zu lernen – ohne »männergleich« zu werden, damit wir erreichen, was wir wollen. Und in Kapitel 4 geht es sehr konkret und praktisch zu. Hier finden Sie eine Fülle von Tipps und Hinweisen für Ihre Ausstrahlung, Ihr Charisma. Und damit schließt sich der Kreis mit allen Stationen, den wir den »Eva-Effekt« nennen, damit Frauen erreichen, was sie wollen.

Ich wünsche Ihnen viel Freude beim Lesen und vor allem wünsche ich, dass meine Botschaft aus diesem Buch Sie erreicht.

München, im Oktober 2001

Kapitel 1:

Finden Sie
Ihre eigene Bestimmung
und Ihr Ziel

Das Kind und sein Traum

Ganz schön schwindelig war mir, als ich mit größter Mühe auf den riesigen Baum in unserem Garten geklettert bin, um die Krone und damit die wunderbare Höhe zu erreichen. In die Ferne wollte ich sehen. Die große Welt, die so unerreichbar weit entfernt war. Mein Körper war zerkratzt, denn die Äste standen mir beim Hinaufsteigen stets im Weg, und ich hatte auch Angst. Doch irgendetwas trieb mich weiter. »Nie aufgeben«, habe ich mir gesagt, »du schaffst es bis nach oben.« Beinahe hatte ich mein Ziel erreicht, da erschreckte mich ein verzweifelter Schrei meiner Mutter. »Pass auf, komm sofort herunter. Du brichst dir die Knochen! Bist du wahnsinnig?« Was sollte ich tun? Gehorchen und wie ein braves Mädchen den Wunsch meiner geliebten Mutter erfüllen oder Widerstand leisten, um meine kindliche Neugier zu befriedigen?

Was hat mich den ganzen Sommer auf diesen Baum getrieben, Jahr für Jahr? War es nur Neugier, der Wunsch nach Anerkennung oder die Selbstbestätigung, dass ich es schaffen konnte? Ich konnte ja meine Mutter verstehen, denn körperlich war ich zwar groß – eine Bohnenstange, aber meine Beweglichkeit, Koordination und Kraft waren zu diesem Zeitpunkt katastrophal. Für die Umgebung galt ich sowieso als unsportlicher Trampel, ungeschickt, dem man außer Schulaufgaben nur die simple Hausarbeit überlassen konnte.

Ich wuchs als Einzelkind in einem tschechischen Dorf im grauen Kommunismus auf. Außer Arbeit oder Schule, Essen und Schlafen gab es nichts. Für regelmäßigen Urlaub fehlte das Geld, aber dafür hat mein Vater irgendwann mal einen Fernseher gekauft, was damals noch etwas Besonderes war. Und da sich die Nachbarn alle gut kannten, waren gemeinsame Fernsehabende keine Seltenheit. Aber die Programme der damaligen Zeit widerten mich an. Ständig waren es irgendwelche Kriegsfilme, die mit dem stets gleichen Pathos endeten, das hieß natürlich mit dem Sieg der Roten Armee, gemeinsam mit der tschechischen Untergrundarmee und Soldaten anderer Staaten, die im Krieg mit Hitler lagen. Ich war ein junges Mädchen und musste – wollte ich auch am Fernsehabend teilnehmen – nun ständig mit ansehen, wie wirkungsvoll die Feinde umgebracht wurden.

Nachrichten und Berichte aus aller Welt waren eine einzige Propaganda, um uns zu zeigen, wie schön wir es im überlegenen Sozialismus haben, dass wir uns glücklich schätzen dürften, die Errungenschaften zu nutzen, und dass wir schon recht bald die westlichen Länder mit dem dekadenten Ausbeutertum überrundet haben würden, und so weiter, und so fort.

Westliche Länder hatten damals bereits Farbfernsehen, aber die Programme bei uns wurden noch lange in Schwarzweiß ausgestrahlt. Die Inhalte übrigens auch.

Die Menschen waren unzufrieden, aber auch dankbar für die Arbeit, die sie in der nahen Zement- und Chemiefabrik fanden. Umweltschutz war ein fremdes Wort und die Abgase haben die Luft so vergiftet, dass der ganze Himmel oft nur eine einzige gelbe Wolke war. Es stank bestialisch und manchmal wurde uns wegen gesundheitlicher Gefahren verboten, das Haus zu verlassen. Ich habe diese Tage in besonders schlimmer Erinnerung, weil ich nicht auf »meinen Baum« klettern und in die Ferne schauen konnte. Also musste ich mich fügen und daheim bleiben, obwohl die Schule beendet war und – soweit man das überhaupt sehen konnte – die Sonne schien.

Dennoch waren alle irgendwie sehr fleißig, und den Rest des Tages haben sie auf dem Feld oder im Garten bis zur Dunkelheit geschuftet, um die Selbstversorgung der eigenen Familie zu erhalten und auch, um sich finanziell etwas zu verbessern. Denn Tauschen und privat etwas Verkaufen war gang und gäbe. Im Sommer hatten wir zwar Obst und Gemüse im Überfluss, aber im Winter gab es oft nur das, was sich einkellern und einmachen ließ. Vor allem war es im Haus immer sehr kalt, denn auch das Brennmaterial war knapp. Doch es gab auch sehr schöne Tage. Dazu zählte zum Beispiel, wenn mein Vater uns mit einer Sonntagsmahlzeit überraschte. Er durfte jagen und brachte oftmals von ihm erlegtes Wild nach Hause. Und was für einen kulinarischen Genuss hat meine Mutter daraus gezaubert! Das waren kleine, aber unvergessliche Glücksmomente, die uns den Alltag geschmückt haben.

Bei uns zu Hause war es genauso wie in den Familien unserer Nachbarn. Alle ergaben sich ihrem Schicksal. Man lebte und man hatte sich eingerichtet. Man wusste, was im Sommer geschah und was im Winter auf uns zukommen würde. Aber es gab auch viel Humor in dieser Zeit. Sobald ein paar Nachbarn zusammensaßen oder es ein kleines Fest gab, wurde vor allem viel gelacht. Merkwürdig, zwar hungerte niemand, alle hatten wenig, aber man gab dem Nachbarn gerne, denn auch er gab. Was mich aber faszinierte war, dass die Leute herzhaft lachen konnten, trotz dieser eher armseligen Situation –

und zwar zu jeder Gelegenheit und über alles. Später, im reichen München, fehlte mir dieses herzliche Lachen gerade von Menschen, die alles hatten.

Doch für mich war das Leben damals ziemlich langweilig, farblos und eintönig. Was mich mehr und mehr beunruhigte, war, dass es keine Veränderungen gab. Ich erlebte jedes Jahr gleich. Und nur eine Änderung, gleich welche, wäre so etwas wie Zukunft gewesen, jedenfalls stellte ich mir es so vor. Dieser Gedanke nahm mehr und mehr Besitz von mir. Es gab Tage, da saß ich gleich nach dem Mittagessen in meiner Baumkrone und träumte einfach einen schönen Traum. Schon damals waren diese Träume ein wichtiger Teil meines Lebens und meines Erwachsenwerdens. Oft vermischten sich diese Träume mit Szenen aus dem Fernsehen, der für mich so aufregenden Musik von Smetana mit skurrilen Farben, bekannten Schauspielern und Jungen, in die ich damals verliebt war. Sie erzeugten ein scheinbar ungeordnetes Bild und ein warmes, wohliges Gefühl in mir, eine Sehnsucht, von der ich nicht wahrhaben wollte, dass sie unerfüllbar bleiben würde. Denn das Gefühl war sehr schön; es erfüllte mich und ich nahm meine Umwelt ganz anders, viel liebevoller, wahr.

Nein, ich war nicht wütend, weil ich das geträumte Glück nicht erreichen konnte, sondern irgendwie dankbar, diese schönen Gefühle haben zu dürfen. Ich liebte diese Augenblicke. Stellen Sie sich bitte vor, da klettert ein junges Mädchen auf einen Baum, um sie herum nur Langeweile, grauer Sozialismus und ein gelber, stinkender Horizont von einer Chemiefabrik. Sie sitzt in der Krone, schaut in die Ferne und hat wunderbare, schöne, warme Träume. Viel später erkannte ich, warum ich diese Träume liebte. Diese Träume waren etwas, das aus mir selbst kam, ein Stück unfassbares Leben, das gleichsam in mir geboren wurde, und etwas, das ich selbst erzeugt hatte. Darum waren sie auch so wertvoll für mich, damals wie auch heute. Und was aus einem selbst kommt, was aus dem eigenen Ich entsteht, ist wertvoller als alles, was andere in uns erzeugen wollen. Wenn es anderen gelingt, uns unsere Träume zu nehmen, die wir lieben und leben wollen, gehorchen wir einem Fahrplan, den diese anderen für uns aufgestellt haben.

Es war ein heißer Sommertag und ich trieb mich – wie so oft – auf dem Feld meiner Eltern herum mit dem Wunsch, unbeobachtet und ganz leise den ersehnten Gipfel meines Lieblingsbaumes zu erreichen. 14 Jahre war ich alt, und an diesem Tag war ich felsenfest entschlossen, bis zur wunderbaren Krone ganz nach oben zu klettern. Noch nie hatte ich das letzte Stück dieses riesigen Baumes geschafft. Ich wusste, mir fehlte der Mut. Für jeden anderen Jugendlichen in meinem Alter wäre es eine Kleinigkeit gewesen. Nur ich habe es bis zu diesem Tag nicht geschafft. Für mich war dieser Platz etwas Heiliges. Wie oft habe ich es probiert, und immer wieder bin ich fast erschöpft nur in der Mitte gelandet. Es gab etwas, was mich hinderte. Wie eine unsichtbare Hand zog mich etwas nach unten, als wollte eine böse Macht verhindern, dass ich zum Gipfel kletterte. Jedes Stück des Weges, das ich Sommer für Sommer und Jahr für Jahr bezwungen habe, war für mich der Platz meiner Träume. Ich war dem Himmel nah und die weite Sicht hat mich immer wieder aufs Neue inspiriert. »Wer ist stärker – ich oder der Baum?«, schwirrte es durch meinen Kopf. Der Baum wuchs jedes Jahr, ich aber auch. Wie besessen habe ich meine Glieder gequält und gedacht: »Ich muss es schaffen. Ich kann doch fühlen, denken und handeln, und das kann der Baum nicht. Also bin ich stärker.«

Und an diesen Tag führten mich diese Gedanken

Schritt für Schritt noch oben, bis ich tatsächlich am Gipfel ankam. Ich war außer mir vor Freude und unendlich stolz auf mich, denn ich hatte das Ziel meiner Träume erreicht. Die Sicht war an diesem Tag so klar, dass ich in weiter Ferne Berge entdecken konnte. Unendlich viele Gedanken gingen mir durch den Kopf. Der faszinierende Augenblick, ganz oben zu sein, gab mir unendlich viel Mut. Meine Gedanken schwirrten in der weiten unbekannten Welt, die ich mir in meinen Träumen ausmalte. Wie sie wirklich aussah, wusste ich nicht. Und wo sie war, wusste ich nur vom Geografieunterricht, denn wir lebten ja hinter dem Eisernen Vorhang.

Besonders gerne lese ich Biografien bedeutender Menschen. Vor allem suche ich darin nach den Schienen und den Weichen, die zu diesem ihrem Lebenserfolg geführt haben und sie in den Bahnhof der Berühmtheit und Bedeutung brachten, den so viele Menschen erstreben. Sehr skeptisch allerdings stehe ich Erklärungen gegenüber, die mit einer Formulierung »Da beschloss ich, mein Leben zu ändern!« geschmückt sind. Ein Leben lässt sich nicht so schnell ändern. Weder durch Glasscherben- oder Feuerläufe oder durch sonstigen Humbug selbst ernannter Gurus. Klar, es gibt Ausnahmen. Aber die Ausnahmen ergeben sich in der Regel wiederum durch – Ausnahmesituationen. Das kann der plötzliche Verlust eines geliebten Menschen sein, ein Unglück, Krieg, ein gesundheitliches Schicksal usw. Nicht aber die Tatsache, dass man sich seit Monaten über seinen Chef, seine Nachbarn und seine Schwiegermutter ärgert und schier verzweifelt über das eigene Unglück ist.

Eine Situation, die uns mehr und mehr aussichtslos erscheint, kann allerdings zu einer solchen Verhaltensänderung führen. Doch die Umsetzung der Veränderung wird umso schwieriger, je älter die Betroffenen sind. Denn noch immer gilt die Weisheit: Einen alten Baum kann man nicht mehr verpflanzen. Aber es geht auch darum zu fragen: Was ist »alt«? »Man ist so alt, wie man sich fühlt« – sagt der Volksmund. Natürlich, wenn man jung ist, kann man offensichtlich alles. Man ist mutiger, aktiver und risikofreudiger. Und man ist vor allem noch nicht etabliert und hat nichts zu verlieren. Wenn man dann noch getrieben wird von der Erkenntnis: »Hier ändert sich in den nächsten hundert Jahren nichts, aber auch gar nichts mehr!«, dann kann man wirklich eine Lebensänderung »beschließen«, dann ist es glaubhaft zu sagen: »Ich beschloss, mein Schicksal in die eigenen Hände zu nehmen.«

Dieser Baum, dessen Gipfel ich schließlich erreicht hatte, sodass ich die Welt von oben sehen und träumen konnte, hat mich fasziniert und mir doch gleichzeitig Angst gemacht. Was wird aus mir? Was wird aus meinem Leben? An diesem Tag beschloss ich, etwas Besonderes zu werden. Ich wollte auf einmal nur eines, nämlich dieser lebenslänglichen Trostlosigkeit entkommen. Allein das zu schaffen, empfand ich damals schon als etwas Herausragendes. Meine Chancen waren nicht groß. Besonders begabt war ich nicht. Also konnte ich weder Sängerin noch Schauspielerin, Stewardess oder Ärztin etc. werden.

Aber ich musste etwas werden, ich musste studieren, um dem trostlosen Dahinleben zu entgehen. Es war nicht einfach, denn meine Eltern waren nicht in der Partei, was Voraussetzung für die Karriere der Kinder in diesem Lande war.

»Was soll ich werden?«, träumte ich vor mich hin. Zur Karriere als Schauspielerin war meine Familie nicht prominent genug und für eine Ausbildung zur

Sängerin hatten wir nicht genügend Geld – unabhängig von meinen Begabungen und Talenten, die ich damals sicherlich höher einschätzte als zuständige Expertinnen. Trotzdem nahm ich vier Jahre lang Klavierunterricht und gewann später auch einige Wettbewerbe. Das Klavier habe ich von allen Musikinstrumenten am meisten geliebt. Obwohl wir uns zu Hause kein Klavier leisten konnten, habe ich jede Möglichkeit außerhalb des Unterrichts für ein paar Träumereien am Klavier genutzt.

Wir haben am Ende der Welt gelebt und ich hatte keine Möglichkeiten, mich zu entfalten. Doch keiner konnte mir meine Träume verbieten. Und ich wusste, was ich wollte: Ich wollte mit Menschen zu tun haben, ich wollte anderen etwas geben. An dem Tag meines Gipfelsturmes habe ich mich entschieden: Ich werde Lehrerin!

Dieser Entschluss unterschied sich von den Träumereien der Mädchen in dem Alter dadurch, dass ich genau wusste, was ich wollte, und mich keine Macht der Erde von meinem Vorhaben abbringen konnte und würde. Ich war geradezu besessen von dem Gedanken, endlich in die Stadt zu gehen, andere Menschen kennen zu lernen und einen Studienplatz zu bekommen.

Nicht jedes Mal muss die Erfüllung des Kindheitstraumes der Schlüssel zu Glück und Erfolg sein, denn mit dem Erwachsenwerden verändern sich unsere Bedürfnisse und Wünsche. Oft laufen Frauen noch ihren früheren Träumen hinterher, weil sie ihre Bedürfnisse nicht aktualisieren. Beschreiben und belegen kann ich nur die Erfahrungen jener Frauen, die zwar mit Opfern, aber immer mit Ausdauer ihrem Traum gefolgt sind. Jedes Kind, jeder Jugendliche, jede erwachsene Frau hat Wünsche und Träume. Und es ist natürlich, dass diese sich durch neue Erkenntnisse und Erfahrungen weiterentwickeln.

Können Sie sich noch an das erinnern, was Sie in der Schule gelernt haben? Wir sollten funktionieren und uns nicht amüsieren! Dabei wurde unsere wahre Freude am Spielen unterdrückt. Wir sind nicht auf die Welt gekommen, um unglücklich zu sein. Also reaktivieren Sie das Feuer der Freude in ihnen, das Sie als Kind gefühlt haben. Als wir klein waren, kannten wir keine Sorgen, Sicherheitsdenken usw., sondern waren neugierig, lebendig und haben mit großen Augen die Welt bestaunt. Heute sorgen wir uns um Job oder Miete, zeigen keine Gefühle und fragen uns nicht:»Was habe ich heute von mir gegeben?«, sondern:»Was habe ich bekommen?«

Die Frage»Wer bin ich? Was kann ich?«steht sicher nicht jeden Tag bei Ihnen auf dem Programm. Ganz klar, denn Sie stehen vielleicht unter dem Druck, unter den Sie sich selbst gebracht haben, um für andere da zu sein. Schicken Sie diese Gedanken in die Wüste. Lassen Sie los und befreien Sie sich. Es ist Ihr absolutes Recht, sich jeden Tag 30 Minuten Zeit zu nehmen und zu fragen:»Was brauche ich? Was tut mir gut? Was will mein Herz?« Oder wollen Sie ein Leben lang zum Mittelmaß gehören? Je mehr Sie sich durch verschiedene Aktivitäten ablenken, desto weniger Zeit haben Sie, um über sich nachzudenken. Das ist fatal. Denn Sie wissen genau, das schadet Ihrem Körper, Ihrem Geist und vor allem Ihrer Seele. Der Selbsterhaltungstrieb eines jeden Menschen wird unter anderem von der Produktion verschiedener Glückshormone bestimmt (Endorphine). Würde ein Mensch nur Stresshormone (z. B. Adrenaline) produzieren, könnte er nicht (über)leben. Aber der Begriff »Selbsterhaltungstrieb« sagt schon aus, dass die

Natur des Menschen für jede Stresssituation auch ein Regulativ sucht, nämlich die »Glückssituation«.

Wann haben Sie zum letzten Mal einen Blick auf ein kleines Stück Natur geworfen? Wann haben sie den Mond oder die Sonne beobachtet? Was für ein wunderbares Gefühl! Doch wer sich mit Negationen und vorgeschobenen Tagesaktualitäten blockiert, wird das nicht genießen können. Wer sich aber frei macht in seinen Gedanken und von seinen Zwängen, der kann dieses wunderbare Gefühl jeden Tag und überall erleben (ich gebe Ihnen dazu noch praktische Empfehlungen im Abschnitt 1.3).

Wir müssen wissen, wohin wir wollen, sonst landen wir dort, wo andere es wünschen.

Apropos landen! Meine Freundin Beatrice Holling träumte als Kind vom Fliegen. Nichts Besonderes, werden Sie sagen. Okay, aber sie hat eine interessante Geschichte, und vielleicht finden auch Sie diese außergewöhnlich:

Als ich sie im Flugzeug nach Hamburg kennen gelernt habe, war sie gerade 23 Jahre alt. Damals habe ich wegen eines Verkehrsstaus meinen Flug beinahe verpasst. Ich bin als Letzte in die Maschine eingestiegen. Verschwitzt und verwüstet nach einem Sprint durch die Flughafenhalle, im kurzen Rock mit hohen Schuhen, konnte ich endlich meinen Platz im Flugzeug einnehmen. Die Frau neben mir beruhigte mich: »Jetzt können Sie loslassen, wir starten gleich.« Das fand ich nett, denn meistens begegnet man auf Inlandsflügen nur gestressten Geschäftsleuten, die nicht gerade ein Gespräch suchen, sondern sich wichtigtuerisch in ihre mitgebrachten Papiere verkriechen. Sie war mir sofort sympathisch und wir kamen ins Gespräch. Was sie in der einzigen Stunde von sich gab, hat mich überrascht und fasziniert. Ein bisschen blass und verspannt sah sie aus, ihre Haare und ihr Gesicht haben mich an die »Madonna« der 1990er-Jahre erinnert. Aber bei ihren Erzählungen habe ich ihre Energie gespürt.

Sie wuchs in der ehemaligen DDR auf und musste sich als 14-Jährige alleine mit ihrem vier Jahre jüngeren Bruder durchkämpfen. Ihr Vater war damals aus politischen Gründen im Gefängnis und die Mutter hatte sich in den Westen abgesetzt. Nicht gerade ein Musterbeispiel der Verantwortung einer Mutter ihren Kindern gegenüber, aber für Beatrice und ihren kleinen Bruder Realität. Zwar folgte sie ihrer Mutter kurz nach der Wende in den Westen, aber durch ihre schon in jungen Jahren erworbene Eigenständigkeit hatte sie ein außergewöhnliches Ziel vor Augen: »Ich werde Pilotin.« Das aber kostet zunächst Geld, viel Geld. Nach langer Suche fand sie eine Bank, die ihr den Kredit gab, um diese anspruchsvolle Ausbildung finanzieren zu können. Und sie nahm ihr Ziel ernst, jeden Tag aufs Neue. Während des Studiums war keine Zeit für Disko oder ähnliche Vergnügungen, sondern es galt nur das Lernen, das Üben, die Ausbildung in Amerika, die Übungsflüge in Frankreich usw.

Einen entscheidenden Teil ihrer Jugend hat sie ihrem Traum geopfert, nein, vielmehr hat sie ihrem Traum ein Stück ihrer Jugend geschenkt – so wertvoll war ihr dieser Traum. Mit Entschlusskraft, Begeisterung, Ausdauer und unendlich viel Hoffnung hat sie ihren Traum verwirklicht und lebt ihn – jetzt!

Wir haben uns etwas aus den Augen verloren. Doch als ich sie am Flughafen München nach drei Jahren im Kempinsky-Hotel wieder sah, wo sie einen Zwischenstopp mit einem Tag Pause hatte, haben wir den Rest des Tages miteinander verbracht, obwohl ich eine andere Zeitplanung hatte. Aber für mich war sie eine wunderbare Gesprächspartnerin. Durch diese Begegnung kam ich unerwartet spät nach Hause und am liebsten hätte ich jemandem von diesem wundervollen Abend erzählt: »Donnerwetter, stellt euch vor! Da steht diese junge, hübsche Frau vor mir, der man(n) eher zutraut, als Hausmannequin für Bogner zu arbeiten.« Und wissen Sie was? Dieser ehe zarte Modeltyp fliegt heute als Kopilotin einen Airbus 310, jenen »Wahnsinnsvogel« mit über 300 Passagieren. Und der nächste Schritt folgt: Sie wurde im Jahr 2000 die erste weibliche Pilotin – Verkehrsflugzeugführerin – für die Vereinigten Arabischen Emirate. Nicht weil sie schön, blond oder langbeinig ist, sondern weil sie immer die Beste sein wollte. Dafür hat sie alles getan und die gefährlichsten Prüfungen bestanden. Aber sie hat wahrlich nicht auf alles verzichtet – und das ist das Entscheidende. Sie hat es zudem verstanden, ihre Weiblichkeit gewinnbringend in die Männergesellschaft der Piloten einzubringen. Sie hat nie aufgehört, Frau, Tochter, Schwester oder Freundin zu sein. Sie ist eine selbstbewusste Frau, die sich eines Tages auch Familie und Kinder wünscht. Nun will sie erst ihren Traum richtig ausleben und auskosten. Wenn Sie mal in Dubai beim Boarding Ihres Flugzeugs im Cockpit eine attraktive Blondine sehen, dann ist es bestimmt meine Bea.

Noch Hunderte lebendiger Beispiele könnte ich Ihnen nennen, zum Beispiel Klara, die Opernsängerin, Helga, die Kinderärztin, Petra, die Schauspielerin! Es sind alles wunderbare Frauen, die irgendwann einmal die Vision hatten, eine Königin zu werden – und es realisierten! Stets begann es in ihren Herzen, denn sie fühlten, dass ihr Leben mehr sein kann, als es ist. Dann wuchs das Verlangen in ihren Köpfen, denn Wünsche müssen auch realisiert werden. Und letztlich war stets auch – pardon – der Hintern beteiligt. Denn den müssen Sie schon hochkriegen, um etwas zu bewegen. Nur auf einem Baum sitzen und träumen, nur in Gesprächen sich die Köpfe heiß reden, nur immer zu sagen:»Eigentlich müsste ich ...« usw., ist für Ihre Persönlichkeitsentwicklung so nützlich wie ein Gespräch über schlechtes Wetter.

Folgen Sie Ihren Träumen mit Feuer und Flamme. Lassen Sie sich nicht beirren und entmutigen. Halten Sie begeistert daran fest! Wir leben nämlich in einer leistungsorientierten und – leider – nicht in einer begeisterungsfähigen Gesellschaft. Ihren Wunsch sollten Sie immer vor Augen haben. Glauben Sie mir, wenn Sie sich einen Partner wünschen, Arbeit suchen, eine Firma gründen wollen, visualisieren Sie Ihre persönliche Wunschgeschichte so, als ob sie bereits geschehen würde. Nur dann haben Sie die Chance, dass Ihre Wünsche in Erfüllung gehen.

Falls Ihre Träume nicht gleich oder gar nicht eintreffen, dann lernen Sie, es zu akzeptieren. Allein dadurch wird Ihr Leben leichter. Erkennen sie Ihren Herzenswunsch und folgen Sie ihm. Erkennen Sie Ihr großartiges Potenzial, Ihre innere und physische Kraft, und Ihre Träume werden wahr. Es ist unwichtig, wann Sie Ihre Bestimmung finden, sondern wie leidenschaftlich Sie diese suchen.

Wenn Sie meine Lebensgeschichte in diesem Buch weiterverfolgen, werden Sie feststellen, dass mein Kindheitstraum nur ein Sprungbrett für meine Zukunft war.

Träumen ist leicht,
aber handeln ist schwer

Es vergingen Monate, meine Gedanken und meine Phantasie arbeiteten auf Hochtouren. Es waren Impulse, die mich angeregt haben, obwohl sie abstrakt, nebelhaft und ohne Werte waren.

Es war Zeit, etwas zu tun, denn bis dahin war außer in meinen Vorstellungen noch gar nichts passiert. Ich wusste, dass mich eine Aufnahmeprüfung für das Gymnasium erwartete, wo unter anderem auch unsere sportlichen Qualitäten gemessen wurden. An diesem Punkt wäre ich sicherlich gescheitert, denn ich war im Grunde linkisch und unsportlich; damals fast schon 1,80 Meter groß, sodass jedes Mal die ganze Klasse im Sportunterricht nur über mich gelacht hat. Der Gedanke, mich in ein Sporttrikot zu zwängen, meinen sehr langen, unkoordinierten Körper zur Schau zu stellen, beförderte mein Selbstbewusstsein noch Tage danach in den »Keller«. Ich konnte nicht laufen, nicht springen, keinen Ball fangen – einfach gar nichts. Meine Noten in anderen Fachgebieten waren zwar sehr gut, aber außer meiner Freude am Leben hatte ich nichts, womit ich als junges Mädchen hätte imponieren könnten. Es war kein Geld da für modische Kleidung. Ich durfte keinen Lippenstift benutzen und meine Haare wurden regelmäßig vom Dorffrisör gnadenlos so kurz geschnitten, dass ich von hinten oft für einen Jungen gehalten wurde. Ich wollte nicht zum Dorftrottel abgestempelt werden. Ich sehnte mich nach Anerkennung und Zuneigung.

Gegen den Widerstand meiner Eltern und das Gespött meiner Altersgenossen habe ich mir vom Gesparten Bücher über Sport gekauft und begann mit 14 Jahren heimlich zu laufen. Beim ersten Laufversuch hatte ich Atemprobleme, bei kleinen Anstrengungen plagten mich Seitenstiche. Ich hatte keine Kondition und mein Körper war untrainiert und schwerfällig. Als ich mit dem Lauftraining begann, hat alles in mir rebelliert und geschmerzt. Da wir kein Stadion hatten, wählte ich Wald und Natur. »Ihre Tochter ist verrückt geworden, sie läuft wie eine Dampfwalze über unser Grundstück«, haben die Nachbarn meinen Eltern berichtet. Es war klar, weit und breit war kein Mensch, der diese Art Fortbewegung gewählt hat. Ich war eine Exotin, die nicht ganz »dicht« ist. Heute laufen, joggen und walken Millionen Menschen. Es ist Mode geworden, der Fitness, dem Schönheitsideal und der Gesundheit nachzueilen.

Trotz zahlreicher Erkrankungen, die ich hinnehmen musste, habe ich mit dem Training nie aufgehört. Ich hatte mein Ziel, das wollte ich erreichen, und ich hatte meinen Traum, den wollte ich verwirklichen. Nach vielen Krisen gewöhnten sich meine Muskeln an die Anstrengungen und ich begann mich an der Bewegung zu erfreuen. Vor allem hat sich mein Gewicht reduziert und ich fühlte mich wohler, frischer, gelenkiger und habe meinen Körper akzeptiert, ja gemocht. Nach einigen Monaten bin ich fast täglich zum nächsten Dorf gelaufen, immerhin eine Strecke von über zehn Kilometern. Ungeniert und mit Stolz bin ich über unseren Dorfplatz gelaufen und es war mir egal, was die anderen dachten.

Wenn Sie in Ihrem Leben etwas anfangen, wovon Sie überzeugt sind, lassen Sie sich durch niemanden davon abhalten. Es ist Ihre Entscheidung, Ihr Entschluss und nur Sie bestimmen, welchen Weg Sie gehen. Wenn Sie es mit Begeisterung und Enthusiasmus angehen, dann wird es auch Ihnen gelingen, ans Ziel zu kommen. Wenn frau im Leben keine Vision hat, nach der sie sich sehnt, die sie verwirklichen möchte, dann gibt es auch kein Motiv, sich anzustrengen. Ein älterer Mann, der es gut mit mir meinte, sagte damals zu mir: »Die reichsten Genies und Erfinder waren nicht strenge Realisten, sondern unermüdliche Tagträumer.« *Diese These hat sich bei mir bewahrheitet – und Sie können es auch!*

Nachdem ich mir später Bücher über Leichtathletik gekauft und autodidaktisch jede Disziplin akribisch am Feld meines Vaters wochenlang nachgemacht hatte, gelang es mir, meinen Sportlehrer zu überreden, mich zur Jugendolympiade als Zuschauerin mitzunehmen. »Ausgerechnet du, der Sporttrampel?«, murmelte er vor sich hin. Vom Ersparten habe ich mir das Zugticket gekauft, heimlich meine Laufschuhe und Sportsachen mitgenommen, und so fuhr ich mit großer Neugier und Spannung in die neue unbekannte Welt der hektischen Großstadt. »Was für eine überwältigende Atmosphäre«, dachte ich bei der Ankunft in dem modernen, großen Stadion. Mein Herz klopfte auf Hochtouren vor lauter Aufregung. »Du musst mitmachen, du musst mitkämpfen«, hämmerte es in meinem Kopf. Es war nicht mein Gefühl, das mich getrieben hat, sondern meine Gedanken. Ich stellte mir vor, ich wäre hautnah dabei, und tat so, als ob ich eine von den Athletinnen wäre.

Wie im Rausch und voller Zuversicht habe ich die Schiedsrichter hinter dem Rücken unserer Schulsportdelegation überredet, dass ich am Wettbewerb teilnehmen darf. Ich behauptete, angemeldet zu sein und nur durch einen Fehler nicht auf der Liste zu stehen. Fragen Sie mich aber nicht weiter, wie ich das geschafft habe, aber ich habe es geschafft. Dadurch habe ich definitiv erkannt: Wir allein sind für unsere Entscheidungen verantwortlich.

Der Mensch wird des Weges geführt, den er selbst wählt. Ohne lange zu überlegen, habe ich fast alle Disziplinen gewählt, außer Hürdenlauf. Die erforderlichen Hindernisse hatte ich mir auf unserem Feld nicht aufbauen können. Außerdem wusste ich nicht, wie das technisch funktioniert, und sicher wäre ich dabei wahrscheinlich nach dem ersten oder zweiten Hindernis rausgeflogen und hätte mir die Beine gebrochen. Beim Laufen konnte ich nur die Kurzstrecke wählen, mit dem Vorsatz, so schnell wie möglich zu rennen – fast wie ums eigene Leben zu rennen. Nach 300 Metern habe ich mir gedacht:»Du hältst dich in der Mitte der Gruppe, und wenn die Kraft noch reicht, spurtest du, so schnell es noch geht, die letzten 100 Meter.« Gleich nach dem Start ging meine Rechnung auf, denn die Mädels sind zu meinem Unwissen von Anfang an so gespurtet, dass mir die Luft schon in der Mitte fast ausgegangen ist. »Bleib im Feld, verliere nicht den Kontakt, blamiere dich nicht«, waren meine Gedanken. Als wir die letzte Kurve vor dem Ziel erreicht hatten, wurde mir kotzübel und der einzige Befehl, den ich noch zustande brachte, war:»Atmen, atmen, nicht umfallen.« Die Mädels haben sich sogar gegenseitig geschubst und ich empfand es als völlig unsportlich, ja unfair. Schnell von der Innenkante weglaufend, habe ich mich verselbstständigt und lief in der Mitte der Bahn in Richtung Ziel. Ich schaute nicht nach links oder rechts, ich hatte nur ein befreiendes Gefühl. Endlich konnte ich ungestört meine Armbewegungen richtig einsetzen. Es war mir egal, wie ich ankomme, Hauptsache, ich erreichte irgendwann das Ziel.

Dieser Junitag war schrecklich heiß. Außer zwei Broten, bestrichen mit hausgemachtem Schmalz, und ein paar weichen Äpfel aus unserem Wintervorrat hatte ich nichts mit zur Erfrischung. Die anderen um mich herum tranken allerdings ständig aus eigenen, mitgebrachten Limonadenflaschen. Doch ich wagte nicht, jemanden um einen Schluck zu bitten. Schließlich habe ich mich direkt aus dem Schlauch der Bewässerungsanlage bedient – sicherlich ein Bild für Götter. Aber man ist in der Not nun mal erfinderisch. Durchhalten war mein einziges Ziel. Vor mir waren noch andere Disziplinen an der Reihe. Trotz meiner deutlich zu bemerkenden Erschöpfung war ich mit meiner Leistung sehr zufrieden. Ich war sogar erstaunt, was ich so alles konnte.

Während der Mittagspause kam plötzlich mein Lehrer und schenkte mir eine Tafel Schokolade. »Wegen der Energie«, meinte er auf einmal freundlich. Der Rummel im Stadion war zu diesem Zeitpunkt weg, denn die Mittagspause haben die meisten Sportler in Massageräumen oder beim Essen verbracht. Ich war glücklich und zufrieden, legte mich genüsslich unter einen Schiedsrichterschirm ins Gras und verarbeitete die bisherigen Ereignisse. Ich war noch nicht der absolute Star, aber der Tag war ja noch nicht zu Ende. Am Nachmittag wollte ich genauso gut abschneiden. Nur, die Disziplinen zogen sich unendlich in die Länge. Beim Weitsprung bin ich nur dreimal gesprungen, um Kräfte zu sparen. Dafür hat sich der Hochsprung stundenlang hingezogen. Oje, wie schön weich war die Landung nach jedem Versuch über die Latte, denn es war nicht der harte Boden wie bei mir zu Hause. Am liebsten wollte ich ganz oft springen, sodass ich wieder in diese federweiche Matte versinken konnte. Um mich herum hat mich nicht viel interessiert. Die anderen Teilnehmerinnen waren ziemlich verbissen dabei, um jeden Preis eine Medaille zu ergattern. Ich dagegen genoss jede Sekunde und mein einziger Wunsch war, dass meine Muskeln nicht schlapp machten. Zwischendurch bin ich auch zum Kugelstoßen gerufen worden. Als ich die kalte Eisenkugel in der Hand hatte, wusste ich gar nicht so recht, wie ich sie überhaupt halten sollte. Meine ersten zwei Versuche waren ungültig, weil ich aus dem Ring geflogen bin. Ich war sauer auf mich selbst wegen meiner Ungeschicktheit. Doch ich beobachtete die anderen, wie sie es schafften, die Kugel technisch perfekt und mit viel Kraft zu stoßen. Beim dritten Versuch habe ich mir vorgenommen »Jetzt oder nie« und – einen hervorragenden Wurf vollbracht!

Ich war am Ziel. Fünf Disziplinen hatte ich gewonnen: 60 Meter, 300 Meter, Weitsprung, Hochsprung und Kugelstoßen. Richtig »abgeräumt« hatte ich, wie man das nannte. Bei der Medaillenübergabe hatte ich ein unbeschreibliches Glücksgefühl. Ich war dabei, ich wurde geehrt, zum ersten Mal in meinem Leben hat mir nicht ein Mensch, sondern haben mir Hunderte Menschen applaudiert. Ja, sie haben nur auf mich geschaut, mich bewundert, und das kannte ich nicht. Diesen berauschenden Zustand wollte ich unbedingt noch einmal erleben!

Nach Hause kam ich nicht mit dem alten, schmutzigen Zug, sondern ein Journalist nahm mich in seinem Presseauto mit. Am nächsten Tag war sogar mein Foto in der Zeitung abgebildet, mit dem Titel »Ein Wunderkind wurde geboren«. Das war eine Sensation. In unserem 2000-Einwohner-Städtchen herrschte danach eine richtige Aufregung. Plötzlich suchten viele meine Nähe und Freundschaft, andere erblassten vor Neid. Mit großer Vorsicht und Zurückhaltung habe ich die Aufregung beobachtet. Nur ich wusste, was ich über mich hatte ergehen lassen müssen, bis ich diesen Erfolg hatte. Es erfüllte mich mit einem nie gekannten Stolz, so hofiert zu werden. Zum ersten Mal in meinem Leben erfuhr ich, wie schön Erfolg sein kann. Aber wie viel Schweiß, Schmerzen und unermüdliche Ausdauer dahinter steckte, das wusste nur ich. Eher in Nebenbemerkungen wurden meine ganzen Mühen erwähnt, die zum Erfolg führten. Ich war kein Wunderkind, ich wollte nur das Unmögliche versuchen, um das Mögliche zu erreichen. Was war geschehen? Ich habe einen Traum gehabt, an eine Sache geglaubt, ich habe an mich geglaubt, ich habe immer wieder davon geträumt und dann diesen Traum »gelebt«, ihn Wirklichkeit werden lassen. Eine Handlung ohne Traum ist nicht vorstellbar. Aber ein Traum ohne Handlung ist verlorene Zeit. Das ist mir damals, als ich meinen ersten Erfolg hatte, bewusst geworden. Und das war der Wendepunkt in meinem Leben, der Anfang meiner Lebensreise.

....

Wenn Sie etwas erreichen wollen und ein klares Ziel vor Augen haben, ist es erst einmal der Anfang, aber es reicht noch nicht. Jetzt gilt es zu handeln, denn es ist zwar schön zu träumen, aber wir müssen auch etwas dafür tun. Denken ist leicht, handeln ist schwer. Handeln nach den selbst aufgestellten Prinzipien und Zielen ist das Schwierigste.

....

Wie schwer das Handeln ist, will ich am Beispiel meiner eigenen Geschichte weitererzählen. Nach dem ersten Erfolg bei der Jugendolympiade nahm ich das Angebot eines renommierten Klubs an und fing als Fünfkämpferin gleich in der ersten Liga an. Ich bekam zwar auch Trainer, aber die meiste Zeit musste ich mich alleine auf dem bescheidenen Fußballplatz unseres Dorfes quälen, um den vorgeschriebenen Trainingsplan zu absolvieren. Die Menschen haben mich zwar nicht mehr belächelt, schließlich war ich schon etwas Besonderes, aber sie haben mich doch angegafft und den Kopf geschüttelt, wenn ich bei strömendem Regen auf der Straße vorbeilief. Für mich gab es nichts anderes als Schule, Training und die Wettkämpfe am Wochenende. Mit den Jahren auf dem Gymnasium habe ich auch andere Sportarten für mich entdeckt, wie Basketball, Volleyball, Gymnastik, aber mein Lieblingssport blieb trotzdem die Leichtathletik.

Es war bei einem Mannschaftswettbewerb der ersten Liga, bei dem ich normalerweise nur für den Hochsprung, mal auch für den Hürdenlauf und oft für die Staffel aufgestellt wurde, denn mit 17 war ich damals noch sehr jung und unerfahren. Meine Mitkämpferinnen waren fast alle über 20 Jahre und auch älter. An dem besagten Wochenende wurde unsere Kugelstoßerin krank und der Teamchef entschied, dass ich für sie einspringen sollte. Es war mir nicht so recht und mir war nicht wohl dabei, ausgerechnet mit der Kugel zu kämpfen. Aber was blieb mir anderes übrig? Helfen wollte ich meiner Mannschaft, also stand ich im Ring und musste mich mit den ziemlich »starken« Frauen messen. Ich passte gar nicht in das Bild. Die Rivalinnen haben mich ziemlich belächelt, was ich dort wohl zu suchen habe. Zu dieser Clique gehörte ich nämlich nicht, außerdem waren sie fast alle so bieder und mit fast 30 Jahren für mich uralt. Oje, weit gefehlt! Die waren fit und schnell – und von wegen »alt«! Da habe ich einfach nur gestaunt. »Ihr braucht nicht lächeln«, wehrte ich ab, »es wird nur ein kurzes Gastspiel.« Ich dachte nicht im Traum daran, das Finale zu erreichen. Und wie endete es? Plötzlich war ich zweite Siegerin. Und ich stand auf dem Treppchen, obwohl die gesamte tschechische »Schwergewichtselite« der Kugelstoßerinnen anwesend war! Ich gehörte ja mit meinem Alter noch zu den Juniorinnen. Der zweite Platz war eine Sensation, denn es war die Jahresbestleistung der Juniorinnen. Ich wusste, dass diese Disziplin meine Chance ist.

Übrigens, als besonders weiblich konnte man diese Disziplin wirklich nicht bezeichnen. Im Gegensatz zu den heutigen Leistungssportlerinnen haben meine Konkurrentinnen meist wie ihre männlichen Kollegen ausgesehen. Es wurde überall sehr hart trainiert und für Schönheit und feminine Reize blieb keine Zeit, oder das Interesse fehlte. Die meisten Mädchen aus der Mannschaft haben sich mehr wie Männer bewegt und verhalten. In jeder steckte zwar eine Frau, aber die Umstände, wie stundenlange tägliche Anstrengung, zum Beispiel beim Gewichtheben, hinterließen auf die Dauer nur harte Gesichtszüge. Für mich war es eine grässliche Vorstellung, auch so zu werden. Diese Entwicklung wollte ich auf keinen Fall zulassen und ich versuchte meine Weiblichkeit mit allen Mitteln zum Ausdruck zu bringen. Ich wollte als 18-Jährige den Erfolg als Sportlerin, aber nicht auf Kosten meines Aussehens. Das Einzige, das ich in Kauf nehmen musste, war die Entwicklung meiner Figur, die bei meiner stattlichen Größe später recht kräftig und muskulös wirkte. Und dann gab es noch diesen braunen Fleck am Hals von der verrosteten Eisenkugel, der nicht wegzuwischen war. Mit allen Tricks, wie mit grell und auffällig geschminktem Gesicht, versuchte ich mein Äußeres zu verschönern. Ich wollte als Frau gesehen werden und nicht zu einem muskelbepackten Paket, mehr Mann als Frau, abgestempelt werden. Schon im Trainingslager habe ich meine Leidenschaft entdeckt, andere Sportlerinnen zu motivieren, aus ihnen etwas Besonderes zu machen. Ich selbst bin mir oft vorgekommen wie ein Paradiesvogel unter den farblosen Kolleginnen. Ich wollte mich nicht mit der Masse vergleichen und in ihr untergehen, sondern meine persönliche Note zum Ausdruck bringen, und keiner konnte mich davon abhalten.

Viel Kraft, Schnelligkeit und eine spezielle Technik – das waren die wichtigsten Attribute für den Erfolg einer Kugelstoßerin. Getrieben von meinem Ziel, Lehrerin zu werden, habe ich mich dieser Disziplin verschrieben. Ich hatte endlich sogar alle Voraussetzungen, als erfolgreiche Sportlerin die Aufnahmeprüfung an der Sport-Uni in Prag zu bestehen, was wirklich nur die Elite erreichen konnte. Einen solchen Studienplatz habe ich mir im Grunde auch nie erträumt. Ich wollte an der Pädagogischen Hochschule studieren und mit den Fächern Geschichte und Geografie eine einfache Lehrerin werden. Das konnte ich schaffen, denn das früher gefürchtete Fach »Sport« war für mich nun kein Problem mehr. Aber es lief alles anders und die Ereignisse bekamen eine völlig andere Dimension.

Mein damaliger Sportlehrer hatte mir vorgeschlagen, ich sollte doch lieber versuchen, an die Prager Sport-Uni zu kommen, denn damit boten sich für mich beruflich und sportlich wesentlich bessere Chancen als an der Pädagogischen Hochschule. Mein größtes Hindernis war, dass meine Familie kein Parteibuch besaß, und das war damals eine der größten Voraussetzungen für das Studium. Einzig ein Platz in der Nationalmannschaft könnte das fehlende Parteibuch kompensieren. Dazu musste ich bei der Aufnahmeprüfung allerdings die höchste

Punktzahl erreichen. Damals ging es nicht nur um fast alle Disziplinen der Leichtathletik, sondern unter anderem auch um Sportgymnastik, wofür mein Gewicht ein riesiges Handikap war. Zwei ganze Jahre habe ich mich Tag und Nacht darauf vorbereitet, mir diesen Wunsch zu erfüllen. Die große Welt hat mich interessiert und ständig hatte ich vor Augen, wie mein Leben ablaufen würde, wenn ich in dem Dorf hängen bleiben würde. Ich wollte raus, und das war der Preis – mit unermüdlicher Ausdauer habe ich mich am Stufenbarren und den Ringen abgerackert. Tausende Male habe ich ohne Erfolg mit Unterstützung von zwei Helfern einen Salto probiert. Jedes Mal bin ich auf dem Hintern gelandet. Ich war verzweifelt, heulte, hatte blaue Flecken und war fertig mit meiner Kraft. Und plötzlich, ganz unerwartet, stand ich eines Tages auf beiden Füßen. Es war die falsche Kopfhaltung, die die gesamte Koordination zerstört hatte. Seitdem wusste ich: Meine Karten stehen gut.

Voller Enthusiasmus stand ich Monate später unter 2.000 Bewerbern vor dem Tor der Sport-Uni. Nur 40 wurden aufgenommen. Zum ersten Mal sah ich viele Sportstars, die ich bis dato nur aus dem Fernsehen kannte. Ich wusste, wenn ich es schaffe, gehöre ich auch dazu. So habe ich in allen praktischen und theoretischen Prüfungen mein Bestes gegeben. Als ich eine Woche später die Zusage in Händen hielt, habe ich vor Freude geweint. Ab Herbst hieß es für fünf Jahre Großstadt, und ich war fast am Ziel meiner Träume.

Als Erstes habe ich einen Vertrag mit dem größten Leichtathletikklub unterschrieben, und nach den ersten Erfolgen wurde ich als Kugelstoßerin Mitglied der tschechischen Nationalmannschaft. Ich durfte das Gefühl genießen, »etwas Besonderes zu sein«, obwohl, abgehoben habe ich nie – dafür war der

Kampf um diese Position zu hart. Nie habe ich vergessen, wer ich wirklich bin, woher ich komme und was ich will. Meine damaligen Ziele habe ich erreicht, nicht nur in Träumereien, sondern durch die Handlungen, die danach folgten.

••

🦉 *Auch Sie, liebe Leserin, können Ihre Ziele erreichen. Beseitigen Sie Ihre Schwächen mit unermüdlicher Ausdauer, denn die Quelle der Ausdauer ist die Willenskraft.*

Sie werfen oft Ihre Pläne und Hoffnungen bei der ersten Niederlage über Bord? Sie haben nicht den ersehnten Erfolg? Ich sage Ihnen, warum: weil Sie nicht wirklich an Ihrem Vorhaben festhalten und sich durch Widerstände einschüchtern lassen. Denken Sie daran, klare Vorstellungen von Ihrem Leben gepaart mit Willensstärke lassen Sie Ihre Ziele erreichen. Glauben Sie mir, trotz aller Niederlagen besitzen Sie genügend Kraft, sich wieder »hochzurappeln«, und am Ende kommen Sie doch ans Ziel Ihrer Träume.

••

Die Gesetze des damaligen Kommunismus haben strenge Disziplin verlangt, vor allem im Sportbereich. Wir waren privilegiert und wurden hofiert, aber wir wurden auch kontrolliert und bewacht. Wer nicht spurte, war »weg vom Fenster«.

Nach zirka zwei Jahren war ich in der Gesellschaft so etabliert, dass ich es mir leisten konnte, meinen Professorinnen Schönheitstipps zu geben. In der für mich neuen, westlichen Welt, die ich nun bereiste, fand ich ja genug neue Anregungen. Die ersten Jahre haben zur totalen Verwandlung meiner Persönlichkeit beigetragen. Ich habe mich wie eine Königin gefühlt, organisierte Bälle, Vorlesungen und

Partys. Ich war am kulturellen und gesellschaftlichen Leben sehr interessiert und kannte Gott und die Welt. Mein Leben war bunt und aufregend, und ich genoss die Anerkennung.

Ich war verpflichtet, meine gesellschaftlichen Aktivitäten vorher bei der Gemeinde und auch bei der Polizei anzumelden. Große Menschenversammlungen waren nicht willkommen, man hätte ja auch hintenrum etwas Politisches einfädeln können. Doch derartige Aktivitäten lagen mir fern. Ich wollte lediglich Menschen zusammenführen, damit man in einer fröhlichen Atmosphäre den manchmal schweren Alltag vergessen konnte. Es ist möglich, dass der eine oder die andere von meinen Gästen einen einschlägigen Bericht abgeliefert hat. Doch das interessierte mich nicht, denn erstens ahnte ich sowieso nicht, wer das sein könnte, und zweitens hatte ich eine »saubere Weste«. Und solange alles in Ordnung war, konnte ich wieder etwas Neues einfädeln und organisieren.

Die ganze Studienzeit war sehr anstrengend und anspruchsvoll. Außer den langweiligen Vorlesungen, die sowieso keiner richtig verstand, wie Biophysik oder Biochemie, wurden wir auch in menschlicher Anatomie und Psychologie unterrichtet. Natürlich wurden wir in erster Linie auch in die praktischen und theoretischen Geheimnisse des Sports eingeweiht. Doch für uns Frauen – wir waren nur sechs unter den 34 Jungs in der Gruppe – waren die ungewöhnlichen und fast männlichen Disziplinen wie Karate, Judo, Eishockey, Fußball, Fallschirmspringen etc. auf dem Programm etwas ganz Besonderes.

Da wir alle als zweites Fach Wehrkunde belegen mussten, kamen wir auch mit Waffen, Schießen, Topografie und Kriegsführung in Berührung. Beim »Überlebenstraining« mussten wir mit der »Kalaschnikow« auf dem Rücken laufen, kriechen und robben. Wir wurden praktisch auf einen Krieg vorbereitet, was aber keine wollte und jede hasste – sowohl die Lehrerinnen als auch die Studentinnen. Aber dieser Ausbildungteil war Vorschrift und damit mussten wir leben. Zwar haben sich die Jungs über uns lustig gemacht, aber nicht einmal dann haben wir uns eine Blöße gegeben, als wir in der Nacht plötzlich geweckt wurden und das Manöver begann. Die Aufgaben waren: Mit voller und schwerer Ausrüstung eines Kämpfers mussten wir durch einen seichten Fluss stundenlang aufwärts robben. Danach ging es mit einer Schießübung weiter und zu guter Letzt mussten wir zu einem Orientierungslauf über Stock und Stein aufbrechen. Wir haben alle »überlebt«, wenn auch als Doppelgängerinnen von Rambo.

Was uns wirklich half, waren die unglaublichen Energiereserven, die man in Extremsituationen entwickeln kann und die einem diese unvorstellbare Stärke geben. Für diese Erfahrung bin ich heute noch sehr dankbar. Es hat mich so stark gemacht. Endlich habe ich die unerschöpflichen menschlichen Kräfte unter physischer und psychischer Belastung erkannt, was mir auf meinem späteren Lebensweg immer wieder sehr geholfen hat.

· ·

Werden auch Sie sich dessen bewusst! Jede von uns hat genug Kraft in sich, um die verschiedensten Prüfungen, die einem das Leben stellt, bewältigen zu können. Egal, ob Sie in diese schwierigen oder aussichtslosen Situationen hineingeraten sind oder sie selbst provoziert haben, Sie müssen in jedem Fall Ihre Willenskraft mobilisieren und die Initiative ergreifen. Ich sage es Ihnen: »Es gibt nichts, was uns Frauen so leicht umbringt!« Haben Sie die Arbeit verloren oder

Geldsorgen, hat Sie Ihr Mann betrogen oder ver-
lassen, sind Sie krank geworden? Es ist schlimm
genug, um berechtigt verzweifelt zu sein oder sich
in nächtlichen Weinkrämpfen zu entladen. Nur,
Ihr Leben geht weiter, und Ihr Leben findet täglich
statt! Also nehmen Sie selbst Ihr Leben wieder in
die Hand! Begreifen Sie Ihre persönliche Ge-
schichte als eine Herausforderung an Vitalität
und Lebensfreude! Laotse sagt: »Wir sind nicht
nur verantwortlich für das, was wir tun – son-
dern auch für das, was wir nicht tun.«

Wenn ich heute darüber nachdenke, frage ich mich, wie ich es geschafft habe, alles unter einen Hut zu bringen, das viele Training und die ganze Lernerei. Wir waren alle fix und fertig, doch trotzdem blieb uns Zeit für Vergnügungen. Wir waren jung und wussten genau, wie wir trotz den strengen Regeln im Studentenheim, vor allem bezüglich der Geschlechtertrennung, nicht zu kurz kamen. Aber die Genossen Kontrolleure hatten ganz offensichtlich nicht darüber nachgedacht, was junge, gesunde und willensstarke Sportler und Sportlerinnen alles so anstellen können, um sich zu treffen. So haben wir ganz einfach in den nächtlichen Stunden statt des Haupteingangs die Fenster auf der Rückseite benutzt. Und wir alle halfen uns gegenseitig. Die Daheimgebliebenen durch Ziehen, die noch unten Stehenden durch Drücken. Allerdings, wer erwischt wurde, dem drohte der Rausschmiss aus dem privilegierten Wohnheim.

So lange ich mich erinnern kann, wurde zum Glück niemand ertappt – bis auf einen kuriosen Vorfall. Auf unserer Etage hatte ein strenger »Aufpasser« Nachtdienst, so um die 30 Jahre alt, der seine Arbeit sehr ernst genommen hat. Zu später Stunde hat er eine Kollegin von mir ertappt, als sie mit einer Weinfahne von einem Fest zurückkehrte. Sie wohnte gleich neben mir und war der Typ einer »Superfrau« mit langen blonden Haaren, einem Gesicht wie Marilyn Monroe und dem XXL-Körper einer Basketballspielerin mit unendlich langen Beinen und unwiderstehlichem Charme. Sie war sich ihrer Wirkung auf Männer bewusst und bezirzte auch den Aufpasser. Der Genosse war ziemlich empört und wollte sie auf die Liste der »Sünder« setzen, was einem Rausschmiss gleichgekommen wäre. Es kam aber etwas anders: Ihr gelang es doch tatsächlich, ihn durch ihren Humor und ihre Redegewandtheit zu einer Tasse Kaffee in ihr Zimmer zu locken, um die Situation zu retten. Und nicht nur das, denn aus dieser nächtlichen Begegnung hatte sich eine leidenschaftliche Affäre ergeben, die auch uns Nachbarn auf dem Stockwerk zum Vorteil gereichte: Ab dem Abend hatten wir bei seinem Dienst alle Freiheiten. Die Kollegin wurde zur Heldin und unsere Etage durch die unverhoffte Hilfe ihres Liebhabers zu einer Art »Lustpromenade der einsamen Herzen«. Die Freude am Leben stieg und somit auch der Ansporn, im Sport mehr zu erreichen. Natürlich ließen wir auch verbotene Literatur von Zimmer zu Zimmer wandern, und erotische Bücher oder alte Playboy-Zeitschriften aus dem Westen durften dabei nicht fehlen. Wir hielten zusammen und waren eine eingeschworene Gemeinde. Und in der Stadt haben wir uns in gemütlichen Bier- und Weinlokalen mit anderen Studenten und jungen Leuten getroffen und beim berühmten Pilsener Bier gesungen, diskutiert und gestritten, solange der Alkohol wirkte.

Auch ich entdeckte die Verlockungen der Liebe, obwohl ich ziemlich spät damit angefangen habe. Aber die Beziehungen waren vor allem unter Sportlern mehr locker und unverbindlich, was nicht gerade meinen Vorstellungen entsprach. Ich träumte von der absoluten Liebe und musste einige Enttäuschungen hinnehmen, da meine Auserwählten nach einer gewissen Zeit immer einen Rückzieher machten.

Heute weiß ich, dass ich für manche eine Nummer zu groß war und ich sie durch meine Kraft und vor allen Dingen mein Temperament überrollt und erdrückt habe. Trotz alledem blieben auch nach der Zeit der Liebelei schöne Erinnerungen, aus denen sich dann über die Jahre hinweg tiefe Freundschaften entwickelt haben. Diese Erfahrungen haben mich zwar als Frau bestätigt, aber meine wahre Weiblichkeit konnte ich erst ein paar Jahre später richtig entdecken. Da war ich frei von dem ewigen Leistungsdruck und konnte mich auf mein Dasein als Frau voll konzentrieren.

Wir hatten keine wirklichen Alternativen im grauen Kommunismus. Und ich hatte es satt, ständig unter Kontrolle leben zu müssen. Und als ich am Höhepunkt meiner Sportkarriere stand, war ich mir sicher, dass mir nur die Einnahme von Anabolika zu einem internationalen Durchbruch verhelfen konnte.

Im Sportalltag mussten wir verdammt hart trainieren. Doch die Sehnsucht nach der Belohnung in Form einer Medaille war größer als jedes Mangelgefühl. Als ich die ersten Meisterschaften gewonnen hatte, war ich in einem Rausch der Glücksgefühle.

Ich erinnere mich an einen Wettkampf in Bukarest, wo wir mit der Nationalmannschaft, mit der Fahne in der Hand, in das Stadion einmarschierten und ganz stolz unsere athletischen Körper zur Schau stellten. Wenn man dann die Hymne hört und ganz oben auf dem Podest steht und ungeduldig wartet, bis die Medaille um den Hals hängt, da haben die Knie schon gezittert. Aber damals war ich auch froh, dass ich den Tag überhaupt überlebt hatte, denn manchmal gibt es auch ganz einfache, sehr menschliche Erklärungen, warum einem die Knie zittern. Wir alle wurden von einem fürchterlichen Durchfall geplagt und rannten zwischen den Versuchen im Wettkampf nur auf die Toilette. Die aber war weit in der Tribüne. Alle standen dort ganz blass und gequält in der Schlange. Keine Ahnung, was in dem ziemlich öligen Essen war, jedenfalls werde ich nie vergessen, wie die damalige Einrichtung der sanitären Anlagen aussah, die sich auf ein Loch im Boden beschränkte.

Doch es gab auch Auslandsreisen zu Wettkämpfen, die wir wirklich genießen konnten, wie zum Beispiel nach Italien. Dort traf ich zum ersten Mal auf die russischen Konkurrentinnen, die außer ihren Haardutten wie richtige Kerle aussahen. Ihre Stimmen klangen rauchig und männlich. Sicher waren sie mit Anabolika voll gepumpt, aber wahrscheinlich hatten sie auch keine andere Wahl. Und da stand ich nun mit rot bemalten Lippen und geschminkten Augen bei der Siegerehrung. Das hat die Italiener aus dem Häuschen gebracht. Ich war zwar »nur« Dritte, aber ich hatte einen großen Wirbel ausgelöst. Unter anderem lud mich ein stadtbekannter Beau in einem weißen Anzug und einer Rose im Knopfloch zum Essen ein. Dieser Italiener kam mir aber spanisch vor und mit einem freundlichen »Nein, danke« habe ich mich verabschiedet. Er war so beleidigt, dass er mir am Abend seine Kumpels beim Bummel durch die Stadt auf den Hals gehetzt hat. Sie versuchten, mich in eine Seitenstraße zu entführen. Ich habe mich aber gewehrt und geschrien, sodass wohl jemand die Polizei gerufen hatte. Daraufhin haben sich die Kerle in Luft aufgelöst. Am nächsten Tag stand es in der Zeitung, aber wer dahinter steckte, wurde nie bekannt. Um die ganze Sache wieder gutzumachen, wurde ich von einem italienischen Trainer zu einem Ausflug eingeladen. Als er dann in einem Park aus seinem Auto ausstieg und die Decke für ein Picknick ausbreiten wollte, bekam ich höllische Angst. Ich täuschte ihm plötzliches Unwohlsein vor und wollte in das Hotel zurück. Der arme, schöne Italiener. Er war wirklich ein Prachtstück von einem Mann und ich bin ehrlich und sage, dass ich es später bereut habe.

Die Trainer allgemein waren für die Sportlerinnen durch das ständige Zusammensein häufig mehr als Berater und Betreuer. Sie kannten die Probleme der Frauen in- und auswendig. Es war keine Ausnahme, dass die eine oder andere mit ihrem Trainer liiert war. Diese Männer verfügten über eine solche Macht über die Sportlerinnen, dass sie fast zu allem bereit waren, um erfolgreich zu sein. Schließlich haben dann meistens beide mächtig profitiert.

Mein erster Trainer war schon über 60 Jahre alt, mehr Philosoph als Praktiker, dafür nicht so besessen und verbissen wie die anderen. Ich war mit seiner Tochter befreundet, und er übernahm auf unseren Reisen die Rolle des Aufpassers, der sich um die Formalitäten kümmerte. Mein zweiter Trainer war charismatisch, jung und ehrgeizig. Meine Kollegin war ihm verfallen. Als sie dann innerhalb eines Jahres ihre Leistung so gravierend gesteigert hatte, wusste ich, da war mehr im Busch. Ihr Aussehen hatte sich verändert, ihre Gesichtszüge wurden härter, die Muskeln größer, der ganze Körper war mit Akne gezeichnet. Als sie die Führung übernahm, hatte sie ihre Leistung um fast drei Meter verbessert. Unvorstellbar! In einer Disziplin wie Kugelstoßen kostete ein halber oder ein ganzer Meter im Jahr eine unglaubliche Leistungssteigerung bezüglich Kraft, Technik und Schnelligkeit.

Meine Kolleginnen in den gleichen technischen

Disziplinen wurden immer breiter, immer männlicher und dadurch auch immer besser als ich. Aber ich wollte keine »Vitamine« nehmen, wie wir die Dopingmittel damals nannten. So stand ich vor der Entscheidung, große Rekorde zu erzielen auf Kosten meiner Weiblichkeit oder in Gelassenheit die Uni zu absolvieren, um eine gesicherte und angesehene Position als Trainerin und Sportlehrerin anzutreten. Ich war es leid, ständig vor Funktionären erklären und mit ihnen darüber diskutieren zu müssen, dass ich Spitzenleistungen auch ohne »Vitamine« schaffe. Also habe ich offiziell den Rücktritt aus dem Leistungssport angekündigt. Ich wollte in Ruhe weiterstudieren, mich weiterbilden und mich nicht täglich nur mit der Eisenkugel beschäftigen. Ich hatte so viele verschiedene Interessen und wollte nicht nur eine Sportmaschine sein. Ich wollte mich vor allem als Frau behaupten und sehnte mich nach Liebe, Anerkennung und Geborgenheit. Aber die Männer hatten Angst vor mir, weil ich ganz schön kräftig, mutig und auch sehr extravagant war. Diese Kombination war damals eher selten und die Männer wussten einfach nicht damit umzugehen.

Nach reiflicher Überlegung kam ich zu dem Schluss, dass ich meinen Traum doch nicht zufrieden stellend verwirklichen konnte. Es gab irgendetwas, was mich daran hinderte. Und es war etwas Äußeres, ein Phänomen, das ich nicht beeinflussen konnte – also keine innere Blockade. Irgendwelche Kräfte hatten einen Fahrplan aufgestellt, dem ich zu gehorchen hatte. Das war nicht mein Ziel, mein Wunsch, mein Plan. Ich musste aus dieser Zwanghaftigkeit heraus und darum habe ich nach reiflicher Überlegung meinen Rücktritt vom Leistungssport erklärt; eigentlich müsste ich sagen: von diesem Leistungssport. Meinen »Plan« hatte ich schon als Kind aufgestellt. Und es ist mir gelungen, ihn zu verwirklichen. Die Erfahrungen, die ich im Laufe der Zeit gemacht habe, wurden zu Bausteinen für meine nächsten Wünsche. Bis heute erinnere ich mich an meine Träume auf dem Baum. Sie sind in Erfüllung gegangen – ich wurde zu einer Sportskanone und konnte meinen ersehnten Beruf als Sportlehrerin nach fünfjährigem Studium endlich ausüben. Aber ich hatte mir auch ein Feld abgesteckt, in dem ich mich bewegen und dessen Grenzen ich nicht überschreiten wollte. Mit anderen Worten, ich hatte den Vorsatz, mir selbst treu zu bleiben und mit Würde zu leben. Dazu gehörte, auch denken und reden können, was ich wollte. Und ich begann jede Fremdbestimmung regelrecht zu hassen und mich dagegen aufzulehnen. Das im Ostblock Unmögliche wollte ich erreichen, nämlich frei und nach meinen eigenen ethischen Grundsätzen leben. Denn nur wer frei reden kann, kann frei denken und – handeln! Viel später, als ich bereits im Westen war, las ich das folgende Gedicht, welches mich deswegen so stark beeindruckte, weil es so viel von dem aussagt, was mich damals bewegte:

Alles passet nicht für einen.
Aber eines passt für jeden.
Eins muss euch als Recht erscheinen:
Freies Denken, freies Reden!
Lasst ihr dieses euch beschränken,
habt ihr alles weggegeben.
Leben ist nur freies Denken.
Freies Denken nur ist Leben.

(Hoffmann von Fallersleben, 1840)

Auch Sie, liebe Leserin, können scheinbar Unmögliches erreichen. Nutzen Sie Ihre Phantasie und stellen Sie sich Ihre Ziele und Träume in möglichst realer Umgebung vor. Überlegen Sie, welche Chancen Sie haben und wie Sie diese nutzen können, um Ihre Ziele zu erreichen. Denken Sie daran: Ihre Gedanken sind die Samen Ihrer Taten. Das Leben fließt schneller vorbei, als wir alle wünschen. Also verwenden Sie Ihre kostbare Zeit für Ihre Ziele. Geben Sie sich selbst die Chance. Ergreifen Sie die Initiative, denn die Dinge des Lebens ändern sich nicht, nur wir verändern uns.

Kennen Sie Ihr Potenzial an Energie und Gedankenkraft? Wissen Sie, wie Sie es umsetzen? »Ich habe keine Zeit« oder »Ich habe keine Möglichkeiten«, behaupten viele Frauen. Alles Ausreden! Unser Geist, das heißt unsere Gedanken, erfüllt die Wirklichkeit. Was Sie denken, das wird auch geschehen. Die unendlich vielen Reize, die unsere Organe beeinflussen, sind überwiegend die Impulse, die durch unser Denken aktiviert werden. Es ist ein ganz großer riesiger Ozean. Wir haben am Tag 50 000 verschiedene Gedanken. Aktivieren Sie diese Fabrik für Ihr Wunschprogramm! Sie haben etwas gedacht, also wird es geschehen. Selbst bei der Genesung von Krankheiten können positive Gedanken den Heilungsprozess beschleunigen. Also: Nutzen Sie die Gebrauchsanleitung Ihrer Gedanken!

Im Herbst jammern alle über das schlechte Wetter, Regen, Nebel und viele bekommen Schnupfen, sind schwach oder krank. Schon mit diesen Gedanken produzieren sie automatisch ihren Zustand. Was können wir gegen die Natur tun? Gar nichts! Es kommt der Herbst und trotzdem können wir uns unser Leben, unseren Tag, zu dem schönsten und dem gemütlichsten machen. Was sollen wir sonst gegen Regen oder Nebel tun?

••

🦉 *Also, eine solche Jahreszeit sollte Sie ab sofort nicht mehr deprimieren. Ignorieren Sie sie, hören Sie schöne Musik, die Sie beschwingt, schauen Sie lustige Filme an, treffen Sie nette Menschen; genießen Sie auch solche Tage und genießen Sie auch sich selbst. Sie sind das, was Sie denken. Woran Sie den ganzen Tag denken, ziehen Sie an, und es zieht Sie an. So machen Sie Ihr Leben angenehm oder auch unangenehm. Es ist nicht wichtig, was hinter Ihnen, sondern das, was vor Ihnen liegt. Was Sie fühlen, was Sie wollen, das alles entsteht in Ihrem eigenen Kopf. Das ist das wichtigste Zentrum Ihres Daseins. Die Macht der Gedanken wirkt zwar im Verborgenen, aber sie lässt Sie äußere Hindernisse umso leichter überwinden, wenn Sie es verstehen, Ihre Gedanken zu konkretisieren. Je plastischer Sie sich eine ersehnte Situation vorstellen können, desto leichter wird es Ihnen auch fallen, sie zu verwirklichen.*

••

Leichter gesagt als getan, werden Sie einwenden. Diese Binsenweisheit können Sie getrost über Bord werfen, wenn Sie Folgendes bedenken: Viele Frauen lesen Bücher, Zeitschriften, besuchen Kurse und holen sich überall alle möglichen Tipps und Tricks, um Ihren Träumen näher zu kommen. Sie bewundern Show- und Filmstars, haben bestimmte Vorbilder. Doch damit entfernen sie sich meist mehr von sich selbst und von ihren eigenen Wünschen, als ihnen bewusst ist. Dass sie sich selbst auch zu einem Vorbild oder Star machen können, das glauben nur ganz wenige. Aber das ist der erste Schritt zum Erfolg! Denn auch die besagten Stars mussten verzichten, lernen, schuften und an sich hart arbeiten, um etwas Besonderes aus sich zu machen. Und Sie, liebe Leserin, haben auch die Fähigkeiten, Ihre Pläne erfolgreich umzusetzen, vor allem dann, wenn sie Ihren eigenen Gedanken entspringen und nicht fremdbestimmt sind.

Eine Entscheidung zu treffen, fällt besonders Frauen nicht leicht. Die typischen Ausreden wie »Das schaffe ich nicht« und »Ich habe keine Zeit« sind die häufigsten Sprüche. Deshalb leiden sie jahrelang in einer unglücklichen Ehe, bis sie oft zu spät zu der Entscheidung kommen, alleine den Weg des Lebens zu gehen.

Dazu ein Beispiel. Edeltraud Angermann aus Bleicherode hörte auf ihre Eltern und wurde gegen ihren Willen Köchin. Obwohl sie als bester Lehrling die Schule abgeschlossen hatte, war sie in ihrem Beruf unglücklich. Sie war ein großes Sporttalent und ging doch ein paar Jahre später nach Leipzig, um an der Sportschule zu studieren. Danach arbeitete sie zunächst als Pädagogin in Erfurt – tja, und eigentlich war sie am Ziel ihrer Träume. Doch als die Fachschule 1990 nach der Wende aufgelöst wurde, stand sie plötzlich arbeitslos auf der Straße, ohne Auto, ohne Telefon, mit zwei Kindern im Schlepptau. Sie war Ende 40, als sie bei Mary Kay Cosmetics, Deutschland, als Consulting mit Kosmetikverkauf und Schulungen begann. Sie liebte diese Arbeit und vor allem die Chancen, die darin lagen. Sie war unabhängig und genoss ihre Freiheit. Sie hat ihre Chance genutzt. Und schon vier Jahre später führte sie weitere 70 Frauen als Direktorin zum Erfolg.

Heute gehört diese Frau zu den Top Ten dieses Konzerns in Europa, und sie wurde mit hohen Auszeichnungen in Deutschland geehrt. Aus der Köchin wider Willen wurde eine faszinierende Frau, denn durch ihren jetzigen Beruf blühte sie zu einer erfolgreichen Toplady auf.

Jetzt werden Sie berechtigt fragen, warum ich gerade diese Geschichte erwähnte? Das möchte ich Ihnen gerne sagen. Ich habe über Frau Angermann geschrieben, aber ich hätte auch von den vielen anderen Tausenden von Frauen, die ähnliche Geschichten oder Erfahrungen durchgemacht haben, erzählen können. Über Frauen, die vielleicht noch mehr geschafft und auch noch mehr gelitten haben. Alle haben etwas gemeinsam: Diese Frauen haben sich auf den manchmal auch steinigen Weg gemacht, um ihre Träume zu verwirklichen, und sie scheuten sich nicht, auch mal einen Umweg zu gehen.

Falls Sie gerade dabei sind, Ihre Ziele zu verwirklichen, liegen Sie goldrichtig. Gott sei Dank haben Sie überhaupt Wünsche und Pläne. Es gibt immer noch genug Frauen, die keine Erwartungen mehr an das Leben und damit auch keine Ziele mehr haben! Sie vegetieren vor sich hin, stehen morgens auf, arbeiten, gehen abends schlafen – und am nächsten Tag genauso. Oder sie warten auf ihren Mann, kochen für ihn, hocken sich vor die Glotze, gehen schlafen – und am nächsten Tag genauso. Sie befinden sich in einem Kreislauf, aus dem sie nie herauskommen, weil sie warten, dass ihnen jemand hilft und zeigt, was sie besser oder anders machen können. Solche Frauen sind unglücklich, frustriert und haben sich oft mit dem Schicksal abgefunden. Doch im Leben gibt es immer mehrere Möglichkeiten, auch wenn sie nicht immer offen vor einem liegen.

Auch was dieses Buch anbelangt, gibt es mindestens zwei Möglichkeiten. Die erste drücke ich sehr uncharmant, aber auch klar aus: Sie klappen dieses Buch zu, weil Sie nicht verstanden haben, dass gerade Sie selbst die Macht haben, Ihr Leben besser zu gestalten. Sie haben eine »Rundumlebenshilfe« erwartet, die die Dinge für Sie in die Hand nimmt.

Aber nur Sie selbst können Ihre Situation ändern! Meine Geschichte soll Ansporn für Sie sein und ich möchte Ihnen aufgrund meiner eigenen Erfahrungen einige lebensnahe Tipps weitergeben. Deshalb sollten Sie weiterlesen und beginnen nachzudenken: »Was will meine Seele, wer bin ich wirklich?« In diesem Fall gehen Sie schon den richtigen Weg, denn Sie wissen, was Sie wollen. Sie haben doch Ihre Ziele und keiner kann Sie davon abbringen, sie zu realisieren.

In meinem Bekanntenkreis gibt es eine interessante Familie. Der Mann ist Hochschullehrer, die Frau ist halbtags Mitarbeiterin in einem Institut für Weiterbildung. Zwei von ihren vier Kindern sind noch schulpflichtig, die beiden anderen studieren – oder wie der Mann stets schmunzelnd sagt: »Die sind für uns schon fertig!« Die Interessen, Gefühle und Erwartungen sind naturgemäß breit gestreut und natürlich gibt es bei Zusammenkünften unterschiedliche Auffassungen, zu Deutsch: Reibereien. Aber eine Sache lösen sie ganz hervorragend. Sie treffen sich nicht etwa alle zu Mamas oder Papas Geburtstag – das wäre zu langweilig oder auch zu stressig. Nein, sie finden sich jedes Jahr zusammen, um den Jahreswechsel gemeinsam zu begehen. Zwar ist der Besuch nur kurz, aber alle freuen sich auf ein Ritual, welches seit vielen Jahren gepflegt wird und für alle Beteiligten der wirkliche Höhepunkt ist. Klar, dass dieses Familienereignis besonders schön und vor allem kulinarisch traumhaft gestaltet wird. Der Höhepunkt ist der Silvesterabend, denn da liest der Mann eine Wunsch- und Vorsatzliste vor. Darunter ist zu verstehen, dass jede und jeder im vergangenen Jahr gefragt wurde, was er/sie sich für das kommende Jahr wünscht, was er oder sie persönlich und/oder beruflich vorhat und wie man die Zukunftschancen sieht. Eine Art »Familienformular« hat der Mann dazu entwickelt und er führt akribisch genau diese Liste – und verliest sie stets mit Genuss, meist unter dem Gelächter oder achselzuckenden Eingeständnissen der restlichen Familie, die neuerdings durch die Partnerin des studierenden Sohnes Zuwachs erhielt. Und oft genug muss er es auch mit rücksichtsvollen Tönen tun.

....

🦉 *Machen auch Sie sich einen Plan und schreiben Sie auf, was Sie erreichen möchten. Überprüfen Sie, welche Erfahrungen oder Kenntnisse Sie selbst haben und versuchen Sie Ihr Wissen durch Vorträge, Kurse, Volkshochschule oder Fernstudium zu erweitern. Dann haben Sie ein Potenzial, das Sie zu Ihrem Nutzen umsetzen müssen. Sie tun alles für sich selbst – vergessen Sie das nicht. Das Wichtigste ist, sie haben sich endlich zu etwas entschlossen, was sie erreichen und bekommen möchten.*

🦉 *Unentschlossenheit ist eine der Hauptursachen des Misserfolgs.*

....

Jede Frau hat ihre Meinung – für Sie persönlich aber ist einzig und allein Ihre eigene Meinung wichtig. Wir alle haben doch »unsere eigene Welt«, mit der wir uns auseinander setzen und beschäftigen müssen. Ihr Ziel, liebe Leserin, erfordert keine überdurchschnittliche Begabung, denken Sie an meine Geschichte. Verfolgen Sie unermüdlich Ihren persönlichen Plan, er führt nämlich zu Ihrer geistigen Freiheit und Unabhängigkeit.

Verschließen Sie sich vor allen negativen und entmutigenden Einflüssen, wie zum Beispiel guten Ratschlägen von so genannten Freunden, Verwandten und Bekannten. Denn diese Pessimisten ziehen Sie nur runter. Schließen Sie nur Freundschaften, die Ihnen tatkräftige Hilfe oder moralisches Rückgrat bieten. Nichts ist schlimmer, als das hohle Dahingeplappere von Ratschlägen, ohne die Biografie, Hintergründe und Situation der Betreffenden zu kennen. Solche Menschen möchten im Grunde nur die eigenen Moralvorstellungen auf die anderen transferieren, womöglich weil sie es selber nicht geschafft haben, diese zu verwirklichen. Aber wenn es darum geht, anderen ungefragt Ratschläge zu erteilen, sind sie die Ersten. Allzu oft wird vergessen: Ratschläge sind auch Schläge. Darum sollten Sie sich von den ewig besser wissenden Kollegen und Kolleginnen trennen und vor allem von denen, die »es nur gut mit Ihnen meinen«! Was gut für Sie ist, können nur Sie selbst erkennen und entscheiden. Es mag ja alles »gut gemeint sein«, aber woher wollen diese Menschen wissen, welchen Traum Sie haben und was Sie verwirklichen wollen?

Alle Menschen mit großen Erfolgen haben vorher geträumt, gehofft, gebetet, begehrt und geplant. Nur wer wagt, gewinnt, denn ein großer Gewinn setzt einen großen Einsatz voraus. Ich hoffe, Sie haben den brennenden Wunsch, jemand zu sein und etwas zu leisten. Fangen Sie heute an, heute ist Ihr Tag! Gestern ist Vergangenheit, nur Historie. Morgen fängt Ihre Zukunft an. Dann erfüllen Sie sich Ihren Traum. Und heute beginnen Sie damit.

Ich möchte Ihnen an einem typischen Beispiel einen Vorschlag zu einer nicht so offensichtlichen und unkonventionellen Problemlösung machen: Eine Frau beklagt sich über ihren Mann oder Partner, dass er ihr zu wenig Liebe oder Zuneigung schenkt. (Ich versichere Ihnen, verehrte Leserinnen, Sie befinden sich nicht alleine in dieser Lage. So geht es Tausenden von Frauen.) Sie denkt und denkt nach und stellt sich vor, wie ihr Partner ihre innersten Wünsche erfüllt. Gekränkt und sogar aggressiv reagiert sie auf jede Situation, die nicht ihren Wünschen entspricht. Und gleichzeitig gibt sie ihrem Partner die Schuld und unterstellt ihm mangelnde Liebe und Gefühlskälte. Das ist wahrlich kein unbekanntes Phänomen.

Ich denke, das liegt daran, dass die gesellschaftlichen Anliegen der Frauenbewegung von übereifrigen Emanzen vorbehaltlos in die Privatsphäre übertragen wurden. So wurde plötzlich aus dem liebenden Ehemann ein Unterdrücker, der Frauen erniedrigt und diskriminiert. Alles, was nur nach Männer »roch«, wurde auf die Anklagebank gesetzt. Es ging also immer nur gegen die Männer und vor allem gegen den eigenen Mann. Konnte das gut gehen? Nein, im Gegenteil eine ganze Generation von Frauen und Männern wurde verunsichert und auch unglücklich gemacht. Ich sage das, ohne die Fortschritte der Frauenbewegung in Politik und Gesellschaft zu vergessen. Im privaten Bereich erleben wir heute Gott sei Dank eine Art Umkehrung und Rückbesinnung. Aber keinesfalls darf daraus eine Hinwendung zur erneuten Abhängigkeit von den Männern werden.

Um auf das vorherige Beispiel zurückzukommen,

eine Frau, deren Partner nicht bestimmte Tätigkeiten zum Beispiel im Haushalt übernimmt, sollte ihm nicht gleich mangelnde Hilfsbereitschaft oder sogar Böswilligkeit unterstellen. Vielleicht hat er sie ganz einfach aus seiner Rolle als Mann überhaupt nicht gelernt – und kann sie also auch nicht. Ist damit denn automatisch gesagt, dass ein Mann neue Aufgaben nicht will, dass er nicht vielleicht doch eine Gelegenheit sucht und sie auch benötigt, seiner Frau zu beweisen, dass er sie liebt? Sind Gedanken, einen Mann zu gewinnen, um gemeinsam das Leben zu gestalten, altmodisch? Ich denke nicht.

Es ist natürlich immer eine Frage, wer den Anfang macht – insbesondere bei den so genannten eingerosteten Beziehungen. Aber ganz ehrlich, wann haben Sie Ihrem Mann zum letzten Mal ein Kompliment gemacht? Wann haben Sie Ihren Mann aus eigener Initiative verführt? Die Antwort liegt bei Ihnen. Natürlich kann man den berühmten Spieß umdrehen und diese Fragen an den Mann stellen. Aber warum handeln Sie nicht auch so, wie Sie es von anderen, in diesem Fall Ihrem Mann, erwarten? Ihr Partner kommt von der Arbeit nach Hause, abgehetzt und in Gedanken womöglich noch in der Firma, er braucht erst ein bisschen Ruhe, bis er wieder voll da ist. Mit einem Kompliment können Sie ihn entwaffnen. So wie Sie sich geben, so bekommen Sie es auch zurück. Erwarten Sie aber am Anfang nicht zu viel. Geben Sie auch, wenn sie nicht gleich alles zurückbekommen. Handeln Sie nach Ihren Bedürfnissen und zeigen Sie Ihre wahre Weiblichkeit. Verführen Sie ihn doch mal ganz unerwartet an einem ungewöhnlichen Ort. Was meinen Sie, wie er reagiert? Überrascht, vielleicht unsicher, aber Sie haben in diesem Moment das Ruder in der Hand, und glauben Sie mir, er macht mit, wenn Sie ihn auf diese Weise entwaffnen. Sie als Initiatorin haben etwas Ruhe, denn Sie haben ihm gezeigt, dass Sie ihn immer noch begehren. Dadurch fühlt er sich als der Größte, doch in Wirklichkeit stellen Sie wahre Größe dar. Leben Sie Ihre Vorstellungen mit Würde aus, sonst schläft Ihre Beziehung irgendwann mal ein. Reden Sie nicht um den heißen Brei herum, zeigen Sie, was in Ihnen steckt. Wenn Sie glauben, dass alles nur vom Mann kommen soll, dann täuschen Sie sich.

Wollen Sie eine wahre Königin sein, dann machen Sie Ihren Partner zum König.

Nur so funktioniert eine Beziehung, und es kann sein, dass sie Ihren Mann »nie los werden«. Im Klartext: Es besteht keine Gefahr, Ihren Mann an eine neue Partnerin zu verlieren. Wenn Sie ein Lächeln geben, bekommen Sie es zurück. Laufen Sie wie eine Schlampe herum, so werden Sie auch als solche angesehen. Sie brauchen zu Hause kein Topstyling, sondern leben Sie Ihre Fraulichkeit und Ihre Phantasie gerade zu Hause aus. Das ist der einzige Ort, wo Sie sich von der Außenwelt unbeobachtet richtig entfalten können. Das, was sich draußen abspielt, ist oft nur Show und eine gekünstelte Darstellung für die Außenwelt. Eine Fassade, nichts weiter.

»Bei uns läuft nichts mehr«, das ist die Aussage von fast 50 Prozent der Frauen. Warum? Jede wartet, was passiert und dass etwas passiert, und erlebt dann, dass schließlich gar nichts mehr passiert. Man kann es sich sehr schnell abgewöhnen. Und dann wird aus der Gewöhnung eine geschwisterähnliche Beziehung. Jeder Mensch sehnt sich nach Zärtlichkeit, Liebe und Sex. »Es gibt nicht einen einzigen Tag, an dem man nicht daran denkt!« – lautete die Aussage einer bekannten Filmdiva aus Amerika. Erstaunlich ist doch, dass wir Menschen Grundbedürfnisse haben, zu denen es keine Alternative gibt, zum Beispiel essen, trinken, schlafen, wohnen, kleiden usw. Zwar kann man sagen, ich fahre Auto oder ich fahre nicht Auto, aber kann nicht sagen, ich esse oder ich esse nicht. Essen ist ein Grundbedürfnis, zu dem es keine Alternative gibt.

Auch Sex zählt dazu – aber im Gegensatz zu allen anderen Grundbedürfnissen, die Sie in jeden Formen und allen Variationen an jeder Straßenecke und in einem unvorstellbar großen Markt mit einem enormen Wettbewerb kaufen können, ist das Grundbedürfnis nach Sex immer noch etwas Anrüchiges in unserer Gesellschaft. Das ist etwas, worüber man in feiner Gesellschaft nicht spricht.

Dazu ein Beispiel. Anlässlich der Ballsaison in München ergab es sich, dass unbekannte Leute zu einem vornehmen Ballabend an einem Tisch zusammengesetzt wurden, wie das so üblich ist. Man kannte sich nicht und man stellte sich vor – wie es sich »eben so gehört«. Etwas später nannte man auch den Beruf beziehungsweise die Branche oder das Geschäft. Von Immobilien hörte man etwas, ein Ärzteehepaar war anwesend, der Geschäftsführer und seine Gattin des stadtbekannten Restaurants XY verbeugten sich, und zum Schluss ... da platzte die Bombe. Ein junges, sehr gut aussehendes Paar (übrigens mit den besten Manieren!) stellte sich vor: »Wir sind in der zwischenmenschlichen Beziehung tätig und haben die XYZ-Ketten.« – »Ach, an der Landstraße diesen Puff ...!!«, verplapperte sich eine Dame und wurde gerade noch von ihrem Mann gebremst. Das war's. Gesellschaftlich war alles gelaufen. Sie können sich vorstellen, dass nach kurzer Zeit sehr viel Platz an diesem Tisch war. Natürlich kann man sich vorstellen, wie das Liebes-und Sexleben der echauffierten Gäste zu Hause aussieht, wenn sie die gleiche Phantasie im Bett haben wie die langweilig gesellschaftlichen Manieren an diesem Tisch. Und ob die Männer nicht vielleicht doch Näheres wussten ...?

Aber was nützt Ihnen das? Lernen Sie daraus. Das Sexuelle im Leben, in der Partnerschaft ist weder zu verteufeln, noch kann es – von wem auch immer – unterdrückt werden. Wirklich zufrieden werden Sie nämlich erst dann, wenn es Ihnen gelingt, den Geschlechtstrieb in schöpferische Kraft zu verwandeln. Es ist statistisch bewiesen, dass die größten Leistungen von Menschen mit höchstentwickelter geschlechtlicher Potenz vorgebracht werden.

Betrachten Sie es als Umwandlung oder Übertragung einer Energieform in eine andere, die sich auch durch Gefühl äußert. Wenn bei Ihnen ein Prise Romantik, Ihre Weiblichkeit und Ihr sexueller Instinkt zusammentreffen und sich in richtigen Maßen vereinigen, gibt es keinen Ehekrach. Ein altes Sprichwort sagt, dass »die Frau den Mann entweder zu etwas macht oder ihn zerbricht«. Die reichsten Männer dieser Erde und die höchsten Vertreter der Geschäftswelt, Kunst, Medien und Politik verdanken ihre außergewöhnlichen Erfolge den positiven Einflüssen ihrer Frauen.

Gewinnen fängt an mit »beginnen«! Die kluge Frau fängt jeden Tag wie ein neues Leben an. Wir alle besitzen den Schatz, die größten Träume unseres Leben in die Tat umzusetzen. Dieser Schatz liegt in uns selbst und es gibt nichts auf der Welt, was Sie auf dem Weg zu einer Königin hindern könnte. Tun Sie, »als ob«, bis Sie es erreichen!

Bauen Sie Ihre Ängste ab

Auf dem Weg des Lebens produzieren wir selbst einen Feind, der uns fast täglich jagt. Es ist die Angst. Dieses Gefühl begleitet mehr uns Frauen, denn wir glauben, Angst kann oft durch fremde Einflüsse oder Ereignisse ausgelöst werden. Dass wir diese Furcht selber in unseren Köpfen produzieren, daran denkt fast keine Frau. Jede von uns hat mal mehr oder weniger Angst, aber das ist eine normale menschliche Eigenschaft, mit der wir umzugehen lernen müssen.

Eine Politikerin darf keine Angst haben, wenn sie vor dem Parlament spricht, sonst würde sie nur stottern. Einer Ärztin, Verkäuferin, Moderatorin oder Vertreterin geht es in ihrem Beruf genauso. Furcht ist ein unsichtbarer Zustand, und was sich in unserem Kopf abspielt, wird verursacht durch schlechte Erfahrungen, Ereignisse oder nicht erwiderte Liebe. Die häufigsten Gespenster der Angst sind Krankheit, Verlust der Liebe, das Altwerden, der Umgang mit Kritik, Lampenfieber und Armut, auch anders bezeichnet als Existenzangst, mit der Millionen von Frauen dieser Erde konfrontiert sind. Wir leben in Europa, in Deutschland. Aber auch mich hat dieses Phänomen gerade hier sehr stark getroffen.

Als ich in den 1980er-Jahren nach München kam, habe ich Wohlstand und ein besseres Leben erwartet. Es war mir aber auch klar, dass mir nichts geschenkt wird. Denn aus den Erzählungen meines damaligen Mannes, der schon seit fast 20 Jahren im Westen lebte und dem ich nach München gefolgt war, kannte ich die oft schwierige Situation für Ausländer in Deutschland. Er war ein Lebenskünstler, ein Sonnyboy, der nie heiraten wollte, und hatte doch diesen Schritt mit mir gewagt in der Hoffnung, zu zweit würde es ihm besser gehen. Dies habe ich leider jedoch erst später erkannt.

Mit Begeisterung und Hoffnung und einer großen Portion Liebe habe ich meine Heimat verlassen. Da wir in Prag geheiratet haben, durfte ich offiziell ausreisen. So stand ich mit drei Koffern und antiken Möbeln, die ich früher leidenschaftlich gesammelt hatte, zum ersten Mal vor seiner Wohnung. Als seine Tür aufging, war ich regelrecht entsetzt. Es war eine unaufgeräumte, dunkle Eineinhalbzimmerwohnung, ein Loch, das einem Studenten gehörte, der ständig auf Weltreise war. »Hier kann ich nur sterben«, habe ich mir gedacht. Aber es gab kein Zurück mehr. Ich hatte mich entschieden, also musste ich daraus etwas Besseres machen.

Mein Mann hat sich als arbeitsloser Nichtsnutz entpuppt, der keine Ehefrau, sondern eine Dienerin für sein Leben haben wollte. Natürlich habe ich es nicht geahnt, denn nach Prag kam er immer wie ein Lord, aber in Wirklichkeit war er ein Nichts. Da wir frisch verheiratet waren und die Liebe noch im Spiel war, tröstete ich mich mit dem Gedanken: »Wir packen es schon.« Er hatte fast kein Geld und mir blieb nichts anderes übrig, als mein geliebtes Piano und eine Rokoko-Glasvitrine, die ich mitgebracht hatte, zu verkaufen, um Geld für eine neue Bleibe zu beschaffen.

Drei Wochen später sind wir in eine wunderschöne Dreizimmerwohnung in einer vornehmen

Gegend im Süden von München gezogen. Wir hatten sogar zwei Terrassen und ich war zunächst überglücklich. Da ich noch genügend Möbel und diverse Einrichtungsgegenstände mitgebracht hatte, war ich in der ersten Zeit nur mit dem Einrichten beschäftigt. Ich habe ein wahrliches Paradies aus der Wohnung gemacht, und so saßen wir im goldenen Käfig ohne Geld, denn seine Unterstützung vom Staat reichte gerade für die Miete. Das Schlimmste war, er hatte gar nicht die Absicht, arbeiten zu gehen, und wollte sich nur mit Gelegenheitsjobs über Wasser halten. Mein Deutsch war noch sehr schlecht, Bayerisch hörte sich für mich total unverständlich an, und zu Hause sprachen wir nur Tschechisch. Das größte Unglück war aber die harte Tatsache, dass ich vorerst nicht arbeiten durfte. Eine Arbeitserlaubnis konnte ich erst nach frühestens einem Jahr erhalten. So saß ich nach einigen Wochen zwar in einer schönen Wohnung, aber ohne Geld und ohne Zukunft.

Noch nie in meinem Leben hatte ich solche Existenzangst wie zu dieser Zeit. Ich konnte nicht schlafen, war todunglücklich, fühlte mich einsam, denn wir hatten keine Freunde. Ich empfand nur Leere in mir und kam mir wie eine lebendige Leiche vor. Mein Ruhm, mein Erfolg, meine Freunde, meinen Wohlstand – alles war wie weggeblasen. Oft bin ich durch ein Kaufhaus gegangen und habe die wunderschöne Mode probiert und bewundert. Nichts konnte ich mir davon kaufen. Ich wurde ein armes, unbekanntes Nichts, das sein Lachen verloren und fast keine Kraft mehr zum Leben hatte. Völlig unvorbereitet bin ich in diese Situation geraten, und als ich sogar meinen Pelzmantel in einem Secondhandshop verkaufen musste, um ein bisschen Essen kaufen zu können, stand ich am Abgrund meiner Existenz.

Die Gefühle einer Frau sind unbeschreiblich, die

von einer fröhlichen, energiegeladenen Powerfrau zu einer armen und einsamen Unbekannten wird. Ich hatte sehr viel Zeit zum Nachdenken, und je mehr ich nachgedacht habe, desto schlimmer wurde mein Zustand. Alle meine Träume und mein Enthusiasmus von früher waren wie weggeblasen.

Als Sportlehrerin oder Trainerin durfte ich noch nicht arbeiten und außerdem war mein Deutsch immer noch sehr dürftig. Ich fiel in ein tiefes Loch und als ich ganz unten war, habe ich nach oben geschaut und überlegt, wie ich da wieder herauskommen könnte. Nichts peinigt und erniedrigt eine Frau so sehr wie die Armut. Nur die, die dieses Schicksal am eigenen Leib erfahren haben, wissen, was Not bedeutet. Aber eines habe ich festgestellt; nämlich dass man oft nur deshalb unglücklich ist, weil man zu viel Zeit hat, um zu überlegen, ob man glücklich ist oder nicht.

Ich suchte nach Aktivitäten und fing wieder an zu laufen, wie damals in meiner Jugend, um nicht ganz aus der Form zu geraten. Meine alte Kondition war weg, sodass ich jedes Mal total fertig nach Hause kam und zumindest gut schlafen konnte. Auf meinen faulen Mann konnte ich nicht zählen. Ich war nun auf mich selbst gestellt. Mein Selbstbewusstsein war am Boden und meine beiden ständigen Begleiter, Sorge und Angst, konnte ich nicht loswerden. Eine Zeit lang war mir so schlecht, dass ich einen Arzt aufsuchen musste. Nach der Untersuchung hat er keine Krankheit festgestellt. Nur einen Satz hatte er vorgebracht und mich dadurch tief berührt: »Haben Sie denn keinen Hunger?«, war seine Frage. Ich kam völlig verzweifelt nach Hause, denn im Nachhinein habe ich feststellen müssen, dass ich gar nicht versichert war, und ich musste dem Arzt gestehen, dass ich die Rechnung nicht überweisen konnte.

Am nächsten Morgen bin ich ganz früh aufgestanden und bei einem Blick in den Spiegel habe ich eine blasse, traurige Gestalt gesehen und ich dachte: »Kann ich die Frau im Spiegel belügen und enttäuschen?« Nein, ich wollte mir offen und ehrlich in die Augen schauen und sagen: »Ich bin eine Frau, die für ihren Lebensweg selbst verantwortlich ist. Ich bin geboren, um zu leben, und nicht, um zu vegetieren.«

Am gleichen Tag habe ich mich fest entschlossen, eine Arbeit zu suchen. Meine Versuche, über Anzeigen eine Beschäftigung zu finden, führten wegen meiner Sprachschwierigkeiten zu keinem Erfolg. Und so bin ich in das einzige Hotel gegangen, das in unserer Gegend zu Fuß in zirka einer halben Stunde zu erreichen war. Ich bestand darauf, nur mit der Chefin zu sprechen. Wahrscheinlich tat ich ihr Leid, keine Ahnung, aber ich bekam tatsächlich Arbeit. In diesem Augenblick war es mir egal, wie viele Meisterschaften ich schon gewonnen hatte, wichtig war, dass ich endlich einen bezahlten Job hatte. So habe ich als Putzfrau für stolze acht Mark pro Stunde angefangen und durfte vier Stunden täglich arbeiten. Mit Arbeit hatte es nicht viel zu tun, es war reine Sklaverei. Doch immerhin bekam ich pro Woche etwa 190 Mark bar auf die Hand und konnte überleben.

Eines Abends, es war ungefähr ein halbes Jahr danach, sah ich im Fernsehen die berühmte Jane Fonda, die in den USA eine Aerobicwelle ausgelöst hatte. »Rumhopsen, das kann ich auch«, sagte ich mir, denn ich dachte an die Gymnastikausbildung an der Uni. Das war die echte Chance für mich, denn dazu brauchte ich nur meine Fitnesskenntnisse, gute Musik und einen Raum. Fast wie bei einem Überfall stürmte ich in das Büro meiner Chefin und überredete sie, mir ihren Bankettsaal zur Verfügung zu stellen. Sie hat mich mit ganz großen Augen angeschaut, als ob sie sagen wollte: »Wie kommt eine ausländische Putzfrau auf solche Ideen?«

Es war mir egal, was sie dachte, wichtig war, dass ich sie überzeugt hatte. Und ich bin ihr dafür dankbar. »Wo kriege ich die Frauen her?«, war meine einzige Sorge. Eine Anzeige konnte ich mir noch nicht leisten, deshalb schrieb ich nächtelang und eigenhändig Werbezettel mit Einladungen. Ich sagte mir immer wieder: »Jeder Einsatz zahlt sich einmal aus und kommt zurück«, und so begann ich mich während des Schreibens in diese neue Aufgabe zu verlieben. Ich stellte mir vor, dass ich einen vollen Saal fitnesssüchtiger Frauen vor mir habe, und dieser einzige Gedanke war Ansporn für meine Vorbereitungen. Nach fast zwei Wochen hatte ich 500 Prospekte gezaubert und diese bei abendlichen Spaziermärschen verteilt.

Voller Erwartung und Enthusiasmus stand ich am besagten Tag und zur besagten Stunde in dem Hotelsaal, den Kopf voll gestopft mit neu gelernten Ausdrücken in deutscher Sprache für die Präsentation. Es kamen drei Frauen. Meine Enttäuschung hielt sich aber in Grenzen, da ich pro Person zehn Mark, das heißt ganze 30 Mark, bekam. Mit all meinem sportlichen Elan habe ich die Damen in den Rausch der Bewegung versetzt. Ich entließ sie mit den Worten, dass, wenn sie wiederkommen würden, sich ganz sicher nicht nur ihre Kondition, sondern auch ihre Figur verbessern würde. Zum nächsten Aerobiktraining kamen sie wieder und jede brachte Freundinnen mit.

Nach einem Monat hatte ich stolze 50 Frauen unter meinen Fittichen und Sie können sich denken, wie glücklich ich war. Ich hatte mit dem Putzen aufgehört und gab drei Tage in der Woche von morgens bis abends Aerobikstunden. Nach jedem Kurs bot ich einen besonderen Service – ich zeigte in kleinen

Gruppen, wie man sich besser schminkt, wie ich es schon während meiner aktiven Sportlerlaufbahn getan habe. Endlich war ich in meinem Element und durfte zumindest einen Teil meiner erlernten Fachkenntnisse einsetzen. Endlich wurde ich belohnt und konnte wieder aufatmen. Sie sehen, liebe Leserin, Geld ist keine Absicherung, sondern Unternehmergeist gibt letztlich Sicherheit!

Jede von uns macht im Leben Tiefen durch. Diese Momente der Angst, Verzweiflung oder Traurigkeit erwischen fast jeden Menschen, ob er reich oder arm, jung oder alt ist. Wenn wir den Schmerz, die Furcht oder Enttäuschungen nie erleben, können wir auch nie richtig glücklich sein. Solche scheinbar negativen Erfahrungen machen uns stärker! Wenn es uns gut geht, leben wir meist nur vor uns hin und nehmen uns gar nicht wahr. Erst durch einen Schicksalsschlag kommt es zu den härtesten Auseinandersetzungen mit unserem Ego. Ein solcher Schock versetzt unser Immunsystem außer Kraft und wir fühlen unsere Aussichtslosigkeit und finden keinen Ausweg. In uns staut sich Energie und wir werden aggressiv. Aggression ist angesammelte Energie und diese Energie will fließen. Also bekennen Sie sich zu Ihrem Zorn, aber richten Sie ihn nicht gegen andere oder gegen sich selbst. Diese Empfindung hat nur mit uns zu tun. Lassen Sie diesem Stau freie Fahrt – laufen Sie eine Runde, gehen Sie Schwimmen oder ins Fitnessstudio, machen Sie Großputz, schreien Sie Ihre Angst raus – das aber bitte allein.

Unentschlossenheit ist die Quelle der Angst! Fürchten Sie sich etwa vor Ihrem Chef oder vor der arroganten Mitarbeiterin? Solange diese Personen Ihr Leben nicht in Gefahr bringen, sind solche Gedanken völlig sinnlos. Stellen Sie sich vor, wie diese Leute oder Berühmtheiten wie Politiker oder Stars auf dem

Topf sitzen und heimlich in der Nase popeln. Haben Sie immer noch Angst? Es sind doch nur sterbliche Wesen. Eine arrogante Kollegin, die Sie mobbt, ist nur frustriert, ist mit ihrem Leben unzufrieden und versucht, Sie runterzuziehen und zu verunsichern, damit sie ihr eigenes verpatztes Schicksal durch Arroganz Ihnen gegenüber vertuschen kann. Solche Frauen sind selbst unsicher und unglücklich, schreien im Grunde nach Anerkennung und versuchen, durch das böse Verhalten die eigenen Komplexe zu überspielen. Eine solche Art von arroganten, bösen Artgenossinnen werden Sie sicher nicht »auffressen«. Sie begnügen sich nur damit, sie »auszusaugen«, aber eine Frau wie Sie, die zu sich steht, hat nichts zu befürchten. Sie entwaffnen eine solche Person mit einem Gratislächeln, um Ihr eigenes, wenn auch vielleicht nur gespieltes Glück zu präsentieren.

Jede Form von Angst ist nichts anderes als ein Zustand Ihrer Gedanken. Sie führt Frauen zu Unsicherheit, tötet ihren Charme und kränkt ihre Gefühle und Willenskraft. Typisch Frau – wir verfallen der Schlaflosigkeit, Not und Trauer, obwohl uns diese Welt, in der wir leben, einen Überfluss dessen bietet, was unsere Seele begehrt. Ja, wir können wirklich wie eine Königin leben. Statistische Umfragen belegen: Die glücklichsten Menschen sind zugleich die materiell ärmsten der Welt, nämlich die Menschen in Bangladesch. Sie sehen also, Glück und Zufriedenheit hat eigentlich nichts mit materiellem Wohlstand zu tun, sondern hängt von einer positiven Grundeinstellung des Menschen zu seiner Umwelt ab. So wie Sie sich fühlen, so wirken Sie auch auf andere. Deshalb sollten Sie sich Ihres Daseins bewusst werden und sich daran erfreuen.

Wie der Glaube an sich selbst ungeahnte Kräfte freisetzt

Fast zwei Jahre war ich schon in München und mein Deutsch wurde immer besser. Ich habe zwar nie einen Sprachkurs besucht, aber täglich Grammatiken gewälzt. Die Aerobicwelle flachte langsam ab, und obwohl ich immer genügend Teilnehmerinnen hatte, musste ich mich weiter umschauen, wo ich meine Kräfte einsetzen könnte, um eine neue und sichere Existenz aufzubauen.

Es war an einem Herbsttag, an dem ich durch eine meiner Aerobicanhängerinnen auf eine Anzeige aufmerksam wurde. Ein renommiertes Modehaus suchte Hausmannequins bis 32 Jahre und sogar bis 1,82 Meter groß. »Sie müssen hingehen«, predigte mir meine Gruppe. Ich konnte es nicht glauben, dass ich, die ehemalige Kugelstoßerin, den Mode-Laufsteg erobern könnte. Diese Gedanken haben mir ein paar schlaflose Nächte bereitet. Der besagte Termin rückte immer näher und ich quälte mich mit der Frage, ob ich hingehen sollte oder nicht. »Was kann ich verlieren? Die Ehre, Geld oder mich selbst?«, dachte immer wieder. Gar nichts! Im Gegenteil, endlich durfte ich für ein paar Stunden hinter die Kulissen der Modewelt blicken. So weit mein Plan.

Als ich vor dem Gebäude der Firma stand, das sich in exklusiver Lage in München befand, geriet ich ins Schwitzen. Ich hatte die Qual der Wahl: »Entweder gehst du mit Würde und Stolz rein oder haust sofort ab«, sagte ich mir. Doch ich wollte nicht von vornherein aufgeben, und so platzte ich in das mit wunderschönen Mädchen volle Vorstellungszimmer des Modehauses. Alle hofften auf eine große Model- karriere. Ich fühlte mich richtig deplatziert zwischen den wesentlich jüngeren und superschlanken Be- werberinnen, obwohl ihr Gesichtsausdruck mich meist an leblose Schaufensterpuppen erinnerte. Als mein Name aufgerufen wurde und ich auf den Lauf- steg treten sollte, geriet ich derart in Panik, dass meine Knie vor Nervosität zitterten. »Vertraue dir, glaube an dich, bleibe dir treu«, nahm ich mir vor. Vom Gang eines Mannequins hatte ich zwar keine Ahnung, aber mich vorwärts zu bewegen, das dürfte doch kein Problem sein. Mit gespieltem Lächeln bin ich etwa eine Minute marschiert und habe mir vor- gestellt, eine Krone auf dem Kopf zu haben, die nicht runterfallen darf: »Du gehst wie eine Königin, die ge- rade die höchste Würde erreicht hat.« Als ich diesen Versuch nach einer Woche bereits als vergeblich ab- geschrieben hatte, klingelte bei mir das Telefon mit der überraschenden Nachricht: »Sie sind dabei, kommen Sie bitte am Montag um 9 Uhr.« Wie ums Leben bin ich zu dem ersten Lerntag gerannt, ohne zu ahnen, welche neue Herausforderungen und Lernprozesse mich erwarten würden.

Ich hatte ja vom »Modeln« keine Ahnung, aber nicht nur deshalb stand vom ersten Tag an das Laufenlernen auf dem Programm. Meine Lehrerin war das Starmannequin der Firma und sie hat mich von Anfang an nicht besonders gemocht. Sie war sehr groß, immer stark geschminkt und hatte so einen perfekten Körper, dass sie mir fast unheimlich vorkam, vor allem, wenn sie ihren Mund aufmachte. Ihre fast männlich tiefe Stimme hat mich jedes Mal erschrocken, als sie versuchte, mir wochenlang beim

Üben das Versagen einzuprägen: »Darling, du lernst das nie!« Sie herrschte unter den anderen Models konkurrenzlos und ich war Gift für sie, denn eine neue Konkurrentin wollte sie nicht dulden. Ich war im Gegensatz zu ihr spontan, fröhlich, frei und echt. Sie verkörperte kühle, fast steife und mondäne Eleganz. Jedes Mal musste ich mit einem Buch auf dem Kopf laufen und dabei sogar Mäntel ausziehen, diese wenden und bei einer Drehung wieder anziehen. Es hat mir richtig Spaß gemacht, nicht auf ihr ernsthaftes Gesicht und ihre ständige Kritik zu reagieren, womit sie mir die Freude am Laufen verderben wollte. Meine ungeschulten, fast trampelhaften Bewegungen haben sich in ein graziöses, fast königliches Schreiten gewandelt. Ich bin sicher, dass jedes weibliche Wesen dieser Erde in kürzester Zeit mit einer engagierten Lehrerin und nur ein paar Tipps und professionellem Schliff einen genauso graziösen Gang schaffen kann.

Kein Mensch auf der Welt konnte mir zu diesem Zeitpunkt den Glauben an mich selbst nehmen. Aufgrund meiner Erfahrungen war ich definitiv sicher, dass ich alles erlernen und schaffen kann, wenn ich mit Ausdauer und Disziplin an meinem Vorhaben festhalte.

Den Status der Anfängerin musste ich ein Jahr über mich ergehen lassen, obwohl schon bei den ersten Modeschauen die von mir vorgeführten Modellstücke als Erstes verkauft wurden. Ich durfte über die Laufstege von Europas schönsten Orten in Italien, in der Schweiz und in Österreich schweben. Das Publikum war immer begeistert, was uns natürlich auch Auftrieb gab. Wir übernachteten und aßen meistens dort, wo ich mir das zu dem Zeitpunkt nie hatte erträumen können. Allerdings waren die Gagen gerade mal ein besseres Taschengeld. Den-

noch war ich im siebten Himmel, als die modebe-
wussten, schmuckbeladenen, reichen Ladys mich
mit Komplimenten überhäuften.

Die Mannequins waren ganz unterschiedliche
Typen – sie kamen aus Amerika, Finnland, Süd-
afrika, Deutschland – und waren teilweise Studentinnen, die in München lebten. Es gab eine »stille
Konkurrenz«, die aber spurlos an mir vorüberging.
Ich war ich und wollte nur gute Leistung liefern. Nur
wenige waren zickig und hatten oft Staralüren.

Das »Laufen« hat mir wirklich Spaß gemacht, aber
das Finale habe ich jedes Mal nur mit verkrampftem
Lächeln und überspielten Schmerzen überlebt, denn
die hohen Pumps waren immer eine Nummer zu
klein – Größe 42 statt meiner 43, die damals in einer
modischen Verarbeitung nicht zu finden war. Maß-
schuhe waren für mich sündhaft teuer, geradezu
unbezahlbar. Aber diese Schuhe waren eine wahre
Folter. Meine Füße, die mit blutigen und hässlichen
Blasen versehen und angeschwollen waren, habe ich
jede Nacht mit kalten Wickeln, Salben und Kräutern
kuriert. Zum Glück fand ich später eine Firma, die
Schuhe auch bis zur Größe 43,5 produzierte.

Nachdem die anderen Mannequins nur für die
Vorführungen der Mode zuständig waren, mischte
ich mich freiwillig während der freien Tage in das
kreative Arbeitsleben der Firma. Ich wollte alles er-
kunden, und da die Schneider und Kürschner aus
der ganzen Welt kamen, fühlte ich mich in diesem
Rahmen wie zu Hause. Es wurde überall gebrochen
Deutsch gesprochen und ich versuchte mich an
allen Arbeiten zu beteiligen und zu helfen, wo ich
nur konnte. »Sei nicht dumm, gehe nach Hause«,
hörte ich jeden Tag von den Angestellten. Aber ich
war so froh, dass ich wieder eine Beschäftigung gefunden hatte, wo ich viel lernen konnte. Die Geschäftsleitung hat mich geduldet. Schließlich war

ich für sie eine kostenlose Aushilfe und »Mädchen für alles« von morgens bis abends. Mit großem Engagement habe ich Knöpfe angenäht, beim Zuschneiden zugesehen, Kollektionen geordnet, Stoffe sortiert, sauber gemacht und Essen geholt. Das Wichtigste war – ich durfte jeden Tag die wunderbaren Prachtstücke der Designer und Schneider von der Entstehung bis zur Fertigstellung erleben, anfassen und anprobieren.

Nach einem Jahr war ich gut eingearbeitet und in der Firma eingebunden, sodass ich sogar im Geschäft die Verkäuferin vertreten durfte. Mein Leben bekam einen neuen Sinn und die Mode wurde zu meiner großen Leidenschaft. Die Bilanz meiner Neugier und Anstrengungen durch den Glauben an mich selbst war nach drei Jahren durchaus positiv. Finanziell war ich zwar immer noch so gerade »am Überleben«, aber den Schatz des fachlichen Wissens und den Arbeitsablauf hatte ich fest in meinem Kopf verankert. Ich wurde schließlich Assistentin der Direktrice, organisierte Modeschauen und durfte bei der Produktion der Kollektionen mitreden.

Eines Tages standen wir schockiert, sprach- und fassungslos vor den verschlossenen Türen des Geschäfts. Die Firma war bankrott. Diese Nachricht hat mich so mitgenommen, dass ich nur noch eine totale Leere in mir fühlte. Ich wusste keinen Ausweg, hatte kein Vermögen und stand wieder am Anfang. Dieser Verlust nicht nur des Arbeitsplatzes mobilisierte meine Gedanken dermaßen, dass ich mich gefragt habe: »Was besitzt du eigentlich?« Aber ich war gar nicht so arm, denn ich hatte einen inneren Reichtum. Das war der Glaube an mich und das Wissen, das ich mir im Laufe der Zeit angeeignet hatte. Das war der springende Punkt.

Wir alle erleben Höhen und Tiefen. Gerade deshalb

sollen wir für diese Momente sehr dankbar sein. Wenn wir uns in aussichtslosen und unglücklichen Phasen befinden und die Leere oder Trauer aus eigener Kraft nicht bewältigen können, sind wir ganz sicher die besten Kandidatinnen für die lebenslange Traurigkeit. Aber sowohl Erfolg als auch Misserfolg gehören einfach zu unserem Leben wie Sonnenschein und Regenwetter.

Wenn Sie an sich glauben, weckt der Vorsatz ungeahnte Kräfte: »Ich bin eine Gewinnerin.« Denn Sie sind nicht als Sklavin oder mittellose Arme zum Sterben verurteilt, im Gegenteil! Sie sind als Frau geboren, die man braucht, ob das Ihre Kinder, Ihr Partner, Ihre Eltern oder enge Freundinnen sind. Wenn Sie nur einen Funken Glauben an sich selbst besitzen, dann gewinnen Sie die Energie aus den unerschöpflichen Quellen Ihres Geistes, den Ihnen die Natur gegeben hat. Verlieren Sie niemals den Mut, denn wer sich aufgibt, der wird auch von anderen aufgegeben.

Auch ich musste schnell handeln, um meine Schätze wirksam einzusetzen. Da mir das Geld fehlte, um ein Geschäft zu eröffnen, war meine Idee, mit geringstem Aufwand an eine Kollektion zu kommen, die ich in Form einer Modeschaupräsentation an exklusiven Orten, wo die Highsociety ihren Urlaub verbringt, verkaufen kann.

Perfekt gestylt habe ich die schönsten Hotels im deutschsprachigen Europa besucht, um meine Modeschauen anzubieten. »Ich muss überzeugend und glaubwürdig wirken«, redete ich mir vor jedem Termin ein. Nach dem Motto »Tu, als ob du es schaffst« habe ich meine Gespräche geführt. Vier Hoteliers hatten mir für den nächsten Monat zugesagt. Das reichte mir für den Anfang. Ohne diese Termine hätte ich keine Firma überzeugen können, mir eine Kollektion in Kommission für eine Viertagestournee anzuvertrauen. Nach langer Suche fand ich eine damals sehr renommierte Designerin, die sich gerade von ihrem Modeimperium getrennt hatte, um mit einer eigener Kollektion selbstständig den Durchbruch auf dem Markt zu schaffen. Sie hat mir vertraut. In Kürze hatte ich eine traumhafte Kollektion zur Vorführung und zum Verkauf zur Verfügung. Es ist mir sogar gelungen, mein Programm mit einer Pelzkollektion zu ergänzen, und so bin ich mit geliehenem Bus, geliehener Technik, aber eigenem Kleiderständer zu meiner ersten Modeschau gefahren.

Sie war ein riesiger Erfolg. Ich bot den Hotelgästen auch eine Art Unterhaltung, denn in den 1980er-Jahren waren Modeschauen immer Publikumsmagnete – im Gegensatz zu heute, wo wir fast überschüttet werden von Einladungen zu Präsentationen dieser Art. Meine Models waren Anfängerinnen, teilweise Studentinnen, die ich per Anzeige ausgesucht hatte. Sie bekamen von mir eine kostenlose Mannequinausbildung und dafür duften sie bei den ersten Terminen mitmachen. Für die Mädchen war es eine tolle Gelegenheit, Laufstegerfahrungen zu sammeln. Außerdem wohnten und aßen wir kostenlos in den Hotels, die sich keine von uns zur damaligen Zeit hätte leisten können.

Von dieser ersten »Viertagestournee« kamen wir so gut wie ausverkauft zurück nach München. Meinen zufriedenen Lieferanten brachte ich Geld, und mir blieb so viel übrig, dass ich es nach der Abrechnung kaum fassen konnte. Es war ein gutes Startkapital, mit dem ich meine Ideen ausbauen konnte. Der Umsatz stieg von Monat zu Monat. Dadurch wurde es mir möglich, sogar eine eigene Kollektion auf die

Beine zu stellen. Ich wusste genau, welche Ansprüche ich der Damenwelt erfüllen muss. Es gab Zeiten, in denen ich bis zu 200 Gala-Abende pro Jahr veranstaltet habe.

Ja, ich hatte tatsächlich noch Kraft! Genau so wie Sie, liebe Leserin. Solange Sie klar denken, ohne körperliche Schmerzen Ihre Glieder bewegen können und Ihre sechs Sinne noch funktionieren, dann gehören Sie doch zu den Glücklichen! Sie leben! Sie leben ohne Krieg und Hunger, und nur Sie bestimmen, was Sie wollen und wie Ihr Leben verläuft. Nutzen Sie Ihre schöpferische Kraft, um alle die Möglichkeiten zu nutzen, die Ihnen Ihr gesundes »Ich« bietet. Warten Sie nicht, dass jemand kommt und Sie an der Hand nimmt, um Ihnen zu helfen. Helfen Sie sich selbst. Beherzigen Sie die stets gültige Weisheit:

🦉 *Wer nach einer hilfreichen Hand Ausschau hält, findet sie am Ende des eigenen Armes!*

🦉 *Treffen Sie Entscheidungen, die Sie weiterbringen, vielleicht auch retten, die Ihnen gut tun oder Sie sogar heilen. Im Mittelpunkt sollten nur Sie und Ihre Ziele stehen. Wenn es Ihnen gut geht, dann reflektieren Sie auch Ihre Zufriedenheit an Ihre Mitmenschen.*

Der russische Dichter Anton Tschechow (1860–1904) sagte: »Der Mensch ist das, was er glaubt.« Aber wie sollen wir das Wort Glaube umsetzen? Sie haben ganz sicher als junges Mädchen von Ihrer Mutter oft gehört: »Sei brav, das darfst du nicht.« Gerade diese Erinnerungen liegen bei vielen Frauen noch tief in ihrem Unterbewusstsein und hindern sie daran, ihre

Kräfte zu mobilisieren. Wenn Sie brav und bescheiden bleiben, werden Sie ein bescheidenes, aber auch leeres Leben führen. Wenn Sie sich für wichtig halten, das heißt an sich und Ihre Fähigkeiten glauben, so werden Sie Erfolge erzielen. Erfolge erreichen bedeutet – Sie sind sich klar über Ihr Ziel, denn ohne Ziel haben Sie nichts, woran Sie glauben. An sich zu glauben, heißt sich vertrauen, und diese Einstellung wird in die Wirklichkeit übertragen. Gerade Ihr Glauben und Ihr Vertrauen bestimmen Ihre Handlungen. Nur Sie haben es in der Hand, Tag für Tag mit den richtigen Gedanken zu leben. Gehören Sie zu der Gruppe der Gehetzten, die den ganzen Tag damit beschäftigt sind, zwischen Arbeitsstelle und Kindergarten hin- und herzurasen, im Stau zu stehen, abends einzukaufen, dann kochen und bügeln zu müssen?

Vielleicht flüchten Sie vor der Auseinandersetzung mit sich selbst? Wenn Sie permanent abgelenkt sind, finden Sie nie die Ruhe, Ihre Ziele zu definieren, und die Kraft, diese zu verwirklichen.

Viele Frauen werden von Terminen, Aufgaben und Verpflichtungen gehetzt. Wer hat als Erwachsene schon noch die Zeit, auf einen Baum zu klettern und zu träumen? Doch nehmen Sie sich Zeit. Vielleicht nur eine Stunde, in der Sie ganz alleine sind. Wählen Sie dazu bewusst einen Ort, der Ihnen nicht vertraut ist beziehungsweise Sie irgendwie sofort wieder an die Dinge erinnert, die Sie »unbedingt noch heute erledigen müssen«. Denken Sie über sich nach, ungestört, wer Sie sind und wohin Sie wollen. Nur dann werden Ihre geheimen Gedanken frei fließen, und Sie sind stark genug für dieses hektische Leben und fähig, Ihr Leben zu meistern.

Kapitel 2:

Unzufriedenheit als erster Schritt zum Erfolg

Werden Sie so,
wie Sie sein können,
und nicht, wie es andere wollen

Sie sind gut, aber Sie wissen nicht, wie gut Sie sind! Das sage ich zu Ihnen, verehrte Leserin. Ich selbst bin nämlich erst nach mehr als fünf Jahren darauf gekommen, nachdem ich Hunderte von Modeschauen konzipiert, moderiert und Tausende von Kunden in Sachen Image beraten hatte.

Wie oft habe ich mich gequält beim Anblick einer Frau, die vorm Spiegel stand und sich nicht entscheiden konnte, was sie kaufen möchte, beziehungsweise nicht wusste, was wirklich zu ihrem Typ passt. Ich habe es immer gewusst, gespürt und erkannt, wodurch sie richtig zur Geltung kommen würde. Was macht sie schön, interessant und vor allem zufrieden – das wusste ich.

Aber es waren oft die Männer, die sich dann eingemischt haben, denn 80 Prozent dieser Frauen stellten immer die gleiche Hilfsfrage: »Was meinst du mein Schatz?« Und der »Schatz« entschied so, dass die Kundin zum Schluss das gekauft hat, was nur ihrem Partner gefallen hat. Nicht des Preises wegen – viele Frauen bezahlten auch selbst. Sie handelten nicht nach ihren eigenen Wünschen, sondern versuchten so auszusehen, wie sie der Partner haben wollte – die einen übertrieben sexy, verführerisch und gewagt, wozu der Trägerin oft das gewisse

Selbstbewusstsein fehlte, denn ihre Figur und ihre Art sich so zu präsentieren entsprach nicht ihrem Selbstbild und ihrer inneren Einstellung. Andere wurden bei ihrer Entscheidung »klein« gehalten in eher unauffälligem, farblosem Stil, in dem gerade eine selbstbewusst wirkende Lady wie ein Mauerblümchen aussieht.

Mir ging es am Anfang mit meinem Mann genauso. So bald ich etwas Außergewöhnliches und Auffälliges angezogen hatte, erpresste er mich mit Worten wie zum Beispiel: »So gehe ich mit dir nicht aus dem Haus!« Kein Wunder, er war unsicher und versuchte sein Ego zur Geltung zu bringen, in dem er mich unauffällig und klein halten wollte.

Nun, ich war aber kein Mauerblümchen mehr, sondern eine Frau, die mit der Mode lebte und die Öffentlichkeit genoss. Mit meinem Mut wollte ich auch andere Frauen ermutigen, ihre Persönlichkeit durch einzigartigen und individuellen Geschmack zur Geltung zu bringen, ohne um jeden Preis auffallen zu wollen. Einzigartig und individuell, das war mein persönliches Stil-Kredo.

Das Trauerspiel meiner Ehe dauerte nur drei Jahre. Ich habe mich weiterentwickelt und strebte danach, »mehr« zu werden, und er saß zu Hause, gab mein Geld aus. Klar, dass er in seiner Entwicklung stehen geblieben ist. Nachdem ich offiziell die Trennung angekündigt hatte, war mein lieber Mann in einer Nacht-und-Nebel-Aktion mit meinem gesamten Mobiliar, dem ganzen Geld und den Ersparnissen wortlos und ohne Abschied verschwunden. Bis heute habe ich kein Lebenszeichen von ihm erhalten. Kein Wunder – er hat sich irgendwo ans Ende der Welt abgesetzt, um das Leben auf seine Art und nach seinen Vorstellungen sorglos zu genießen.

Nach weiteren drei Jahren wurde unsere Ehe in

Abwesenheit meines Mannes geschieden. Die Suche nach ihm habe ich inzwischen aufgegeben, denn von meinem Geld ist bestimmt nichts mehr übrig.

Ich habe meine Arbeit mit noch mehr Elan fortgesetzt, damit ich finanziell wieder auf die Beine kam.

Immer wieder habe ich beim Verkauf oder bei den Beratungen beobachtet, wie Frauen oft »entscheiden lassen«. Damit waren sie Produkt der Wünsche anderer und nicht ihrer eigenen Vorlieben. Sicher gibt es heute genug Frauen, die ihren Stil entdeckt haben und die sich auch daran halten. Nun, leider werden viele immer von den neuesten Modetrends so beeinflusst, dass sie die Orientierung verlieren und das kaufen, was gerade »in« ist. Die Frage ist: Bietet uns der aktuelle Trend immer das Richtige?

War das etwa der kurze Minirock, der die Männer damals verwirrt hat, oder die transparenten Stoffe von heute, die über unsere Körpersilhouette so viel wie bei »oben ohne« verraten? Ist es die neue, dezente, kniebedeckte Rocklänge mit extremem Seitenschlitz, sind es die klobigen Schuhe, die eher ans Bergsteigen erinnern? Sind es die superhohen Pumps, auf denen man erst das Laufen lernen muss, um einigermaßen das Gleichgewicht halten zu können? Ist es das Diktat der italienischen, französischen oder amerikanischen Designer, die uns in die Boutiquen oder Kaufhäuser treiben, damit wir Frauen mit der Konkurrenz Schritt halten können? Sind wir nicht alle Opfer des Mode- und Schönheitswahns, denn wollen wir nicht um jeden Preis auffallen oder mithalten? Ja, wir sind freiwillige Opfer unserer weiblichen Leidenschaft, um uns selbst ein Zeichen zu setzen, damit wir uns besser fühlen, uns selbst gefallen und andere beeindrucken.

Und wenn ich »wir« sage, dann meine ich auch mich selbst, die auch wie im Rausch auf der Suche nach etwas Besonderem den mehrstündigen Marsch durch die Einkaufsstraßen auf sich nimmt. Ich tue es wahnsinnig gerne, denn ich weiß, was mir steht und worin ich mich wohl fühle. Aber welche Frau verfügt heute schon über ein solches Potenzial an Erfahrungen mit Schnitten, Stoffen und Materialien? Der Großteil der Frauen richtet sich nach dem Aktuellen und trägt, was alle Modeblätter präsentieren und die Geschäfte im Angebot haben.

Ich hoffe, Sie, liebe Leserin, tragen wirklich nur Sachen, die Ihnen stehen. Und lassen Sie sich nicht von den ehrgeizigen und umsatzabhängigen Verkäuferinnen Teile aufschwätzen. Die Entscheidung liegt nur bei Ihnen. Es ist oft die Qual der Wahl, denn es gibt nichts, was es nicht gibt. Die Auswahl und die Skala der Modeprodukte ist so groß, dass uns schier schwindelig wird, bis wir uns entscheiden, was für die kommende Saison das Richtige ist. Ob der fransige Schnitt einer Kurzhaarfrisur mit rot gefärbten Strähnchen, die langen, nach außen gerollten, blond gefärbten Haare oder das mit Schlangenmuster kunstbedruckte Material eines Hosenanzugs: Alles ist ein Trend. Wenn Sie sich selbst gut kennen und sich ein bisschen auskennen, dann tragen Sie an Ihrem Körper, an den Füßen oder am Kopf nur das, womit Sie sich selber gut fühlen. Somit wird Ihre Person zur eleganten, sportlichen oder extravaganten Erscheinung, dann sind sie absolut »in«.

Es gibt nichts Schöneres als den Anblick einer Frau, die einen Stil trägt, der nur ihr gefällt, proportional und farbig zu ihr passt. Dann strahlt sie eine bestimmte Zufriedenheit und Sicherheit aus. Auch ein »Kittel« kann wirken, wenn die Trägerin ihn mit Überzeugung, Freude und Würde trägt. Es gibt kein »Mode-Diktat«, denn jede Frau, die weiß, was zu ihr passt, was ihr steht, ihre guten Formen betont und die schlechten versteckt, diese Frau ist »in«, modern und dadurch interessant. Schön oder hässlich, das ist nur eine Frage des Geschmacks und der inneren Einstellung. Für mich gibt es keine schönen und hässlichen Frauen, sondern nur interessante.

Jede Frau hat einen Schatz, sie muss ihn nur finden! Jede Frau hat etwas Besonderes, was sie stolz zeigen soll, und auch etwas Unperfektes, was sie gekonnt mit Raffinesse verdecken oder überspielen kann.

Liebe Leserin, haben Sie Mut zum eigenen Stil, zu Farben und Formen, die harmonieren. Tragen Sie das, was nur Ihrer Persönlichkeit, Ihren Vorstellungen und Bedürfnissen entspricht. Lassen Sie sich von niemandem einreden, Sie wären zu elegant, zu auffallend oder zu sportlich. Denn Sie sind ein Original, ein Einzelstück und auch etwas Besonderes! Es gibt keine Kopie von Ihnen! Kein anderer Mensch auf dieser Erde ist so wie Sie. Wenn Sie Lust haben, mal grelle oder mal blasse Farben zu tragen, dann machen Sie es auch.

Laufen Sie nicht mit der Masse. Sonst droht die Gefahr, dass wir alle gleich aussehen, mit gleicher Frisur und gleichem Make-up, mit gleichen Nasen und unterspritzten Lippen herumlaufen, und dann – um Gottes willen –, dann sehen wir alle aus wie geklont. Das Klonen von Menschen wird heiß und emotional diskutiert und es ist gut und richtig, dass es verboten bleibt. Natürlich ist es kein Vergleich, aber wenn ich mir so manches Mal die vorgeschriebene Mode bekannter Modeschöpfer ansehe, dann frage ich mich, ob die Mode nicht vielleicht auch etwas mit Klonen zu tun hat.

Wenn Sie selbst unsicher sind, ob Ihr Stil richtig ist, lassen Sie sich von einer erfahrenen Modeverkäuferin oder Stilistin fachlich beraten, und zwar ohne den Druck, dass Sie gleich kaufen müssen, und schon gar nicht unter dem Druck, »dass man jetzt nur noch Pink trägt«. Sie tragen das, was zu Ihnen passt. Schließlich wollen Sie damit herumlaufen und nicht der Modeschöpfer. In den großen Modehäusern gibt es mittlerweile gut geschulte und auch freundliche Fachkräfte, die Ihnen helfen, Ihre persönliche Note herauszufinden. Sie sind schließlich die zukünftige Kundin und Sie wissen, der Kunde ist der König. Also – Sie als Königin haben die Macht und sollten auch den Mut haben, neue Vorschläge und Anregungen wahrzunehmen und umzusetzen.

»Was sagt mein Mann?« und »Wie reagiert die Nachbarin bei uns auf dem Land?«, das sind die häufigsten Bedenken bei der Entscheidung zur neuen Identität und bei manchmal nur kleinen, aber bedeutenden Veränderungen. Ihr Partner müsste auf Sie stolz sein, dass Sie aus eigener Initiative mehr aus sich machen wollen. Sie und sonst keine anderen leben in Ihrem Körper! Jede Veränderung ist ein Botschaft auch an andere – ich bin ich, ich tue etwas für mich! Ich bin kein »Opfer« mehr, sondern werde zur »Täterin«. Falls Ihre Nachbarin neidische Blicke auf Sie wirft und über Sie lästert, weil sie Sie mit engem, geschlitztem Rock, neuer, frecher Frisur und gewagtem Make-up beim Metzger gesehen hat, dann haben Sie gewonnen! Ihr fehlt nämlich der Mut, aus sich etwas zu machen. Glauben Sie mir, sie macht sich bereits große Gedanken über sich selbst und probiert heimlich vor dem Spiegel, wie auch sie besser aussehen könnte.

Dazu ein Beispiel als Vorgriff auf meine heutige Tätigkeit: Mit einer professionellen Crew führe ich

Frauenseminare durch, zum Teil firmeninterne, aber auch freie. Die firmeninternen Seminare finden häufig in namhaften Unternehmen statt, bei denen vorwiegend Männer angestellt sind. Zu einem Teil meiner Seminare gehört natürlich auch die optische Veränderung der Frauen, das heißt, ihnen zu zeigen, was sie aus ihrem Typ machen und wie sie ihren eigenen Stil finden können. Die Typberatung schließt mit ein, dass die Frauen hinsichtlich ihrer Kleidung und, falls erforderlich, auch ihrer Brille beraten und geschminkt werden und ihr Haar neu gestylt wird. Sie können sich vorstellen, dass am Ende jede Teilnehmerin entweder sehr wirkungsvoll ihren Typ unterstrichen hat oder mit einem wirklich ganz neuen Aussehen das Seminar verlässt. Uns interessieren stets die Reaktionen der männlichen und weiblichen Kollegen und natürlich auch der Ehemänner und Freunde. Uns interessiert aber nicht etwa das ehrlich gemeinte, lang gezogene »Super« oder »Toll«, sondern außergewöhnliche Reaktionen. Und siehe da, diese lassen in aller Regel nicht auf sich warten. Mittlerweile sind wir in der Crew schon gar nicht mehr überrascht, dass sich die Ergebnisse stets gleichen. Es gibt einige Männer, die das »unnötig, übertrieben, unnatürlich, überflüssig« oder auch nur »doof« usw. finden. Wir wissen aber aus unseren Nachfragen, dass es sich dabei um höchstens zehn Prozent der Männer handelt. Und allzu schwer dürfte keiner Frau die Beantwortung der Frage fallen, warum diese Männer das sagen und warum sie ihre negative Meinung zum Teil so massiv, manchmal sogar drohend oder beleidigend ausdrücken. Die Frau soll klein gehalten werden. Wehe, sie fällt auf. Es könnte ja sein, dass die Frau anderen Männern gefällt und man(n) kämpfen müsste. Da wär's vorbei mit dem bequemen Leben.

Aber auch im Betrieb gibt es einige Kollegen, die eine solche Veränderung der Kolleginnen für »überflüssig« halten. Bislang kannten sie die Kollegin praktisch nur als graue Maus, die ihren Dienst für den Kollegen versah. Und plötzlich, von einem Tag auf den anderen, steht dort sozusagen eine andere Kollegin im Zimmer. Denn da sich die Veränderungen der Teilnehmerinnen in unseren Seminaren sowohl auf die inneren (Selbstbewusstsein, Rhetorik usw.) wie auch auf die äußeren Merkmale (Körpersprache, Outfit, Make-up usw.) beziehen, tritt plötzlich ein Mensch auf, der ganz offensichtlich an seiner eigenen Bestimmung gearbeitet hat, sich also aus der Masse herausheben will – und zwar nicht nur optisch. Klar, dass das einige Männer verunsichert.

Aber hochinteressant sind auch die Reaktionen einiger Kolleginnen, denn es ergibt sich ein nahezu gleiches Bild nach allen Frauenseminaren: Es gibt ganz bestimmte (aber nur wenige!) »Kolleginnen«, die gezielt und sehr bissig das schlecht machen, was sie an ihrer Kollegin als unerwarteten Wettbewerb entdecken. Aus der Kollegin wird plötzlich eine Konkurrentin, ja sogar eine Intrigantin. Nun mögen wir darüber schmunzeln, wenn wir in einem Fernsehfilm eine solche Geschichte sehen, aber im Arbeitsleben sind Intrigen alles andere als witzig. Und nicht selten versuchen Betroffene, die Spannungen dadurch abzubauen, dass sie sich – wie ich es klar nenne – wiederum vor den anderen selbst erniedrigen.

Wer das tut, ist auf der Welt, nur um anderen zu gefallen. Sie leben nach dem Motto: »Wer kriecht, kann nicht tief fallen.«

· ·

Sie, liebe Leserin, möchte ich warnen: Solange Sie nicht Ihre persönliche Note, Ihre Bestimmung gefunden haben, gehorchen Sie einem Fahrplan, den andere für sie aufgestellt haben – ein Leben lang!

· ·

Wieder zurück in meine damalige Münchner Zeit.

Die Unzufriedenheit der Kunden und ihr verzweifelter Versuch nach neuen Selbsterkenntnissen haben mich bewogen, meine Erfahrungen noch mehr auszubauen und mein Wissen so zu erweitern, dass ich nicht nur als Mode- und Imageberaterin tätig sein konnte. Die ganze Persönlichkeit von Frauen zu erreichen – das war meine neue Aufgabe. Diese Idee fand ich grandios. Aber ich musste mein Vorhaben erst durchdenken, dann richtig ausbauen und umsetzen.

Mein Ziel war es, Frauen zu helfen, ihr Charisma und ihre wahre Stärke neu zu entdecken und ihre fachliche Kompetenz durch neue brillante Kommunikation mit einem perfekten Erscheinungsbild abzurunden. Meine Seminare und Einzelberatungen waren und sind sehr gefragt. Ich war schon damals absolut sicher, dass ich meine Bestimmung für die nächsten Jahre gefunden hatte. Eigentlich war ich wieder die Lehrerin, nur dass ich nicht im Klassenzimmer, sondern auf der Bühne stand. Aber durch die Freude an der Arbeit, verbunden mit der Begeisterung, habe ich alle meine Teilnehmerinnen angesteckt. Ich musste nicht mehr die langen Auslandsreisen in Kauf nehmen und konnte mich auch mehr meinem Sohn widmen. Er ist die größte Freude meines Lebens, und neben meinem heutigen Mann auch der größte Fan von mir. Endlich machte ich das, wovon ich schon seit Jahren geträumt hatte. Viele Menschen haben mir geraten, meine Modenschauen nicht aufzugeben. Aber ich wusste, in mir steckt mehr, und fühlte mich zu dieser Aufgabe berufen. Ich brauche den Kick, den ich auch heute noch habe, wenn ich vor Tausenden von Menschen sprechen kann, und spüre, wie meine Energie, meine Gedanken und Worte die Frauen berühren und wachrütteln.

»Woher nehmen Sie so viel Power und Energie?«, werde ich oft gefragt. »Sie liegt in mir selbst«, ist meine Anwort. Wir haben nämlich alle genug Energie in uns, wir lassen sie nur nicht richtig zur Entfaltung kommen. Als unbesiegbare Powerfrau, die alles geschafft hat, möchte ich mich schon gar nicht bezeichnen. Auch ich bin in manchen Dingen besiegbar, nur den Glauben an mich kann keiner zerstören. Und alles habe ich noch lange nicht geschafft, denn auch ich habe beruflich sehr viel vor und werde nie am Ende meiner Reise sein. Ich weiß, was mich von Ihnen unterscheidet, aber vor allem, was mich mit Ihnen verbindet. Schließlich bin ich eine Frau wie Sie. Ob alt oder jung, einfach oder berühmt, das spielt für mich gar keine Rolle.

Trauen auch Sie sich, aus Ihrem Leben etwas zu machen. Lassen Sie sich nicht von anderen beeinflussen. Handeln Sie nach Ihrem eigenen Kopf. Die innere Freiheit wird grenzenlos, und das macht Sie unwiderstehlich. Wir sind heute biologisch zehn bis fünfzehn Jahre jünger, als es unsere Mütter in diesem Alter waren. Doch eine trainierte Figur und ein perfektes Outfit sind nur ein unbedeutender Katalysator für die Ausstrahlung und den Sexappeal einer »Eva«. Der wesentliche Aspekt ist Ihre Persönlichkeit, die in Ihrem Inneren sitzt. Nicht der Körper ist das Objekt der Bewunderung, sondern die ganze Frau. Versuchen Sie nicht, sich den Normen anzupassen, sondern kultivieren Sie Ihre Individualität jeden Tag aufs Neue.

Dazu möchte ich Ihnen hier eine kleine Geschichte meiner Freundin Maria schildern. Sie war um die

40, als sie nach ihrer Scheidung ein unfreiwilliger Single wurde. Sie stand auf eigenen Beinen, war selbstständig, hatte eine kleine Werbeagentur und eine zehnjährige Tochter. Bei einer Geschäftsreise lernte sie durch ihren Kollegen einen sehr faszinierenden und charmanten Mann kennen. Er war nicht nur erfolgreich und mächtig, sondern besaß das Charisma eines unwiderstehlichen Bosses wie aus dem Bilderbuch. Sie ist eine selbstbewusste, lustige und bildhübsche Frau. Die zwei passten auf Anhieb gut zusammen und somit entwickelte sich eine Freundschaft, aus der Liebe wurde. Sie war im siebten Himmel, denn dieser Mann bot ihr durch seinen Reichtum Luxusreisen und das exklusive Leben, das sie sich erträumt hatte. Sie wurde mit Geld und Geschenken überhäuft. Zusammen wohnten sie noch nicht, denn er kam aus Norddeutschland und plante für das kommende Jahr einen Umzug nach München. Somit bestanden ihre ersten Monate nur aus Wochenendtreffen.

Am Anfang dieser Lovestory hatte ich mit ihr nur telefonischen Kontakt. Nun war es gelungen, uns endlich nach etwa eineinhalb Jahren in einem Café in München zu treffen. Ich war sehr gespannt auf sie, denn ich wusste, viele Veränderungen hatten bei ihr stattgefunden. Als sie das Lokal betrat, war ich ziemlich verblüfft, denn es war nicht die Maria, die ich kannte, die stets kraftvolle, lächelnde, energiegeladene und unbeschwerte Frau. Sie wirkte zwar sehr mondän, an ihren Fingern und um ihren Hals funkelten echte Brillanten und in dem Designerkostüm wirkte sie wie eine Schaufensterpuppe.

Aufgrund meiner direkten Art waren meine ersten Worte: »Maria, was ist los mit dir?« Ich wollte nicht von ihren Reisen und Klamotten reden, sondern über ihre Gefühle, denn ich merkte sofort, dass sie etwas bedrückte. Sie war nicht auf meine Reaktion vorbereitet. Trotzdem sammelte sie Mut und fing an, ihre Beziehung zu schildern.

Dieser Mann hatte sie in einen goldenen Käfig eingeschlossen und versuchte sie dermaßen zu manipulieren, dass sie beinahe ihre Firma aufgegeben hätte. Sie musste als Frau an seiner Seite funktionieren, nach seiner Pfeife tanzen, ihn zu Geschäftstreffen begleiten mit der Aufforderung: »Halte lieber den Mund, von meinen Geschäften hast du sowieso keine Ahnung.« Sie musste lächeln, Ja sagen und ihren Mann bewundern. Er wollte im Mittelpunkt stehen und konnte es nicht ertragen, dass ihm jemand die Show stahl. Er protzte mit Geld, trank sehr viel und sie musste oft bis zum Morgengrauen an seiner Seite ausharren. Obwohl sie sehr redegewandt und charmant war, wurde sie mit der Zeit systematisch unterdrückt, erniedrigt und »klein« gehalten mit den Worten: »Wer bist du schon, schau mich an, was ich geschafft habe!« Sie musste gehorchen, brav bleiben und durfte keine Freunde mehr treffen.

Er war ein egozentrischer Macho mit viel Geld in der Tasche. Mit seinem Geld kaufte er sich sozusagen die Bestätigung, die er brauchte, nämlich dass er unwiderstehlich sei, gebraucht und anerkannt werden würde. Im Grunde genommen war er ein armer Mann, der ohne große Ausbildung nur mit seinem Geld protzte, um aufzufallen und damit seine eigene Unsicherheit zu verstecken. Seine »Freunde« sangen sein Lied, schließlich flossen genug Champagner und Kaviar auf seine Kosten. Seine Beleidigungen ihr gegenüber wurden immer mehr, denn sein Kommando galt. Und sie musste funktionieren und sich völlig unterordnen. Mit der Zeit hatte sie keine eigene Meinung und kein Selbstbewusstsein mehr, weinte oft und war nicht mehr sie selbst.

Was konnte ich ihr raten? Sie war freiwillig mit ihm zusammen und nur sie konnte eine Entscheidung treffen, ob sie weiter mitmacht, bis sie krank wird und ihr eigenes Schicksal ihm überlässt, oder ob sie aus eigener Kraft ihr Leben wieder in die eigenen Hände nimmt und so führt wie vorher. Als wir uns nach diesem Gespräch trennten, wusste ich nicht genau, wie sie sich entscheiden würde.

Einen Monat später rief sie mich aus dem Krankenhaus an, in das sie mit einem Magengeschwür eingeliefert worden war. Zunächst glaubte ich, das sei der Anfang von ihrem Ende. Aber sie hat sich entschieden und sich von dem Mann getrennt. Dieser Krankenhausaufenthalt war irgendwie nur das Auskurieren der erlittenen Wunden. Ich möchte das Ergebnis mal etwas prosaisch formulieren: Sie trägt jetzt keine Diamanten und Brillanten von anderen mehr. Sie trägt jetzt ihre eigene Krone.

Diese Geschichte endete zwar mit einem Happyend, aber wie viele von Ihnen erlebten ähnliche Situationen, in denen sie durch ein solches Verhalten ihrer Partner erkrankt sind. Die meisten Trennungen hinterlassen Schmerz, Enttäuschung, sogar Hassgefühle – und die müssen Sie mit der Zeit verarbeiten; sonst laufen Sie Gefahr, seelisch zugrunde zu gehen. Es gibt ein Sprichwort: Wenn jemand, der uns befehlen wollte, aus unserem Leben verschwindet, ist das ein sicheres Zeichen dafür, dass er nicht das Beste für uns war. Dann kann nur etwas Besseres kommen.

Wenn dies geschieht, sind Sie erfahren und sensibilisiert, aus den Fehlern zu lernen und mit dem richtigen Gespür etwas Neues wahrzunehmen und zu beginnen. Lernen Sie zu vergeben und geben Sie, damit Sie nehmen können. Wenn etwas aus unserem Leben geht, wird es immer durch etwas anderes ersetzt. Halten Sie nicht aus purer Sentimentalität oder gar Angst vor dem Alleinsein an Ihren Beziehungen fest, die Sie kränken und nur einen »Zweck« erfüllen.

Liebe Leserin, die Zeit ist Ihr Partner, der keine Unentschlossenheit duldet. Nur wenn Sie unzufrieden sind, sind Sie unruhig, und nur so können Sie etwas in Bewegung setzen. Also ist die Unzufriedenheit der erste Schritt zum Erfolg. Wenn Sie den Mut haben, sich selbst so zu sehen, wie Sie wirklich sind, dann wüssten Sie auch, was Sie falsch gemacht haben, und können sich jetzt umstellen.

Ihre Aufgabe ist es erst, ganz zu sich selbst zu kommen, denn Ihr innerer Reichtum schafft äußeren Reichtum. Ihre innere Schönheit schafft äußere Schönheit. Dann sind Sie imstande, Ihr Leben richtig zu meistern. Seien Sie sich selbst treu!

Lernen Sie,
Ihren Körper zu lieben

»Kein lebendiges Wesen dieser Erde ist so eitel wie eine Frau« sagte – na wer schon? – ein Mann, und führte weiter aus: »Wenn sie es nicht ist, dann hat sie gar kein gesundes Verhältnis zur Schönheit, zu ihrem Körper und vor allem zu ihrer gesamten Weiblichkeit.«

Wer immer es gesagt hat, ob Mann oder Frau, es steckt eine Menge Wahrheit dahinter. Auch eine Frau aus dem tiefen Busch will ihrer Welt und auch den Männern gefallen, indem sie sich – ob traditionell oder aus eigener Initiative – durch Bemalung und Schmuck oder prachtvolle Kleidung in den Vordergrund stellt. Sogar Zahnlücken sind in bestimmten afrikanischen Ländern ein Schönheitsideal. Die Trends in südöstlichen Ländern erinnern wiederum an das Bild einer Frau von barocker Schönheit. Wie auch immer, es sind einfach Frauen, die Trends bestimmen, obwohl sie oft auch von Männern und deren Entwürfen beeinflusst werden.

Wir leben in einer Zeit der absoluten Körperkultur. Täglich liefern uns die Medien Bilder der Erfolgreichen, in dem selten hässliche oder dicke Frauen erscheinen. Im Gegenteil – Madonna, Sharon Stone oder Iris Berben, Katja Flint etc. oder die schon reifen Schönheiten wie Rachel Welch und Sophia Loren, geschweige denn die superschlanken Models, mit denen wir in den Modezeitschriften konfrontiert werden, liefern uns täglich nicht nur das Medienbild einer Frau, sondern auch die Trends der Mode. Alle mit einer Superfigur, alles supersexy und darum für manche Frauen auch beneidenswert. Und was machen Sie? Sie vergleichen, imitieren und machen den ganzen Wahn mit, damit auch Sie auf Ihre Art »gut abschneiden«.

Ich wünsche Ihnen allen, dass Sie mal hinter Kulissen schauen. Oft habe ich einige dieser »Beautys«, die ich von den Laufstegen kannte, hautnah erlebt. Und wissen Sie, verehrte Leserinnen, das wahre Bild war absolut nicht das, was Sie durch die Bilder der Hochglanzillustrierten zu sehen bekommen. Ungeschminkt, blass, ungestylt, dürr, frustriert, halb verhungert und einsam wirkten auf mich einige von den Models, bevor sie sich in die Hände der Stylisten begaben.

Die körperbewusste Frau trainiert regelmäßig jeden Muskel im Fitnessstudio, die Haut wird geglättet, gestrafft und gepflegt mit immer besseren und noch teureren Pflegeprodukten. Allein die Pharmazie macht jährlich 3,6 Milliarden DM Umsatz mit Diätpillen, Vitaminen und Schlankheitsdrinks. Und wir, wir sind dabei mit Hingabe, sogar mit Freude, um unseren Körper dem Schönheitsideal anzugleichen.

Eines haben Sie aber vergessen! Diese alle uns bekannten Frauen und Stars, die in den Medien präsent sind, leben im Showbusiness, stehen unter strengem Beschuss der Öffentlichkeit und müssen mit der wachsenden neuen und auch jüngeren Konkurrenz Schritt halten, um auf dem Markt zu bestehen. Und das ist Stress, der mit höchster Disziplin, aber natürlich auch mit einem finanziellen Background verbunden ist.

Doch müssen wir uns krampfhaft diesen Frauen anpassen? Ich glaube nicht, denn wir stehen nicht im Scheinwerferlicht und müssen nicht täglich Interviews geben oder Fernsehauftritte bestreiten. Sind Sie etwa der Meinung, wenn Sie nur schlank und nach der neuesten Mode angezogen sind, dass Sie mehr Anerkennung oder Liebe bekommen? Dann müssten Hunderttausende Frauen in den führenden Positionen der Wirtschaft, Politik oder Medien ihren Beruf aufgeben, sich vergraben oder sofort mit Hungern anfangen – dann müssten Marianne Sägebrecht, Hella von Sinnen und viele andere ihren Beruf niederlegen. Dann gäbe es nur noch Hochzeiten nach dem Motto: »Bist du schlank und schön, dann werde ich dich heiraten und lieben.«

Sich selbst zu mögen, zu sich selbstbewusst zu stehen, sich selbst zu bejahen, hat auch mit Ihrer persönlichen Einstellung zu Ihrem Körper zu tun. Schauen Sie sich die Politikerin Angela Merkel oder die ehemalige US-Außenministerin Oulbright an. Diese Damen genießen hohe Anerkennung in ihrem Amt und auf internationalem Podium. Und sie sind trotz ihrer Körperfülle sehr erfolgreich und begehrenswert. Das sind keine Modeltypen, sondern Frauen, die etwas bewegen und für ihre Ziele kämpfen. Die haben sicher keine Zeit und keinen »Bock« auf Diäten, sondern sie stehen zu sich, und so werden sie auch akzeptiert.

Die Frauen früherer Generationen bezogen ihre Anerkennung oft aus ihrer Attraktivität oder ihrem Status als Partnerin ihres Mannes. Die neue Frau gründet ihre Identität dagegen auf ihren Erfolgen im Beruf oder als Erzieherin ihrer Kinder. Das wahre Leben und der Alltag liefern uns ganz andere Bilder als die, die wir in den Hochglanzillustrierten beobachten.

Durch dick und dünn belief und entwickelte sich auch mein eigenes Körperbewusstsein. Als ich noch Kugelstoßerin war, brachte ich noch fast 40 Pfund

mehr auf die Waage als heute. Ich habe es gebraucht, denn es war zwar nicht nur »Speck«, sondern überwiegend Muskelmasse. Meine Körpergröße
landete in den Spitzenzeiten bis Konfektionsgröße
48/50, und das war schon eine Masse, mit der ich
im Klub der Dicken sicherlich willkommen gewesen
wäre. Aber ich gestehe ganz ehrlich, ich hatte damit
keine Probleme. Umso mehr achtete ich auf meine
Kleidung, mein Make-up und mein gesamtes Erscheinungsbild. Außerdem war ich durchtrainiert,
und Treppen steigen, tanzen oder zehn Kilometer
laufen war für mich kein Thema. Es war meine
Sportzeit und ich habe bewusst und mit Stolz mein
Muskelfettpaket zur Schau gestellt. Ich fühlte mich
keineswegs benachteiligt, denn im Vergleich zu meinen Sportkolleginnen aus dem gleichen technischen
Bereich war ich noch die Schlankeste. Es war die
Zeit, wo ich aus freiem Willen und fast mit Würde
meinen Körper auch in gewagten Kleidern präsen-
tierte. Warum auch nicht? Sollte ich mich etwa verstecken oder leiden? O nein! Dafür habe ich mich
und das Leben zu sehr geliebt.

Der Unterschied zwischen mir und Ihnen ist der,
dass Sie sich vielleicht dick oder unförmig vorkommen und ich es damals aber voll akzeptiert habe –
vielleicht, weil ich auch sehr fit war. Das kann man
von den meisten Frauen nicht behaupten. 78 Prozent
der Frauen leiden nämlich unter ihrer Figur. Da
muss ich mich fragen, wie steht es um das Selbstverständnis dieser Frauen? Denn darunter sind sicher
auch diejenigen Frauen zu finden, die sich möglicherweise nur über Lappalien wie einen scheinbar
zu kurzen Hals, zu großen oder kleinen Busen oder
über zu viele Sommersprossen im Gesicht beklagen.
In meiner beruflichen Laufbahn begegnete ich unendlich vielen Frauen, die alle an ihrem Körper

etwas auszusetzen oder irgendeinen Fehler gefunden oder erfunden hatten. Ich würde ein paar Seiten brauchen, um aufzuzählen, was Frauen alles am eigenen Körper stört.

Stellen Sie sich vor, wir würden alle die gleiche Körpergröße, das gleiche Gewicht, den gleichen tollen Busen, die gleichen langen Beine und tollen Haare haben. Wie langweilig wäre diese Welt! Eine schreckliche Vorstellung! Was würden Sie denken, wenn alle Männer nur Blondinen mögen und einen Mercedes fahren würden? Wie langweilig ist diese Vorstellung!

⟨🦉⟩ *Meine Damen – Originalität ist gefragt! Eine Mischung aus ehrlicher Erotik, Souveränität und sozialer Kompetenz. Nehmen wir jetzt diejenigen in Betracht, die nur durch Genussessen ihre Figur so verändert haben, dass sie tatsächlich jeder Anblick ihres Körpers im Spiegel erschreckt. Liebe Leserin – Sie haben nur zwei Möglichkeiten: Entweder akzeptieren Sie Ihre Figur und freunden sich mit Ihrer Situation an, tragen dazu die passende Kleidung, pflegen sich und sind für das Umfeld die fröhliche und begeisterungsfähige Augenweide (hier spreche ich von Damen, die nicht nur durch das Schlemmen, mangelnde Disziplin, sondern zum Beispiel durch Schwangerschaft oder hormonelle Veränderungen zugenommen haben) oder Sie stellen sich selbst ein Ultimatum und fangen an, Ihr Körperbild durch gezielte Ernährung und Fitness in den Griff zu bekommen.*

Welche Frau um die 40 hat noch die Modelfigur mit Größe 36 oder 38? Die Statistik belegt, dass die

Durchschnittsgröße der deutschen Frauen zwischen 40 und 42 ist. Nun, wir sollen uns nicht an Statistiken halten, sondern daran, wie wir uns fühlen und wie wir unseren eigenen Körper betrachten. Fühlen wir uns gut, weil wir mit der gleichen Fülle schon seit Jahren »befreundet« sind, und finden uns unsere Mitmenschen nach wie vor begehrenswert und attraktiv oder leiden und stöhnen wir über unser Aussehen, weil alles unförmig und zu wuchtig ist?

Ich glaube, dass keine von ihrem Zustand hundertprozentig begeistert ist. Es gibt nur eine Regel: Die Dinge verändern sich nicht, nur wir verändern uns. Also – ändern Sie das, was Sie ändern können und auch wollen, und lernen Sie die Tatsachen zu akzeptieren, die man nicht verändern kann.

Das ist nicht unmöglich. Manchmal ist es sogar ganz einfach. Als ich mit dem Leistungssport aufgehört habe, brauchte ich nicht mehr meine Masse, also habe ich weniger gegessen, mich weiter bewegt und mein Körper hat sich logischerweise völlig umgestellt. Nur mein flacher Po und meine großen Füße mit sage und schreibe Größe 43 sind mir immer geblieben. Wie gerne hätte ich einen schönen, knackigen Hintern und zarte, kleine Füßchen. Ich könnte mich auf den Kopf stellen – ich werde es trotzdem nie bekommen. Und damit muss ich auch leben. Trotz alledem mag ich meinen Körper und danke Gott dafür, wie er mich geschaffen hat. Glauben Sie mir, wenn ich morgens ungeschminkt vor dem Spiegel stehe, sehe ich vor mir eine graue Maus, mit nach allen Seiten stehenden Haaren. Nun, diese graue Maus ist gerne mal »grau« im privaten Bereich, ganz allein für sich, weil sie weiß, dass sie sich innerhalb von einer Viertelstunde in eine »Diva« verwandeln kann, wenn sie Lust hat und wenn es ihr auch gut tut.

Ich habe richtig Spaß daran, mich zu verwandeln, weil ich das kann und machen will. Keiner kann mich dazu zwingen, blass auf die Straße zu gehen, und wenn ich in der Frühe nur Brötchen hole, habe ich zumindest ein bisschen Rouge und Lippenstift aufgetragen. Nicht des Bäckers wegen, sondern wegen mir selbst. So gefalle ich mir und so tue ich es auch. Einmal bin ich ganz ungeschminkt rausgegangen und fast alle haben mich mit bedauerlichem Gesichtsausdruck voller Sorge gefragt: »Geht es Ihnen gut? Sind Sie etwa krank?« Von wegen krank! Ich war putzmunter, das aktive Leben selbst – nur mein Aussehen war ziemlich blass und wenig attraktiv. Dazu muss ich sagen, dass mich die Menschen gar nicht richtig kennen oder wissen, was ich mache oder wer ich eigentlich bin. Vielleicht bin ich für sie nur eine nette Nachbarin von nebenan. Aber als eine Nachbarin will ich mich trotzdem nicht der Masse anpassen, sondern gegen den Strom schwimmen und die Frauen durch mein Verhalten und mein Aussehen animieren und ermutigen, mehr aus sich zu machen.

Die Natur ist wirklich gerecht. Jede von uns hat etwas Besonderes und auch etwas Mangelhaftes. Es geht darum, wie geschickt Sie »die kleinen Fehler«, zum Beispiel durch Kleidung und Ihre Einstellung, überspielen und mit welcher Hingabe Sie das Besondere zur Geltung bringen. Ich kann mir kein Fleisch am Po annähen lassen und meine Füße absägen. Und ich lebe!

Wenn Sie eine große Nase haben, dann ist das Ihr Markenzeichen. Leiden Sie darunter, dann weg mit dieser Nase. Für den guten Schönheitschirurgen sind Nasenkorrekturen oder Brustvergrößerungen Peanuts. Warum nicht ein bisschen nachhelfen? Was meinen Sie, wie viele Hunderttausende Frauen sich jährlich operieren lassen? Die hängen das sicher nicht an die große Glocke, dass sie es gemacht haben. Topsecret ist die Sache. Aber eines Tages wird darüber offen gesprochen werden, so wie heute über einen Zahnarztbesuch. Keine gibt es zu, aber es machen so unendlich viele Frauen. Ich will Sie nicht mit diesen Aussagen zu so einem Schritt animieren, sondern nur mitteilen, dass, wenn Sie etwas so sehr stört, das Sie mit Diäten und Kleidung nicht vertuschen können, es dann vielleicht nur diesen Weg gibt – bevor Sie seelisch-psychische Probleme bekommen.

Es liegt an Ihrer Einstellung, wie Sie mit Ihrem Körper umgehen. Nicht mit Pillen, sondern nur mit einer zielbewussten Einstellung, ausgewogener Ernährung und mehr Bewegung schaffen Sie einen ästhetischen und durchtrainierten Körper. Sie müssen sich wohl fühlen und sollten dabei auch scheinbare Mängel zulassen. Seien Sie ehrlich zu sich, ignorieren Sie andere Menschen und Meinungen, tun Sie es nur für sich, wenn Sie sich danach so sehr sehnen. Nur Ihr Wohlbefinden ist wichtig. Bewundern Sie nicht andere, lassen Sie sich selbst bewundern! Das war stets mein Kredo – und sollte auch Ihr Kredo sein.

Sie haben nicht nur einen Körper, sondern eine Seele, und beide beeinflussen sich gegenseitig. Wenn der Körper krank wird, träge und zu schwer ist, dann wird auch Ihre Seele krank. Ist Ihre Seele zufrieden, reagiert Ihr Körper entsprechend. Sie können alles der Welt besitzen, aber wenn Sie Ihre Seele vernachlässigen, werden Sie sich nicht akzeptieren.

100

Befreien Sie sich von diesem Druck, lassen Sie los. Gehen Sie kurz an die frische Luft und spüren Sie Ihren Körper, die Hitze des Sommers, die Kälte des Winters, Ihre Stimme, Ihren Atem, Ihren Puls. Stellen Sie sich nackt vor den Spiegel und betrachten Sie genau, was Sie sehen. Ja, Sie sehen »sich selbst«, das Eigenbild mit dem kleinen oder großen Busen, dem rundlichen Bauch und den fülligen Oberschenkeln. Ja, ganz genau, gerade das sollten Sie lieben lernen und erst dann, wenn Sie das schaffen, dann können Sie anfangen, es zu verbessern. Es gibt auch die Möglichkeit, dass Sie verzweifeln, weil Sie der Meinung sind, Sie können ohnehin nichts ändern. Und ob, Sie können etwas ändern! Kümmern Sie sich um sich, lernen Sie, Ihren Körper zu erforschen, zu gestalten und zu begehren.

Erforschen, damit meine ich entdecken, was Ihr Körper alles kann. Diese unglaubliche Maschine bietet uns durch Sehkraft, Gehör, Knochen, Muskeln, Gelenke, Herz und Lunge und vor allem unser Gehirn und seine Programme ein schier unendlich großes Potenzial an Kraft und Energie, damit wir uns bewegen, fühlen, vermehren und die Welt um uns und die Mitmenschen wahrnehmen können. Und Sie wagen es, an Ihrem Körper zu zweifeln? Er ist doch der größte Reichtum, den wir besitzen! Und wenn er genug Kraft hat, sich fortzubewegen und uns klare Gedanken zu schenken, dann sind Sie sogar verpflichtet, ihn zu lieben und zu verhätscheln. Was schert sie dann zum Beispiel eine Beinform, die man sowieso nicht verändern kann? Natürlich gar nichts. Sie ziehen hoffentlich einen längeren, engen Rock mit schönem Seitenschlitz und schicke Pumps an und schon sehen Sie besser aus als die Nachbarin, die einen zu kurzen Rock über ihren stämmigen Beinen trägt. Solche Mängel im Aussehen kann man immer durch die richtige

Mode, passendes Make-up und die passende Frisur kaschieren. Aber nur Sie selbst können Ihr gesamtes Erscheinungsbild, das Zusammenspiel von Körper und Seele, bestimmen, denn Ihre Ausstrahlung gründet auf Ihrem Selbstbewusstsein.

Wenn Sie Ihren Körper begehren, beklagen Sie sich nicht über die Mängel. Jeder Körper, ob scheinbar perfekt oder nicht, kann erotische Erfüllung schenken. Ihr Körper kann das ganz bestimmt – ob Sie alleine oder in einer Partnerschaft leben. Ein großer, praller, weicher oder zu kleiner Busen lässt keine Rückschlüsse auf die Sexualität zu. Nicht nur dieser Teil sehnt sich nach Berührung. Wir haben auch andere Körperteile, Verstecke, Ecken und Kanten, die sensibel sind und auf unsere Gefühle reagieren. Wir Frauen haben sehr, sehr viele Gefühle. Es geht nicht darum, regelmäßigen Verkehr zu haben, der, wenn er zur Routine wird, bei vielen Frauen Frustrationen auslöst. Diese Unzufriedenheit kann genauso gut nach ein paar Ehejahren eintreten, wenn nichts mehr läuft.

Vielleicht ist es nur eben Ihre glatte, schöne Haut, die besonders empfindlich ist und die sich nach einer Berührung sehnt? Ich kenne Frauen, die wird man auf der Straße kaum beachten. Wenn Sie nur ahnen würden, was diese Frauen mit ihrem Körper alles anstellen können. Warum sollte zum Beispiel eine dicke Frau nicht Spaß an der Erotik haben? Ob sie nun ihre Fülle mag oder nicht, jedenfalls weiß sie, wie ihr Körper reagiert. Und das wissen auch Männer, die füllige Frauen lieben und sie begehrenswert finden.

Den eigenen Körper zu erforschen und ihn mit Aufmerksamkeiten zu bescheren ist kein Tabu, sondern Ihre Pflicht. Wo steht es geschrieben, dass Sie es selbst nicht dürfen? Wenn Sie Ihre Gefühle und Bedürfnisse unterdrücken, machen Sie sich zu

102

einer leblosen, unzufriedenen Frau »ohne Körper«. Auch wenn Sie Ihre Sexualität nicht ausleben, haben Sie doch auch Ihre Träume. Diese Phantasien, die Ihnen keiner nehmen kann, die spielen sich in Ihren Gedanken wie in einem Film ab. Oder träumen Sie etwa gar nicht? Was hindert Sie daran, sich vorzustellen wie es ist, zum Beispiel eine ganze Fußballmannschaft zu verführen – einen Spieler nach dem anderen –, oder wie wäre es, sich zum Beispiel von vier tollen Männern auf einmal verwöhnen zu lassen? Schämen Sie sich nicht, Ihren Phantasien freien Lauf zu lassen. Es ist doch kein Verrat am Mann, sondern eine Vorstufe zu einer neuen Erfüllung des ehelichen erotischen Zusammenlebens.

Was glauben Sie, wie Ihr Körper reagiert, wenn Sie solche Träume zulassen? Probieren Sie es aus und Sie werden Ihren Körper und sich selbst ganz anders entdecken und schätzen lernen. Ihre nächtlichen Phantasien haben doch keine Grenzen? In den geheimen Wünschen ist doch alles erlaubt. Was hindert Sie daran, auch wenn Sie im Moment nicht alleine leben, sich selbst zu befriedigen? Das macht doch fast jede, nur die meisten Frauen sprechen nicht darüber. Wir Frauen wollen doch nicht nur begehrt sein, sondern wollen auch Erotik und Sexualität ausleben. Was glauben Sie, wie reagiert Ihr Körper oder Ihr Mann, wenn Sie Ihre Phantasie zulassen und Ihr Partner wie gewöhnlich von der Arbeit nach Hause kommt und nicht gleich das fertige Essen vor die Nase gestellt bekommt, sondern auf ihn seine Frau wartet, die ihn nach allen Regeln der Kunst verführt und darüber hinaus mit einer »unerwarteten Zugabe« mitreißt? Zeigen Sie Ihrem Partner, dass nicht nur er bestimmt, wann er will, sondern dass wir Frauen ebenfalls das Recht darauf haben, zu zeigen, wann, wie wir es und was wir wollen. Was hindert Sie daran, den ersten Schritt zu tun? Es muss doch nicht immer nur die Missionarsstellung sein. Vielleicht werden gerade Sie – weil Sie frei von den hemmenden Gedanken sind, ob Sie gut aussehen oder nicht – zu einer wahren Sexbombe oder einer erotischen Verführerin?

Begehren Sie sich selbst und Sie werden auch Ihren Mann begehren.

Begehren bedeutet wiederum, bei der Selbstbetrachtung die Energie des Körpers zu spüren und dann festzustellen: Ja, mit diesem Körper lebe ich, dem gebe ich das, was ihm gut tut – Hygiene, angemessene Kleidung, Pflege, frische Luft, gesunde Nahrung, Bewegung und Sex. Der Körper wird sich revanchieren. Mit stabilem Gewicht oder sogar durch Sport mit besseren Formen, er wird widerstandsfähiger, fester, rosiger und leistungsfähiger.

Wenn Sie eine Genussfrau sind, die auf nichts verzichten kann und alles in sich reinstopft, keine Bewegung, gerade Liebeskummer oder Probleme hat und vor lauter Frust nur am »Futtern« ist, dann sage ich: »Viel Spaß an der Zerstörung Ihres Körpers, willkommen im Verein der Frustrierten.« Mein Gott, ist Ihnen überhaupt bewusst, welchen Schaden Sie sich mit dieser Lebensart zufügen?

Es geht hier nicht um Bodys von Topmodels, sondern um die Tatsache, dass unser Kapital – sprich unser Körper – kein Feind ist, den man ständig auf diese Art zerstört. Es ist unser bester Freund, der uns sogar bis ins hohe Alter dienen muss. Egal, ob er da oder dort anders gewachsen ist, als Sie es sich gewünscht hätten, dadurch macht er eben gerade Sie einmalig und interessant.

Wenn auch ich meinen Körper nicht akzeptieren und mögen würde, könnte ich niemals meine Arbeit durchführen. Sonst müsste ich meinen Geist von meinem Körper trennen und sagen: »Meine Damen, ich darf ab sofort nur per Tonband auftreten, denn ich hasse meinen Körper und kann nicht persönlich erscheinen.« Und das ist doch gar nicht möglich. Ich selbst bin auch nicht blind, um festzustellen, dass ich nicht mehr 20 bin, sondern in einem reifen Alter, wo früher Frauen schon längst abgeschrieben wurden. Und doch fühle ich mich trotz meiner nicht so perfekten Figur »sauwohl«, denn ich habe endlich die Freiheit zu entscheiden, ob ich meinen Körper begehre und Raffinesse in den Vordergrund stelle oder ob ich mich systematisch zerstöre.

Wenn ich Lust auf einen Kuchen mit einer dicken Sahnehaube habe, dann verschlinge ich ihn mit großem Genuss. Na und? Dafür esse ich abends weniger. Wenn meine Waage zwei oder drei Kilo mehr zeigt und mein Rockbund zu eng ist, habe ich die Qual der Wahl. Esse ich weiter, nehme weiter zu, dann muss ich mir für viel Geld eine neue Garderobe beschaffen. Dazu habe ich wirklich keine Lust! Außerdem habe ich nie mit dem Gedanken gespielt, eine Traumfigur zu erreichen, denn dann müsste ich mindestens zehn Kilo abspecken, um Größe 36 zu erreichen. Dann würde ich mit meinen 1,80 Metern Länge und mit meinem breiten Kreuz wie eine ausgequetschte Zitrone aussehen, mit verfallenem Gesicht, schlapper Haut und kraftlos. Ich bin schon sehr zufrieden mit meiner Konfektionsgröße 40, kann fast alles tragen, was schick ist, und danke jeden Tag dem lieben Gott, dass ich in aller Frische meinen Tag beginnen kann. Das wünsche ich auch Ihnen bis ins hohe Alter.

••

🦉 *Nehmen Sie sich darum so, wie Sie sind, erst dann sind Sie frei von Zwängen, Erst wenn Sie sich lieben, können Sie auch andere lieben.*

🦉 *Messen Sie sich nicht an anderen, messen Sie sich an sich selbst und an Ihrem Wohlbefinden. »Nur du selbst bist das Zentrum deines Lebens!«, das sollten Sie jeden Tag wiederholen!*

••

Steigern Sie Ihr Selbst-WERT-Gefühl

Wir alle haben bestimmte Wünsche. Voraussetzung ist jedoch Gesundheit, die wir uns zu allen wichtigen Ereignissen wünschen. Meistens meinen wir körperliche Gesundheit, doch auch die seelische Gesundheit ist ein hohes Gut. Außerdem sehnen wir uns nach dem passenden Partner, nach glücklichen und gesunden Kindern, hervorragendem Essen, toller Kleidung, auch nach mehr Geld, gutem Schlaf, natürlich auch nach knisternder Erotik und gutem Sex etc. Das alles – oder zumindest einen Teil – können wir bekommen oder erreichen. Aber ein Wunsch bleibt uns oft versagt. Es ist die Sehnsucht, sogar das Verlangen, nach Anerkennung oder, anders gesagt, nach Bedeutung. In schöner Regelmäßigkeit veröffentlichen Zeitschriften Umfragen unter Frauen, was sie sich wünschen. Ist es erstaunlich, dass die Wünsche »Geborgenheit, Zuwendung, Anerkennung und Liebe« stets die oberen Plätze einnehmen? Wenn ich in meinen Seminaren Frauen frage, wonach sie streben, was sie sich wünschen, ist die Antwort bei 80 Prozent der Befragten: »Ich möchte Anerkennung.« Um diese zu bekommen und auch genießen zu können, brauchen wir ein gesundes Selbstbewusstsein, das nur aus einem intakten Selbst-*Wert*-Gefühl entstehen kann.

Wem es an Selbstwertgefühl mangelt, wird ganz besonders nach Anerkennung streben. Und deshalb nehmen gerade Frauen mit mangelndem Selbstwertgefühl die fehlende Anerkennung als ein besonders schwer wiegendes Defizit wahr. Hand aufs Herz, wo entsteht Ihr Wert, wenn Sie nicht Sie selbst sind und Ihre Gefühle nicht zeigen? Etwa schon in der Früh, wenn Sie zur Arbeit eilen, kaum Zeit fürs Frühstück haben, vielleicht noch Brote für die Kinder richten, im Stau stehen und um sich herum nur genervte Gesichter sehen? Oder am Abend, wenn Sie nach Hause kommen und keiner Sie erwartet, weil Sie eben zurzeit alleine leben und überlegen, wohin und mit wem Sie ausgehen oder zumindest über die täglichen Ereignisse am Telefon reden können?

Es geht noch weiter: Sie sehnen sich nach Zuneigung und liebevollen Worten von Ihrem Mann oder Partner, der gerade nach Hause kommt. Bis das Essen gerichtet ist und die Kinder für die Nacht fertig sind, liegt Ihr Gatte schnarchend vor dem Fernseher. Und das Schlimmste kommt noch – irgendwann wacht man auf der Couch gemeinsam durch das Stöhnen einer Stimme auf dem Bildschirm auf, weil um die Zeit gerade ein Sexfilm oder Sexwerbung läuft, und Sie sitzen da in Ihrem Schlabberanzug, völlig übermüdet neben Ihrem abgeschlafften Mann. Und jetzt müssen Sie zusehen, wie die junge, schlanke, langbeinige, silikonaufgeputschte Darstellerin nach Hollywoodmaßstäben die Kunst der Verführung präsentiert. Wie fühlen Sie sich dann? Aussagen wie »Du bist besser« oder »Du bist für mich die Schönste« dürfen Sie in diesem Moment von Ihrem Mann nicht erwarten. Trotzdem ist das kein Grund zur Verzweiflung. Die Hauptrolle im wahren Leben spielen nämlich Sie!

Ja, Sie lesen richtig. Sie und keine andere. Sind Sie sich überhaupt bewusst, welche Rollen Sie noch erfüllen müssen, und das fast ein Leben lang? Sie sind nicht nur Ehefrau oder Partnerin. Sie sind auch eine Mutter, die Kinder erziehen muss. Eine Köchin, die dafür sorgt, dass die Familie jeden Tag ein warmes Essen bekommt. Die Putzfrau, die Ordnung macht, wäscht und bügelt. Die Repräsentantin für die gesellschaftlichen Anlässe. Die Gebärende, die Kinder auf die Welt bringt, und das nicht gerade unter leichten Bedingungen. Ein Sportkumpel, der an sportlichen Aktivitäten der Familie teilnimmt. Eine Psychologin, die alle Probleme anhören und auswerten muss. Eine Kollegin, die ihre Leistung durch perfekte Arbeit vorweisen muss. Eine Krankenschwester und Pflegerin für die ganze Familie.

Und Sie zweifeln an sich oder sind unsicher? Kennen Sie Ihren wahren Wert? Wissen Sie, wer und was Sie sind? Sie sind keine Schauspielerin, die Sie jetzt im Film gesehen haben, die für Ihre Rolle eine Gage erhält. Sie sind eine wahre Heldin, die im Leben nicht nur eine Rolle, sondern unzählige Funktionen übernehmen muss – und das bitte zum Nulltarif, aus Ihrem freien Willen heraus, aus Liebe und aus Hoffnung auf Anerkennung und Verständnis!

So, liebe Heldin, wenn Sie sich Ihrer Rolle als Frau richtig bewusst werden, dann kann keine Situation und kein Mensch Ihr Selbstwertgefühl zerstören.

Also können Sie in diesem Augenblick vor dem Fernseher nur einen Kommentar abgeben: »Guck mal, die sieht aber toll aus.« Damit demonstrieren Sie Ihren Wert, denn Sie haben doch mehr Rollen auf Lager als dieses super gestylte Sternchen, das nur sein Bestes geben will, um seine Miete zu bezahlen in der Hoffnung auf eine große Karriere. Es wäre völlig falsch zu sagen: »Schalte um, ich kann das nicht mehr sehen«, denn damit machen Sie sich nur klein und unsicher. Das aber haben Sie nicht verdient. Was Sie verdienen, ist Aufmerksamkeit, Streicheleinheiten, Lob und eben die ersehnte Anerkennung.

Nur, wer kein Lob verteilen kann, bekommt auch kein Lob zurück. Verzweifeln Sie nicht bei dem Gedanken, dass Ihr Mann nach Hause kommt und Sie völlig überfordert beim Arbeiten sieht. Schenken Sie ihm ein Lächeln und sagen Sie was Nettes, zum Beispiel »Schön, dass du da bist« oder »Das hast du gut gemacht«, denn nichts kann einen Mann mehr entwaffnen als ein Kompliment. Der Kritiker und Dichter George Bernard Shaw (1856–1950) sagte dazu: »Männer kann man mit Komplimenten immer entwaffnen, Frauen nie.« Und seien Sie gespannt, was passiert – denn der gute Mann weiß nicht, wie ihm geschieht, und überlegt, was Sie wohl vorhaben, was »im Busch ist«. Ein solches Verhalten ist er nicht gewohnt.

Vielleicht passiert zunächst einmal auch gar nichts. Doch Sie als die Königin haben sich entschlossen, einfach eine gute Atmosphäre zu schaffen, die sich allmählich auch auf Ihren Mann überträgt. Holen Sie ihm ein Bier und lassen ihn einfach in Ruhe, bis er wieder zu sich kommt. Wann haben Sie eigentlich ihrem Mann zum letzten Mal ein Kompliment gemacht? Gestern? Prima! Sie wissen es nicht mehr? Schade. Das, was Sie geben, bekommen Sie auch zurück. Geben Sie Gutes, bekommen Sie Gutes zurück. Sind Sie laut, kommt Lautes zurück.
Natürlich steht Ihr Mann unter Stress, denn er muss schließlich die Familie schützen und auch fi-

nanziell versorgen. Das tun Sie aber vergleichsweise doch auch! Gerade wenn Sie »nur« Hausfrau sind und nicht arbeiten gehen müssen, sind Sie schließlich die Managerin Ihres Familienunternehmens. Das ist eine verflixt große und schwierige Aufgabe. Und das ist Ihr Werk!

Stellen Sie sich einmal vor, Sie teilen Ihrer Familie ganz ernsthaft mit: »Ab jetzt wird nichts gekocht, nichts geputzt, nichts gewaschen«, dann ernten Sie nur einen Lachanfall Ihrer Lieben mit den Worten »Haha, Mami ist durchgedreht?!« und keiner glaubt daran. Stellen Sie sich weiter vor, Sie würden es eine Woche lang durchhalten. Oje, was für ein Chaos würde schon nach zwei Tagen herrschen! Nein, so weit soll das gar nicht kommen. Ich will Sie nur darauf aufmerksam machen, dass Sie gebraucht werden. Also seien Sie sich Ihrer Macht und Ihrer Werte bewusst – und das zu jeder Stunde des Tages.

Sie sind unsicher, weil Sie denken, Sie sind nicht attraktiv oder alt? Gute Frage. Solange Sie sich nicht ganz gehen lassen und nicht stets in den gleichen, ausgetragenen, ungepflegten Klamotten rumlaufen, haben Sie keinen Grund zur Sorge. Ihr Mann wird ja auch nicht jünger, alt werden wir alle, also handeln Sie nach Ihrem Gefühl. Ich hoffe, das ist so weit ausgeprägt und wach, dass Sie wissen, was Sie Ihrem Aussehen geben müssen, um sicher und elegant die Hürden des Alltags zu überwinden.

Eine Heldin achtet auf sich, nimmt sich Zeit für sich, um zu überlegen: »Was tu ich mir heute Gutes?« Ob das ein Frisörtermin ist, ein Einkaufsbummel oder ein Kaffeeklatsch mit einer Freundin, ob das ein Geschenk für sich selbst ist oder nur das Sofa, auf dem Sie sich zurückziehen, um ein Buch zu lesen, das muss jeder Frau selbst überlassen bleiben. Wenn Sie das Bedürfnis danach haben, dann tun Sie es ohne Schuldgefühle. So fühlen Sie sich wohl, und das strahlen Sie auf Ihre Mitmenschen aus. Sie sind doch Sie selbst, kennen Ihren Wert und haben Gefühle. Vielleicht machen Sie noch eine Zugabe und warten eine spezielle Situation ab, wo Sie mit Ihrem Partner alleine sind, und machen aus heiterem Himmel einen verrückten Vorschlag: »Hey mein Schatz, wie wäre es jetzt mit etwas Liebe in der Küche?«. Der arme Mann! Völlig überfordert darf er nicht versagen und macht mit, um seine Männlichkeit zu beweisen. Und dann ist es passiert. Sie haben ihn herausgefordert. Warum auch nicht? Sie müssen doch nicht immer erobert werden. Übernehmen Sie auch mal die Initiative, greifen Sie an – auch wenn es nicht gerade zu einem für Sie befriedigenden und romantischen Akt wird. Doch nach einiger Zeit wird sich auch in dieser Hinsicht sehr viel ändern.

Sie brauchen sich garantiert auch nicht davor zu fürchten, dass er sich auf der Straße nach einer langbeinigen, überschminkten Blondine umschaut, denn das machen alle Männer. Sie sollen ihn sogar ab sofort darauf aufmerksam machen: »Schau, was für einen knackigen Po hat diese Frau«, und er murmelt völlig gelangweilt zurück: »Hm, ich hab's gesehen.« Wieder ein Punkt für Sie! Warum? Früher haben Sie sich darüber aufgeregt, aber lassen Sie ihn ruhig da und dort merken, dass Sie sich sowieso Ihres Selbstwertgefühls bewusst sind.

Ein gesundes Selbstbewusstsein – beziehungsweise Selbstwertgefühl – ist erlernbar. Natürlich werden grundlegende Verhaltensweisen, die unser späteres Selbstwertgefühl bestimmen, schon in jungen Jahren vermittelt. Aber darin liegt auch eine Chance für jede Frau. Gerade, weil die alten Rollenklischees für Frauen immer noch vermittelt werden, ist oftmals das Selbstwertgefühl und damit das spätere Selbstbewusstsein nicht immer sonderlich stark ausgeprägt. Viele Frauen fügen sich in diese Zwangsjacken – vielleicht, weil andere es von ihnen so erwarten. Warum muss das so sein? Da kann es nur heißen: »Raus aus den Zwängen und das tun, was Sie möchten!« Keine Abwendung vom Bestehenden und auch keine Revolution ist angesagt. Nein, es geht nur darum, das Selbstwertgefühl zu stärken, um ein klares Selbstbewusstsein zu entwickeln. Sie brauchen niemandem etwas zu beweisen, nur sich selbst, und zwar, dass es keinen Grund gibt, von Minderwertigkeitsgefühlen geplagt zu werden. Gelegenheiten gibt es unzählige im Alltag. Wenn Sie zum Beispiel einer Rivalin gegenüberstehen, sprechen Sie mit ihr ganz ruhig, präsentieren Sie Ihr Lächeln, Ihre Souveränität, erzählen Sie von Plänen Ihrer Familie, loben Sie Ihren Mann, zeigen Sie sich fröhlich, unbeschwert und siegessicher. Machen Sie ihr sogar ein Kompliment, denn damit zeigen Sie nur Ihre Stärke, obwohl es Ihnen vielleicht gar nicht danach ist. Nur durch Souveränität bekommen Sie Anerkennung. Verächtliche oder gar spitze Bemerkungen zu machen, sollten Sie den Schauspielerinnen in entsprechenden Filmszenen überlassen.

Sie sind doch stark genug. Haben Sie etwa in Ihrem Leben nicht genug durchgemacht? Seien Sie stolz auf sich, bewundern Sie nicht andere, lassen Sie sich bewundern. Sie wissen doch: Mitleid bekommt man umsonst, Neid muss man sich hart erkämpfen!

Sie sollten auch kein schlechtes Gewissen haben, wenn Sie etwas falsch gemacht haben, denn auch Sie sind kein unfehlbares Wesen, das den ganzen Tag nur ackert. Geben Sie sich selbst nicht stets die Schuld der anderen.

Übernehmen Sie selbst die Verantwortung für Ihr Leben. Und das ist ganz wichtig: Sie werden so behandelt, wie Sie es zulassen. Viele Frauen schimpfen über Männer. Aber meine Damen, haben wir nicht vielleicht die Männer durch unser Verhalten dazu getrieben, dass Sie uns so behandeln, wie wir es gar nicht wollen? Ihr Selbstwertgefühl wird nicht stärker, in dem Sie »Ja und Amen« sagen, sondern nur, wenn Sie klar und deutlich Ihre Meinung äußern. Zum Beispiel: Ihr Partner besteht darauf, dass Sie mit ihm etwas unternehmen, worauf Sie gar keine Lust haben. Vielleicht sind Sie müde oder Sie haben etwas anderes geplant. Mit Reaktionen wie »Ich habe keine Lust« oder »Nein, ich gehe nicht mit!« schaffen Sie nur ein schlechtes Klima. Dagegen könnten Sie mit liebevollen Worten kontern: »Mein Schatz, diesmal muss ich eine Ausnahme machen, ich habe dies und jenes vor, aber ich freue mich auf deine Rückkehr, dann erwartet dich eine Überraschung.« Die Überraschung überlasse ich Ihnen. Sie sollten selbst entscheiden, ob es ein tolles Essen, ein Kinobesuch oder eine Rückenmassage etc. ist.

Eine Kollegin erzählte mir folgendes Erlebnis. Nach zwölfjähriger Ehe war so einiges eingeschlafen. Der Alltag bestand aus zumeist rituellen, eingefahrenen Handlungen, oder zu Deutsch: immer dasselbe. Ihr Mann war ein begeisterter Sport-Fan, vor allem von Autorennen, und entsprechend lief der Fernseher, wann immer Rennen und andere Sportarten übertragen wurden. Sie hatte allen Grund, sich mal gründlich zu beklagen. Doch stattdessen kaufte sie ein repräsentatives Buch über den Formel-1-Sport. Sie packte es liebevoll ein und versah es mit einem roten Herzchen als Schleife und legte es auf seinen Platz. Seine erstaunte Frage »Was ist denn das?« wurde durch die Widmung beantwortet, die sie hineingeschrieben hatte: »Für meinen Schatz. Ohne besonderen Anlass!« Sooft in Gesellschaft die Sprache aufs Schenken kam, erzählte der Mann stolz von diesem Buch und der Widmung. Mitunter sind es nur die kleinen, originellen Dinge, die ganze Berge von Problemen wegräumen können.

Viele Frauen beklagen sich, wenn Männer unter sich »auf ein Bier gehen«. Lassen Sie ihn gehen! Im Gegenteil, schicken Sie ihn sogar völlig unerwartet aus dem Haus mit den Worten: »Wolltest du heute nicht ausgehen? Ich habe so viel zu tun und würde mich freuen, wenn du mit Hans ausgehst.« Ob er geht oder nicht, kann man nicht abschätzen. Aber für die Zukunft bleibt er garantiert zu Hause, denn wenn Sie es öfter anbieten, wird es vielleicht auch langsam verdächtig. Sie zweifeln? Wovor haben Sie Angst? Der kommt schon brav zurück, denn vielleicht sind Sie sogar noch wach, und wehe, Sie fragen ihn, wo er war! Das bringt gar nichts, das verunsichert beide Parteien. Erzählen Sie ihm lieber begeistert, was für einen schönen Abend Sie hatten, von Ihren Plänen und trinken Sie mit ihm noch ein Glas Wein, als ob nichts wäre. Womöglich fängt er dann selbst an, von seinem Abend zu erzählen.

Sie müssen jeden Tag Ihr Selbstbewusstsein aufs Neue üben. Stellen Sie sich vor, Sie müssten vor mehreren Menschen eine Rede halten? O Gott, denken Sie, was für eine Vorstellung! Aber warum nicht? Wenn Sie darüber sprechen, was Ihnen vertraut ist, kann das jede von Ihnen schaffen. Wenn das Thema Kinder, Katzen, Ihr spezielles Kochrezept oder ein fachlicher Teil aus Ihrem Berufsleben ist, kann bei solchen Auftritten nichts schief gehen. Denn diejenigen, die Ihnen zuhören, haben vielleicht gar keine Meinung, keine Ahnung oder nicht den Mut, weil sie auf einem ganz anderen Gebiet fit sind und oft unsicherer sind, als Sie denken. Vor allem aber sind sie froh, nicht selbst da oben stehen zu müssen. Und das schafft sehr häufig Solidarität.

Als ich vor 15 Jahren zum ersten Mal meine Modenschau moderiert habe, war ich so aufgeregt, dass ich nicht einmal den Namen des Hotels wusste. Ich musste mich bei meiner Rede bei dem Besitzer namentlich für die gute Zusammenarbeit bedanken und hatte so einen Black-out, dass meine Stimme versagte. Nun stand ich vor dem noblen und neugierigen Publikum und durfte nicht ins Mikrofon sagen: »Leute, ich habe eine volle Hose, ich schaff es nicht.« In meinem Kopf ging es drunter und drüber. Meine Existenz, meine Zukunft hing an diesem ersten Auftritt. Es musste klappen, es durfte nichts schief gehen, sonst wäre ich erledigt – das waren die Gedanken, die durch meinen Kopf schwirrten. Die Musik spielte, die Scheinwerfer beleuchteten nicht nur den Laufsteg, sondern sie warfen auch gnadenlos ihren Lichtkegel auf mich und versahen mich mit steigender Hitze. Wer hätte mir verübelt, dass ich mich in dieser Situation am liebsten in Luft aufgelöst hätte. Ich wünschte mich tausend Klaffter unter die Erde. Alle haben gewartet und gewartet. Da stand ich »in voller Montur« und irgendwie ging mir durch den Kopf, dass das alles nur ein Traum sei. Und plötzlich, ohne Grund, vielleicht um meine Unsicherheit zu überspielen, begann ich laut zu zählen, um die Stärke des Mikrofons zu testen. Auf einmal habe ich meine eigene Stimme gehört und habe das Publikum gefragt: »Hören Sie mich gut oder soll ich leiser reden?«, und die Zuhörer winkten freundlich: »Es ist okay, Sie können anfangen.« Da spürte ich, wie das Publikum auf mich wartete und positiv auf mich eingestellt war. Vor mir saß nicht »mein Feind«, den es zu besiegen galt, sondern eine große Menge unbekannter Freunde. Und die wollte ich nicht enttäuschen. Darum habe ich in dieser Situation mir ganz einfach »selbst befohlen«, nicht aus der Fassung zu geraten, sondern zu reden, zu reden, und zwar über alles, was ich wusste, was ich gelernt beziehungsweise an den Models gesehen habe und was ich nun weitergeben konnte. Ich muss hinzufügen, dass mein Deutsch gar nicht gut war, aber ich habe mir gedacht: »Jetzt oder nie, sei locker, rede, wie du es kannst, und zeige, was du weißt.« Mein Körper hat auf mich gehört. Ich habe geredet wie ein Wasserfall und mir vorgestellt, ich bin ganz allein mit meinen Models und meinen Freundinnen. Als zum Schluss der Applaus kam, bin ich aufgewacht aus meinem tranceähnlichen Zustand und habe festgestellt, dass die Menschen mir keinen Schaden zugefügt haben. Keine Tomaten flogen um mich, sondern ich stand offensichtlich vor einem zufriedenen Publikum, vor unbekannten Freunden. Erst später wurde mir klar, dass es sogar ein Vorteil war, die Modenschau in gebrochenem Deutsch zu moderieren. Das fand das Publikum charmant und ermutigend. Nichts ist unpersönlicher als das Perfekte, das geschliffen und aalglatt Gelackte. Wir sind Menschen und alle Menschen haben und machen Fehler. Und eben die Menschen, die kleine und große Fehler machen, sind die Menschen, die wir lieben und achten. Selbst diejenigen, die von Berufs wegen alles perfekt machen wollen, also zum Beispiel die Moderatoren im Fernsehen, werden durch die Zuschauer mitunter daran erinnert, dass die größten Sympathien an diejenigen vergeben werden, die liebevolle, menschliche Fehler machen, wie zum Beispiel die Nachrichtensprecherin, die sich verhaspelt, verspricht oder gar um ihre Stimme ringt.

Sie, liebe Leserin, haben keinen Grund, sich Gedanken zu machen oder sich unwohl zu fühlen, wenn Sie eben nicht perfekt die deutsche Sprache beherrschen, aus welchen Gründen auch immer. Wenn Sie einen Beruf, eine Arbeit in Angriff nehmen, dann gehen Sie voller Zuversicht in das Bewerbungsgespräch. Lassen Sie sich nicht durch Hoffnungslosigkeit, mangelnden Glauben an sich selbst und falsches Denken entmutigen. Eine Absage, eine Ablehnung darf nicht zur Demotivation oder Resignation führen. Es ist wichtig, dass Sie an sich selbst glauben. Absagen, insbesondere beruflicher Art, darf man einfach nicht persönlich nehmen. Es mag kein großer Trost sein, aber gehen Sie einmal durch die Straßen Ihrer Stadt und schauen Sie sich die Menschen an, die Sie sehen. Stellen Sie sich vor, Sie bereiteten ein großes Fest vor und wollen dazu viele unbekannte Leute einladen. Nun schauen Sie sich diese Menschen an – und wählen Sie die Gäste aus. Ich glaube, es würde allen so gehen, dass man vorwiegend nach bestimmten äußerlichen Kriterien (Figur, Kleidung, Gang etc.), aber auch nach der Ausstrahlung urteilen würde – und da sind wir wieder beim freundlichen Gesicht, beim Lächeln. Mit Sicherheit – und das soll damit gesagt werden – fällen wir sehr häufig ein Fehlurteil. Vielleicht war gerade dieser oder jener Mensch, den Sie ausgesondert haben, ein besonders wertvoller Mensch. Und vielleicht waren gerade die Menschen, die Ihnen interessant vorkamen, spießig und haben ihrer Umwelt nichts mitzuteilen außer ihrer Langeweile.

»Wir Menschen können nicht *nicht* kommunizieren«, lautet ein wichtiger Grundsatz der Kommunikationspsychologie. Mit anderen Worten: Wir Menschen kommunizieren immer und der Körper spricht schon, auch wenn wir noch nichts gesagt haben. Und die Frage nach der Sympathie und Antipathie ist abhängig von vielen Eindrücken, Erlebnissen, Erfahrungen und Erlerntem. Urteile der anderen können manchmal unser Selbstbewusstsein erschüttern. Aber Sie dürfen nicht zulassen, dass es zerstört wird.

Als ich vor meinem ersten Vortrag stand, bei dem vor mir nicht Hunderte, sondern Tausende Menschen saßen, habe ich mir jedes Mal eingeprägt: »Weg mit Ängsten, rede, was du weißt, lächle, damit du Lächeln erntest, und stehe mit beiden Füßen auf dem Boden, damit du nicht umfällst.« Immer wieder blitzt durch meinen Kopf: »Du weißt, dass du es schaffst, gib dein Bestes und keiner wird dich umbringen. Sei authentisch, wie du bist, spiele keine aufgesetzte Show und sprich aus dem Bauch mit Begeisterung.« Das sind die Gedanken, die mich bis heute begleiten.

....

Und noch ein kleiner Tipp: Wenn Sie vor einem besonderen Anlass stehen und eine Rede halten müssen, atmen Sie vor Beginn durch die Nase tief ein und atmen Sie durch den Mund tief aus. Viele machen den Fehler, voll durch den geöffneten Mund einzuatmen. Dadurch kommt es zu einem

Sauerstoffschock mit der Folge eines Schwindel-
gefühls. Vor allem ist wichtig, dass Sie vor Beginn
des Redens zirka ein Viertel der Luft ausatmen
und nur mit etwa drei Vierteln der Luft zu Spre-
chen beginnen.

So viele Frauen können mehr, als sie glauben, nur leider haben sie keinen Mut, etwas zu tun, weil sie sich einfach unterschätzen. Man muss seinen inneren Schweinehund überwinden und sich sagen: »Ich bin gut. Was kann schon passieren?«

Jeden Tag bieten sich Gelegenheiten: Sagen Sie zum Beispiel Ihrem Partner Ihre Meinung und äußern Sie Ihre Wünsche, gehen Sie zu Ihrem Chef, wenn Sie ein Problem haben. Sprechen Sie fremde Menschen auf der Straße an, um nach dem Weg zu fragen, vielleicht nur zur Probe, als Übung. Gehen Sie zu Weiterbildungskursen, weil Sie dieses oder jenes interessiert. Machen Sie auch einmal alleine einen Kluburlaub, wenn Sie ein Single sind. Gehen Sie in ein Lokal, denn um Sie herum sind andere auch allein, und geben Sie den Menschen eine Chance, an Sie heranzukommen. Das ist nicht so selbstverständlich, wie man meint. Ein Beispiel: Eine sehr gut aussehende Kollegin, 39 Jahre, groß, schlank, sehr gepflegt mit hervorragenden Umgangsformen klagte darüber, dass es fast unmöglich sei, auf normalem Wege in München einen adäquaten Partner kennen zu lernen. Zwar gehe sie regelmäßig aus, wechsle auch stets die Lokale und sei im Übrigen gerne bereit, ein Gespräch zu führen – wenn es sich nicht gerade um eine allzu durchsichtige Anmache handle. Aber es funktioniere nicht, so ihre Klage. Woran lag es? Ganz einfach, es lag daran, dass sie immer mit ihrer Freundin ausging und sie sich in Lokalen stets einen guten Tisch zuweisen ließen. Da hockten die beiden nun und hatten sich viel, viel zu erzählen. Für anwesende Männer waren sie aber damit unerreichbar und auf die Draufgänger, die sich dennoch an den Tisch wagten, konnten beide gut verzichten – und zeigten das auch. Ein Signal für die anderen Männer.

🦉 *Beschweren Sie sich nicht, dass Sie solo sind, gehen Sie aus, und wenn Ihnen einer gefällt, dann lächeln Sie ihn doch an. Glauben Sie, der Prinz kommt nicht von alleine an Ihre Haustür, sondern Sie müssen schon ein bisschen nachhelfen. Seien Sie mutig, und wenn in dem Lokal nicht der Traummann von heute steht, vielleicht sitzt da der Traummann von morgen. Wie sollen Sie wissen, dass gerade der »mit der komischen Frisur« Ihr Traummann sein kann? Geben Sie ihm eine Chance zu einem Gespräch oder Treffen, obwohl er nicht Ihr lang ersehnter Typ ist. Vielleicht entpuppt er sich als interessanter und unterhaltsamer Mann, der Sie durch seine Art erobert. Und die »blöde Frisur«, die ist bis dahin durch ihren liebevollen Hinweis zu einem topmodischen Schnitt geworden.*

Da muss ich immer an die Schauspielerin Zsa Zsa Gabor denken, die einmal so treffend sagte: »Man muss die Männer nehmen, wie sie sind. Aber man muss sie nicht so lassen!«

Manchmal kann ein Lächeln Ihr Schicksal sein. Dazu mein Beispiel. Ich bin vor sechs Jahren in Zürich nach einer TV-Sendung von der Redaktion zum Abendessen eingeladen worden. Es war Winter, ich war in einen langen Mantel gehüllt, und so kam ich, vom Schneesturm gezeichnet, mit der ganzen TV-Crew in ein schickes Restaurant. Es waren fast nur Männer, die um mich herum am Tisch saßen. Ich war erleichtert, dass die Sendung gut gelaufen war, und somit habe ich mich regelrecht auf die Speisekarte gestürzt, um nach dem anstrengenden Tag endlich meinen Hunger zu stillen.

Bei der angeregten Unterhaltung am Tisch fiel mir ein Mann am anderen Ende des Restaurants auf, der zu mir – ich muss sagen – starrte. Ich habe ihn kaum beachtet, denn erstens kannte ich ihn nicht, und zweitens war er nicht gerade mein Typ. Seine zu akkurat frisierten Haare und sein braun gebranntes Gesicht symbolisierten eher einen Sonnyboy, einen Möchtegern, der nur für die Sonnenbank Zeit hat, aber nicht für eine seriöse Arbeit.

Es vergingen bestimmt zwei Stunden und ich merkte aus meinen Augenwinkeln heraus seinen ständigen, ziemlich frustrierten und nicht besonders fröhlichen Blick. »So eine Mimose«, habe ich mir gedacht, und als ich später in seine Richtung schaute, warf ich ihm ein kurzes Lächeln zu, als ob ich sagen wollte: »Ein bisschen Lächeln hätte dir nicht geschadet!« Ich saß noch am Tisch, aber gegen Mitternacht wollte ich in mein Hotel zurückkehren, als mich von hinten dieser Mann ansprach. Ich war völlig überrascht, denn seine Anrede »Ich kenne Sie ganz bestimmt vom Skifahren« hat mir bestätigt: Der will an mich rankommen und fand keinen besseren Spruch. Aber er war nicht aufdringlich, eher zurückhaltend und wirkte völlig anders als das Bild, das ich mir vorher gemacht hatte. Er kam gerade vom Urlaub und machte eine Zwischenstation in Zürich. In diesem Moment stand mein Tischnachbar auf, weil sein Taxi kam, und er bot diesem Unbekannten Platz. Es ging alles so schnell. Plötzlich saß neben mir dieser Mann und erwies sich als ein äußerst angenehmer Gesprächspartner. Wir haben bis tief in die Nacht hinein geredet und anschließend etwas ganz Normales getan, nämlich die Telefonnummern ausgetauscht. Für mich war es nur eine nette Begegnung. Trotzdem haben wir uns nach etwa 14 Tagen in München getroffen – und, um es kurz zu machen, nach einem Jahr haben wir geheiratet.

Da staunen Sie? Natürlich hatte ich einfach Glück, so einem Mann zu begegnen, der sich auch später, als längst der Ehealltag eingezogen war, als Traummann erwies. Aber ohne mein Lächeln hätte er mich nie angesprochen. Ja, auch selbstbewusste Männer brauchen mal einen Anstoß oder ein Signal.

Das Thema »Selbstbewusstsein« muss uns noch beschäftigen. Liebe Leserin, glauben Sie mir, manchmal muss man einfach nur ein Schlüsselerlebnis haben und irgendwie läuft dann alles wie von selbst. Natürlich werden Sie sagen: »Ja, schön und gut. Aber wo ist das Schlüsselerlebnis und wie geht es aus?« In meinen Seminaren begegne ich immer wieder diesen Unsicherheiten von Frauen. Mut wird ihnen schon gemacht, in dem ihnen gesagt wird: »Greife zu den Sternen. Und das Einzige, was dir passieren kann, du landest auf dem Mond!« Doch die ewige Pessimistin sagt: »Jaja, aber ich lande wahrscheinlich in einem Krater!«

Für mich ist es das Wichtigste, diesen Frauen zu vermitteln: »Sie können es, wenn Sie an sich glauben!« Das Schlimmste ist der Unglaube, der Zweifel an sich selbst, die mangelnde Fähigkeit, das Beste an sich zu entdecken. Jede, aber auch jede Frau hat etwas, was sie besonders gut kann oder sie auszeichnet – und das muss sie wieder ncu entdecken, das muss sie freilegen, regelrecht säubern von all der störenden Patina, die die Jahre, aber auch andere ihr auferlegt haben und die den wahren Kern ihrer weiblichen Fähigkeiten verdeckt.

Da kann es also durchaus geschehen, dass durch Situationen, in die wir geraten, dieser Kern offen gelegt wird, wenn wir den Mut haben, zu uns zu stehen, an uns zu glauben. Und das Leben hält diesbezüglich genügend Überraschungen parat.

Dazu folgende persönliche Geschichte: Eines Tages wurde ich von einem Kosmetikkonzern engagiert, eine Rede zu halten über das Thema »Durch neues Selbstbewusstsein zum Erfolg«. Es war ein großes Event mit riesigem Angebot vor über 3000 Gästen. Mein Part war zur Stunde X eingeplant und kurz davor wurde mir der Sender und das Mikrofon in meine Kleidung »eingebaut«. Ich hatte ein Kostüm an und somit wurde der kleine Kasten an meinem Rockbund eingehängt. Ich wartete etwa zehn Minuten hinter der Bühne, bis ich ausgerufen wurde: »Aisha, jetzt bist du dran, schnell, los, du bist schon angesagt.« Also habe ich mich auf den Weg zur Bühne gemacht, die eigentlich nur zehn Meter entfernt war. Doch es kam mir unendlich lang vor. Alles war perfekt organisiert. Die Musik setzte an, der Vorhang ging auf, die Kulissen bewegten sich rechts und links zur Seite, um mir Platz zu machen, und ich betrat strahlend das Podium. Doch plötzlich das Chaos! Unerklärbar, aber der zigarettenschachtelgroße Sender hatte sich nach meinen ersten Schritten verselbstständigt und landete plötzlich unter meinem Rock zwischen meinen Beinen. Ich konnte kaum laufen. Das Ding baumelte in unanständiger Höhe zwischen meinen Oberschenkeln. »Versteinern auf der Stelle« war mein einziger Wunsch. Ich stand wirklich im Leerlauf, man merkte es mir an und alle haben mich angestarrt. Was ist mit ihr passiert?

Das sind Situationen, die man nicht auswendig lernen kann, die man nicht in einem Seminar trainieren kann. Hier wird das eigene Selbstbewusstsein auf die Probe gestellt, und dann zeigt sich, ob man sich von der Patina lösen und seinen wahren, ehrlichen Kern zeigen kann. So entschied auch ich mich für Ehrlichkeit und sagte: »Meine Damen und Herren, ich bin leider verhindert, denn es hat sich ein technisches Gerät zwischen meine Beine verirrt.« In Sekundenschnelle sprang der Techniker zu mir und versuchte krampfhaft den Sender aus dem Rock herauszuziehen und mich endlich von der Not zu befreien. Es war ein Bild für Götter, denn er wusste nicht, wie er ihn herausfischen sollte. Da fummelte er hinter mir an meinem Rocksaum, um das verflixte Ding wieder in Anstandshöhe zu zurren. Er konnte mich ja nun auch nicht sozusagen unsittlich anfassen; aber nur so hätte er schnell das Problem gelöst. Das Publikum verfolgte das genüsslich und lachte, als ob es um einen Wettbewerb ginge. Natürlich musste ich dem Techniker »helfen«, und zwar durch meine Körperbewegungen, und als es ihm gelang, den Sender wieder zu platzieren, nahm ich ihm dieses technische Werk aus der Hand und marschierte nach vorne, in der linken Hand den Sender, in der rechten Hand das kleine Kabelmikrofon. Und dann legte ich los. Ob es gut oder nicht gut war, was ich dann sagte, weiß ich nicht mehr. Aber ich weiß, welchen Applaus ich am Ende meines Auftritts bekam. Und bekannterweise kann man sein Publikum nicht bestechen. Ganz sicherlich hat dazu beigetragen, dass ich mich ganz natürlich verhalten habe.

Was hätten Sie an meiner Stelle gemacht? Weglaufen? Stottern? Sich entschuldigen? Alles falsch. Man muss sich einfach befehlen: »Jetzt werde ich reden und nichts kann mich daran hindern, es zu vollbringen.« Nochmals: Das Leben bietet uns jeden Tag und jede Stunde Möglichkeiten, selbstbewusst zu werden, Hemmungen abzubauen. Fangen Sie ganz einfach an, in dem Sie zum Beispiel Menschen im Lift begrüßen. Sie bekommen sogar eine Antwort, vielleicht nicht von allen, aber Sie bekommen garantiert irgendeine freundliche Antwort oder ein freundliches Lächeln.

Sind Sie auf einer Veranstaltung oder Party und fühlen sich unwohl, weil Sie niemand kennen? Bedenken Sie, dass diejenigen, die Sie dort antreffen, manchmal vielleicht noch unsicherer sind als Sie. Gehen Sie mit dem Gedanken dorthin, dass Sie selbst eine Königin sind, einmalig und auf Ihre Art originell. Weder Designermode noch viel Schmuck brauchen Sie, um Ihr Dasein zu bestätigen. Allein Ihre Freundlichkeit zeigt genug Ihrer Selbstsicherheit. Bewundern Sie nicht Frau X, die wie ein wandelnder Juwelierladen aussieht. Diese Frau braucht das, weil diese »Klunker« ganz sicher zur Steigerung ihrer Sicherheit beitragen sollen. Je mehr sie trägt, desto mehr versucht sie ihre eigene Unsicherheit zu überspielen.

Eine Frau mit gesundem Selbstwertgefühl hat so viel Schmuck nicht nötig. Sie ist der Mittelpunkt durch ihr Verhalten, was aus ihrem Inneren kommt – und das ist »ihr Schmuck«, niemand kann ihn kaufen. Ein ganz wichtiger Tipp: Lassen Sie sich nicht durch arrogante Menschen erschüttern. Arroganz ist ein Zeichen von Unsicherheit und auch Dummheit. Es ist doch klar, eine Frau, die zu sich steht, hat einen freundlichen Ausdruck – im Gegensatz zur anderen, die mit sich und ihrem Leben unzufrieden ist, die oft ziemlich grimmig schaut und vor lauter Überheblichkeit vergisst, dass sie im Grunde dadurch nur ihre Unsicherheit verrät. Das soll Ihnen nicht passieren, denn wenn Sie sich nicht immer auf Wolke sieben befinden, weil Sie mit Ihrem Job unzufrieden sind, weil Sie nicht den richtigen Partner haben oder noch nicht gefunden haben, liegt es nur an Ihnen, welche Gedanken in Ihrem Kopf Platz haben, damit Sie auch in solchen Situationen genug Selbstwertgefühl haben.

Wir alle, dazu gehöre auch ich, stehen nicht jeden Tag auf der Erfolgsleiter, sondern wir müssen uns den Gegebenheiten unseres Lebens stellen und kämpfen. Unser Leben vergeht mit jeder Sekunde, und wenn Sie ein paar Stunden in der Woche traurig oder sogar verzweifelt sind, dann ist das ganz normal. Verwenden Sie die kostbare Zeit Ihres Lebens künftig dafür, zu überlegen, was Sie für sich tun wollen. Zu spät ist es erst dann, wenn Sie denken und glauben, dass es für neue Vorhaben – zu spät ist. Und das ist wahrlich keine Frage des Alters. Liebe Leserin, alt zu werden ist wunderschön, wenn man nicht verlernt hat, neu anzufangen. Und wenn Sie sich Ihres Selbstwertes bewusst sind, den Sie haben und auch nützen können, bringt das neuen Schwung in Ihr Leben.

Vor allem gehört dazu, dass Sie Schuldgefühle aus Ihrem Leben verbannen. Dazu ein Beispiel aus dem Berufsleben. Wenn Sie zum Beispiel die Gehaltserhöhung bekommen und Ihre Kollegin nicht, hat ganz klar Ihre Kollegin ein Problem – und nicht Sie! Sie ist vielleicht dann sauer oder neidisch, weil sie der Meinung ist, sie hätte die Gehaltserhöhung viel mehr verdient als Sie. Wenn Sie mit Gedanken anfangen, ob Sie es tatsächlich verdient haben, und beginnen sich schuldig zu fühlen, haben Sie das Problem. Sie haben zugelassen, dass jemand anderes Ihr Selbstwertgefühl untergräbt.

Schuld wird uns nicht nur oft von Kollegen, Freunden, Eltern, sondern auch von unserem Partner zugewiesen: »Wie kannst du mir das antun?« – »Wie siehst du denn aus!« – »Du regst mich auf!« – »Ich will nicht, dass du dieses oder jenes machst!« Jeden Tag bescheren andere uns solche Vorwürfe, damit wir besser funktionieren. Lernen Sie damit umzugehen, verlassen Sie sich auf Ihre Selbstachtung. Lernen Sie einen gesunden Egoismus zu entwickeln und Ihre Bedürfnisse nicht zurückzunehmen. Sonst verkümmern Sie seelisch, weil Sie zum Spielball der anderen gemacht werden. Keine von uns ist ohne Fehler, aber wir sind nicht auf der Welt, um uns regelmäßig auf solche emotionelle Erpressung einzulassen. Verinnerlichen Sie Ihr Wohlbefinden, machen Sie sich nicht zum Opfer.

Ihre eigenen Leistungen und Talente müssen Ihnen bewusst werden. Deshalb denken Sie nicht nur an Fehlschläge und Niederlagen, sondern auch an Dinge und Ereignisse, die Sie aufbauen. Seien Sie nicht zu selbstkritisch, denn das wird Ihnen nicht zu einer besseren Leistung verhelfen. Schon gute Gedanken in der Frühe bringen Sie zum Schwingen. Stecken Sie auch andere Mitmenschen mit Ihrer Lebensauffassung an. Gleiches zieht Gleiches an. Liebe erzeugt Liebe. Harmonie erzeugt Harmonie. Lächeln erzeugt Lächeln.

Das Lächeln ist ansteckend, und wenn Sie morgens den Tag lächelnd beginnen, kehrt es garantiert abends zu Ihnen zurück. Fangen Sie gleich damit an, beim Einkaufen, in der Firma, zu Hause, auf dem Sportplatz, im Aufzug etc. Setzen Sie neue Maßstäbe, vergleichen Sie sich nicht mit anderen

Frauen. Nehmen Sie sich öfters in den Arm und beginnen Sie damit, sich einfach selbst zu mögen. 24 Stunden am Tag sind Sie mit sich selbst zusammen, um sich mit Nahrung, Kleidung und allen anderen geistigen und körperlichen Notwendigkeiten zu versorgen. Sie sind geboren, um eine »Königin« zu sein, und niemand kann Sie davon abhalten – außer Sie selbst. Dazu brauchen Sie kein dickes Konto oder teure Kleidung, sondern nur die innere Überzeugung, an sich selbst zu glauben und sich selbst zu akzeptieren.

Kapitel 3:

Männer
verstehen lernen

Die Macht der Männer –
ein Naturgesetz?

»Männer haben die Macht, weil sie Männer sind.«

Diese Logik verstehe, wer will – und kann. Doch Männer werden auf ihren Machtanspruch frühzeitig vorbereitet. Dabei helfen die Regularien und Mechanismen des Patriarchats, gleich einer Metallkugel in einem Spiel, die durch die zwanghafte Richtungsvorgabe nur einen Weg zum Ziel nehmen kann.

Frauen stehen praktisch vor verschlossenen Türen. Und nur selten wagen sie sich daran, diese Türen zu öffnen. Durch den Machtanspruch und die Machtdemonstration der Männer unternehmen die meisten Frauen auch gar nicht erst den Versuch. Sie finden sich scheinbar mit der Rolle ab, die ihnen zugewiesen wurde – bestenfalls verbunden mit der Hoffnung, dass ihnen Macht zugestanden wird.

»Frauen fehlt die notwendige Aggression, um sich im Hardbusiness zu behaupten. Männer sind einfach härter, aggressiver und zielorientierter. Frauen sind gefühlsorientiert, verlieren sich zu oft im Detail und scheuen sich, notwendigerweise auch Macht zu demonstrieren«, sinnierte ein Manager auf die Frage, warum Frauen kaum Führungsrollen erlangen.

Nur Vorurteile oder doch ein Quäntchen Wahrheit?

Längst ist aus der Gruppendynamik bekannt, dass Aggressionen sich keineswegs positiv auf das

Gruppenergebnis auswirken. Im Gegenteil: Sie führen zu offenen und vor allem versteckten Widerständen der Gruppenmitglieder, die durch Aggressionen gemaßregelt wurden. Auf die Motivation und die Gesamtgruppenleistung bezogen, kann das zu verheerenden Ergebnissen führen. Darum kommt der Begriff der Aggression in der modernen Führungslehre gar nicht vor. Viel entscheidender ist die Sozialkompetenz, also die Fähigkeit, durch interaktive Prozesse eine Gruppenleistung zu erreichen, die stets höher ist als eine Einzelleistung. Hierbei sind angenehme Umgangsformen und positiv gestaltete zwischenmenschliche Beziehungen keineswegs hinderlich, Im Gegenteil: Entscheidend für eine Führungsposition ist nämlich immer, dass das Ziel nicht aus den Augen verloren wird.

··

🦉 *Führen heißt, andere dahin zu bringen, das zu tun, was man von ihnen erwartet und verlangt.*

··

Das heißt konkret: Ziele setzen, planen, organisieren, delegieren, und zwar mit Überzeugungskraft, Beharrlichkeit und Durchsetzungsvermögen. Wenn Letzteres nur mittels Aggressivität erreicht wird, besteht in den meisten Fällen die Gefahr, dass das Ziel nicht erreicht wird. Insofern gibt es keinen vernünftigen Grund, warum Frauen keine Führungspositionen erlangen können.

Die Behauptung, Frauen verlieren sich zu oft im Detail, trifft allerdings auf viele Frauen zu. Entscheidend ist jedoch die Frage, was der Grund dafür ist. Es kann einerseits daran liegen, dass Frauen sich aus eigener Entscheidung heraus durch eine Subkultur Machtbefugnisse verschaffen wollen und sich darum in Perfektion üben beziehungsweise sich Spezialkenntnisse aneignen und auf die Karte »Unentbehrlichkeit« setzen.

Andererseits kann es auch daran liegen, dass Frauen, die frühzeitig auf »ihre Rolle« vorbereitet wurden und gelernt haben, den »Anweisungen von oben« Folge zu leisten, sich leichter ausnutzen lassen. Wer den betrieblichen Alltag kennt, weiß allerdings, dass das keineswegs immer mit böser Absicht geschieht oder gar ausbeuterisch gemeint ist, von Einzelfällen mal abgesehen. Das Zusammenwirken von Kollegen im Berufsalltag unterliegt anderen, meist einfacheren Strukturen. Wenn sich eine Fachfrau gerade in einem Spezialgebiet exponiert hat, sind ihre Kollegen allzu gerne geneigt, sich die eigene Sache einfach zu machen, indem sie lästige oder arbeitsintensive Arbeiten an die Fachfrau delegieren. Wird dies verbunden mit einem Kompliment (»Frau Müller, das kann doch von uns keiner so gut wie Sie!«) oder einer Hilflosigkeit (»Also, Frau Müller, ich stehe auf dem Schlauch. Wo muss ich denn die Bestellung anfordern? Ach, könnten Sie nicht für mich ...?«), übernimmt die liebe Kollegin nur allzu gern diese Aufgaben (die sie im Übrigen nie wieder loswird!) und ist oftmals noch stolz auf die »Wertschätzung« ihrer Kollegen.

Frauen, die in Führungspositionen gelangen wollen, müssen darum das »Neinsagen« lernen, da sonst die Gefahr besteht, dass sie ihre Ziele aus den Augen verlieren.

Denn Ziele zu setzen und diese konsequent zu verfolgen ist eine Führungsvoraussetzung. Chefs, die Führungskräfte aus der internen Mitarbeiterschaft rekrutieren, achten insbesondere auf diese Fähigkeit. Personalberater, die mit der Suche und Auswahl von Führungskräften beschäftigt sind, prüfen mit allen möglichen Mitteln (und oftmals Tricks), ob Bewerberinnen und Bewerber sich zu sehr mit Details beschäftigen.

Das Neinsagen ist wahrlich nicht immer einfach und es wird umso schwieriger, je öfter Sie »Ja« gesagt haben. Doch einerseits können Sie das systematisch und konsequent erlernen und andererseits ist das eine Frage danach, was Sie selbst wollen. Wenn Sie gute, erfolgreiche Arbeit leisten und ein klares Ziel vor Augen haben, wird es Ihnen leichter fallen, auch eine charmante, höfliche Bitte um Übernahme einer zusätzlichen Arbeit abzulehnen. Es besteht auch keinesfalls die Verpflichtung, das »Nein« langatmig zu begründen. Allerdings gilt auch hier die Regel: Der Ton macht die Musik. Eine andere Regel – wie man in den Wald hineinruft, so schallt es heraus – wird dabei nicht immer richtig sein. Dem unfreundlichen Kollegen, der Ihnen in barschem Kommandoton einen zusätzlichen »Packen Arbeit auf den Schreibtisch knallt« und das eventuell noch mit einer Terminvorgabe verbindet, sollten Sie es nicht mit gleicher Münze heimzahlen. Er wird seine Unhöflichkeit ganz sicher nicht durch freundlichere Töne ersetzen, sondern eher mit noch mehr Aggressivität seinen Machtanspruch durchsetzen. Das hieße, das Verhalten des Mannes nachzumachen, statt Ihre eigene Persönlichkeit einzusetzen. Eskalieren die Emotionen, geraten Sie in den Nachteil (»Beißzange, unverschämte Person, Zicke« usw.). Lehnen Sie jedoch höflich, aber bestimmt diese zusätzliche Leistung zum Beispiel mit einem Sachhinweis ab, befinden Sie sich stets auf der Sachebene. Wird diese kurz und gut begründet, sind Sie »aus dem Schneider«. Mit diesen Hinweisen wird auch deutlich, wie wichtig »Rhetorik für Frauen« ist. Aber auch Äußerlichkeiten und die Körpersprache sind Faktoren, die Sie einsetzen müssen (Kapitel IV), um einen eigenen Stil zu entwickeln beziehungsweise ein unverwechselbares Image von sich aufzubauen.

»Notwendigerweise auch Macht demonstrieren«, gehörte zu den Führungsvoraussetzungen, die der auf Seite 133 erwähnte Manager nannte. Darüber kann man geteilter Meinung sein. Viele Machtdemonstrationen von Männern, zum Beispiel aus der psychologischen Kriegsführung, sind heutzutage längst allen Berufstätigen bekannt und gelten als »olle Kamellen«. Wer zum Beispiel einen Besucher zu lange, das heißt über 15 Minuten, warten lässt, demonstriert keine Macht, sondern macht sich eher lächerlich. Wenn er dann noch mit einem sprachlichen Imponiergehabe den Besucher empfängt (»Pardon, aber das war ein wichtiges Gespräch mit dem Herrn Minister«), weiß der psychologisch geschulte Verkäufer zu diesem Zeitpunkt schon mehr über ihn als umgekehrt. Der Rest ist Routine: ständiges Beachten und Berücksichtigen seiner Prestige- und Machtmotive, keine direkten, sondern nur indirekte Widersprüche, keine eigene Unterwürfigkeit, aber auch kein eigenes Dominanzverhalten usw.

Macht lässt sich auf vielfältige Weise und mit unterschiedlichen Mitteln demonstrieren. Ein »richtiges Rezept, für alle gleichermaßen gültig« gibt es selbstverständlich nicht. Es lässt sich aber sagen, was für Frauen falsch ist, nämlich ähnliche oder gleiche Machtdemonstrationen wie Männer zu zeigen. Macht kann durch Körpersprache, Rhetorik, Verhalten, Handlungen, Symbole usw. demonstriert werden. Demonstrieren heißt aber auch, dass der oder

137

die andere diese Zeichen wahrnimmt. Also sollten Frauen sich nicht mit dem Kopieren männlichen Dominanzverhaltens beschäftigen, sondern mit der Wahrnehmung anderer. Frauen sollten sich die Fragen stellen:

- ☙ Welche Ziele habe ich, und welches Image will ich von mir aufbauen?
- ☙ Wie nehmen andere meine Leistung, meinen Stil, meine Symbole, mein Verhalten, meine Rituale, mein Image usw. wahr?
- ☙ Wie kann ich die Wahrnehmung anderer steuern und lenken?

Zum Image: Wollen Sie in Ihrer Firma und bei den Kunden beliebt sein? Warum? Ein Unternehmer sagte mir einmal: »Mitarbeiter, die besonders beliebt sind, haben keine Chance auf eine Führungsposition, denn Beliebtheit heißt auch Vertrautheit mit anderen. Der Schritt zur Kumpanei ist nicht mehr weit.«

Und in der Tat: Entscheidend ist der Respekt, den andere vor Ihnen, das heißt Ihrer Fach- und Ihrer Sozialkompetenz, haben. Statt Beliebtheit achten Sie besser auf Ihre Berechenbarkeit.

»Tue Gutes und rede darüber«, ist zur Wahrnehmungslenkung ein falscher Grundsatz. Besser ist dieser: »Tue Gutes und sorge dafür, dass andere darüber reden.« Die wohl wichtigsten Voraussetzungen zu Machterlangung und -erweiterung sind – neben der notwendigen Fachqualifikation – Information und Kommunikation. »Richtige« Informationen sind Machtmittel, unvollständige, falsche oder manipulierte Informationen führen zu Machtverlust. Das Gewinnen von Informationen durch den Zugang zu Informationsquellen ist die unerlässliche Vorausset-

zung für den Weg nach oben. Ein (stets aktualisier-
ter!) »Infopool« ist darum gemischt mit »quantitativen
Daten« (Statistiken, Kostenplänen, technischen
Daten usw.) und »qualitativen Daten« (Befragungs-
ergebnissen, biografischen Daten, Besonderheiten,
Bedürfnissen, Absichten, Hobbys, Einstellungen
etc.). Da bekanntlich »Wissen Macht ist«, hat die-
oder derjenige keine Macht mehr, wenn kein Wissen
vorhanden ist oder das Wissen leichtfertig aus der
Hand gegeben wurde. Nicht jede Diskussion eignet
sich darum zur Weitergabe spezieller Informationen.
Mitunter ist Schweigen machtvoller als Reden. Betrachten Sie Informationsgewinnung wie ein Spiel
um Punkte, bei dem der gewinnt, der die meisten
Punkte hat. Und betrachten Sie Informationsweiter-
gabe und -ausspielung wie ein Schachspiel, in dem
Sie keine Figur verschieben können, ohne dass das
nicht Einfluss auf das gesamte Spiel hat. Übrigens:
Auch das Bluffen gehört dazu ...

Ein Kennzeichen des Machtspiels der Männer ist,
dass Frauen der Zugang zur Informationsgewinnung
versagt oder zumindest erschwert wird. Die Männer
wissen schon, warum sie das tun. Hier ist für
Frauen Fingerspitzengefühl, eine »gute Nase«, Raffinesse und Hartnäckigkeit erforderlich. Untrennbar
ist darum mit der Information die Kommunikation
verbunden. Unternehmen, die an der Weiterentwick-
lung ihrer Unternehmenskultur arbeiten, schenken
diesen beiden Faktoren größte Aufmerksamkeit.
Erst die Fähigkeit, mit anderen positiv zu kommunizieren, wird Sie in die Lage versetzen, wertvolle Informationen zu gewinnen.
  »Druck erzeugt Gegendruck«, und da die Männer
am »besseren Drücker« sitzen, ist eine offene Machtdemonstration von Frauen wenig hilfreich. Frauen
mussten es stets lernen und haben es immer ver-

standen, »ihre Macht« aus der »zweiten Reihe« heraus – oftmals mit Raffinesse – auszuüben. Eine Frau, die sich im Winter auf verschneiter Straße keine kalten Füße und Hände einhandeln will, stellt sich eben hilflos neben Schneeketten und Reifen ihres Autos. Es findet sich schon ein hilfsbereiter Mann ...

Unglaublich jedoch, wie im privaten Bereich die Machtverhältnisse zwischen Mann und Frau real aussehen können. »Herr im Haus bin ich, und was meine Frau sagt, wird gemacht« – mit diesem Spruch verspotteten sich ganze Männergenerationen selbst. Aus unzähligen Beispielen ist bekannt, wie im privaten Bereich die Umkehrung der männlichen Rollendominanz und die »untergeordnete Position« der Frau tatsächlich »funktioniert«:

Ein Vorstandsvorsitzender (!) eines 3000 Mitarbeiter umfassenden Unternehmens erzählte mir vertraulich, dass er jeden Morgen (trotz Haushaltshilfe) Brötchen holen, zweimal am Tag zu Hause anrufen und sich bei seiner Frau jeweils abends aus dem Hotel melden muss, wenn er infolge einer Dienstreise dort übernachtet. Das alles tat er nicht aus Liebe zu seiner Frau, sondern gewissermaßen, um den häuslichen Frieden zu bewahren.

Ein Marketingleiter erzählte mir, dass er sich nach Feierabend gerne der Gartenarbeit widmete, obwohl ihm »eigentlich durch seinen Beruf kaum Zeit dazu blieb«. Seine Mitarbeiter nannten die Erklärung: Der Garten und das Haus gehörten seiner Ehefrau, und sie »ordnete an«.

Vor einiger Zeit war ich in einem Münchner Lokal unter anderem mit einem jungen Ehepaar verabredet. Sie war eine sehr schöne, junge Frau, er der klassische »Machotyp« und sein Auftreten und seine Sprüche waren geradezu exemplarisch. Beide lobten sich gegenseitig »hoch«. Den scheinbar achtlosen Hinweis der Frau »Mein Holger kann auch bügeln!« nahm ich zum Anlass, bei dem Ehepaar und seinen Bekannten etwas »nachzubohren«. Heraus kam, dass Holger nahezu die gesamte Hausarbeit verrichtete, weil die Frau sich weigerte, mit solchen »profanen Tätigkeiten ihr Leben zu verschwenden«, und für eine Haushaltshilfe reichte Holgers Geld nicht.

Aber auch eine andere Seite muss erwähnt werden. Stellvertretend für alle zwischenmenschlichen Beziehungen, gekennzeichnet durch Liebe, Anstand und gegenseitige Achtung, soll folgendes Beispiel gelten:
In meinem Bekanntenkreis gab es ein (kinderloses) Ehepaar um die 60 Jahre, das seit über 30 Jahren verheiratet war. Vor einigen Jahren wurde bei der (sehr lebenslustigen!) Frau Krebs festgestellt, der sich schnell ausbreitete und die Frau ans Bett fesselte. Von nun an übernahm der Mann in umsichtiger und geradezu rührender Art jahrelang alle Aufgaben, die seine Frau vorher scheinbar so mühelos und von ihm unbemerkt erledigt hatte. Sie starb nach unsäglichen Schmerzen in seinen Armen. Mit unvorstellbarer Haltung organisierte und durchstand dieser Mann die Beerdigung. Knapp drei Wochen danach verstarb er selbst. Er war allein, ohne seine geliebte Frau nicht lebensfähig.

Zurück zur beruflichen Welt. Traditionell stehen Männer an der Spitze und üben Macht aus, selbst wenn sie formal keine Macht haben (zum Beispiel »Arbeitsanweisungen« von Männern an Frauen in einer gleichen Hierarchieebene). Frauen nehmen die untergeordneten Positionen ein und gelten als »kar-

rieresüchtig, aggressiv, Mannweib, unweiblich« etc.,
wenn sie nach Macht streben. Da es Männer aus
ihrem traditionellen Rollenverständnis heraus gelernt haben und vorbereitet wurden, die Führungs-
rolle einzunehmen, erzeugt eine Umkehrung dieser
Rangfolge bei ihnen Irritationen, Ängste und auch
Schamgefühle. Eine aus den eigenen Mitarbeiterrei-
hen rekrutierte Frau als Vorgesetzte akzeptieren zu
müssen, empfinden viele Männer darum als Niederlage. Geradezu »bedrohlich« für das männliche
Selbstverständnis (oft verwechselt mit »Ehre«) wird
es dann, wenn Neider (zum Beispiel im Kollegenkreis) oder Antreiber (zum Beispiel im Familienkreis)
Beobachter und »Kritiker« solcher Entwicklungen
sind.

Aus einer Untersuchung in England ist bekannt (für
Deutschland gibt es noch keine offiziellen Zahlen),
dass 1993 über 700 Männer von ihren Frauen miss-
handelt und geschlagen wurden, aber nur fünf Prozent aller Fälle angezeigt wurden. Obwohl das ange-
sichts der allseits bekannten Gewalt von Männern
gegen Frauen eher unglaublich erscheint, klärt sich
dieses Phänomen schnell auf. Aus der Untersuchung
geht nämlich auch der Grund für das männliche Verhalten hervor: nämlich das Schamgefühl der Männer,
diese Vorfälle öffentlich zu machen, zum Beispiel
durch eine Anzeige oder die Bekanntmachung im
Kollegenkreis. Zu groß sei die Angst, so die Untersu-
chungsergebnisse, dass sie von anderen ausgelacht
werden. »Stellen Sie sich vor, ich komme montags mit
einem blauen Auge ins Büro und muss auf die Frage,
wie das passierte, antworten: Meine Frau hat mich
geschlagen. Mich würde doch niemand mehr ernst
nehmen!« – so eine typische Aussage.

In Zoten und Witzzeichnungen wird diese Umkehrung als Verhaltensdevianz karikiert und Männer, die sich das »gefallen lassen«, werden als »Waschlappen«, »Pantoffelhelden«, »Schwächlinge« etc. stigmatisiert (Beispiel: Die nudelholzschwingende Ehefrau, die ihren angetrunkenen Mann zu später Stunde an der Wohnungstür erwartet; oder auch Zoten: Kind ruft aus dem Badezimmer: »Mama, wo ist denn der Waschlappen?« Antwort: »Der ist um acht Uhr ins Büro gefahren!«).

Die Angst vor der Lächerlichkeit und davor, entgegen den traditionellen Vorgaben des männlichen Rollenklischees von einer Frau »überrundet« zu werden, ist auch ein Grund dafür, dass Männer verbissen an ihrer Macht festhalten und alles unternehmen, Frauen den Zugang zur Macht zu erschweren. Haben Frauen dann aber die Macht, dürfen sie keineswegs damit rechnen, dass die Männer sie nun offen und fair unterstützen. Aus sehr vielen Beispielen ist bekannt, dass das Spiel »Knüppel zwischen die Beine werfen« mit der gleichen Intensität und Gemeinheit betrieben wird wie die Rachespiele eines verschmähten Liebhabers. Und noch ein Phänomen ist bemerkenswert: Gehören Frauen zu dem »Spiel«, werden Intrigen der Männer wirksamer. Kein Wunder also, wenn dann jeder Fehler einer Frau doppelt zählt …

Frauen, die kein Gefühl und kein Gespür für Macht haben, werden diese auch niemals erreichen. Da Machterlangung aber für Frauen durch die Rituale männlichen Dominanzverhaltens erschwert wird, müssen Frauen einerseits eine besondere Sensibilität für Spiele mit der Macht, Machtverhalten, Machtbeziehungen und Ausdrucksformen der Macht in der Männerwelt entwickeln. Andererseits müssen Frauen ihren eigenen Machtstil aufbauen und so ausagieren, dass er nicht nach männlichem Vorbild demonstriert werden kann. Eine Frau, die männliches Machtverhalten zeigt, wirkt bei Männern und Frauen aggressiv, egoistisch, vertrauenshemmend und abstoßend (»Flintenweib«, »Blaustrumpf«, »Emanze« usw.). Doch gerade diese Vorurteile bieten den Frauen außergewöhnliche Chancen, einen eigenen, neuen und zukunftsorientierten Führungsstil zu entwickeln (der ohnehin in der verkrusteten Manager-Männerwelt erforderlich ist! Stichwort: Unternehmenskultur). Leider muss in vielen Fällen bei einer »Frau an der Spitze« festgestellt werden, dass Machtausübung nur geschlechtsspezifisch, aber nicht notwendigerweise inhaltlich geändert wurde. Ebenfalls kein Wunder, dass diese »Vorzeigefrauen« von Männern (Politikern, Journalisten, Gewerkschaftlern etc.) besonders gehätschelt und hervorgehoben werden.

Machterlangung heißt auch Machtakzeptanz, das heißt Anerkennung der Machtspiele anderer, um damit zu zeigen, dass Sie das Spiel verstanden haben und »mitmischen« werden. Aber es muss »Ihre Art« sein. Und Sie müssen genau wissen, was andere wissen müssen beziehungsweise nicht wissen dürfen – und das zielorientiert ausspielen. Sachkenntnis, Informationen, Rhetorik, Körpersprache und Selbstbewusstsein, das aus dem Selbstwertgefühl der Frau entsteht, sind dabei Ihre wichtigsten Voraussetzungen. Doch viele Frauen, die fachlich hoch qualifiziert sind, verlassen sich zu sehr auf diese Fähigkeiten und spielen nur diese aus – oftmals mit eiskalter Professionalität. Auf andere wirken solche Frauen bedrohlich, weil Humor und Menschlichkeit fehlen. Besonders im Medienbereich und im Wissenschaftsbereich ist zu beobachten, dass sich qualifizierte Frauen so in ihr eigenes Können verliebt haben, dass sie arrogant, kalt und stets besserwisserisch auftreten. Diskussionen und Gespräche sind oft mühsam, weil bei diesen Frauen die Fähigkeit verkümmert ist, mit Charme und Humor auch mal »fünfe gerade sein lassen zu können« oder menschliche Regungen zu zeigen. Sie kommen mit ihrer Verbissenheit bei der Umwelt nicht an. Sobald jedoch eine qualifizierte Frau auch Humor und Gefühle zeigt, ändert sich geradezu schlagartig das Verhalten der Umwelt. Im Medienbereich ist das längst erkannt und mit dem Urteil »Die kommt (nicht) rüber« versehen worden. »Rüber« kommen zum Beispiel im Fernsehen die Frauen, die beides können. Der unbestechliche Maßstab sind die Einschaltquoten.

Im Berufsleben ist das nicht immer einfach. Abhängig von der Branche entwickeln sich auch typische Umgangsformen untereinander, die den eigenen Stil sehr stark beeinflussen. Die Umgangsformen von Angestellten in Banken, Werbeagenturen, Versicherungsunternehmen, Handwerksbetrieben, Produktionsstätten etc. lassen sich nicht beliebig austauschen. Die zum Beispiel in der Bauwirtschaft anzutreffende »deftige Bausprache« kann zu einer Adaption des eigenen sprachlichen Verhaltens führen, die für andere Branchen völlig ungeeignet ist und oftmals einen Branchenwechsel verhindert. Hier wirken wieder ritualisierte Vorurteile, an denen Frauen schwerer zu tragen haben als Männer. Ein übernommener Sprachstil und lockere Umgangsformen (zum Beispiel Fluchen, Kraftausdrücke, ein- oder zweideutige Witze etc.) können von Männern toleriert werden, Frauen empfinden das häufig als »Stillosigkeit«, »schlechtes Benehmen« usw. Für eine Frau, die »nach oben« will, bedeutet das einen »Eiertanz«, denn stets muss sie den »richtigen« Weg zwischen Verbundenheit, Kollegialität und notwendigem Abstand finden.

Doch das ist zugleich auch eine Chance, dass der eigene Stil, eigene Umgangsformen und Verhaltensweisen von der Umwelt »wahrgenommen« werden. Stets den notwendigen Abstand zu wahren, darauf sollten Sie Ihr ganzes Geschick und Ihre ganze Aufmerksamkeit legen. Jeder Tag bietet dazu unzählige Gelegenheiten. Die Nachbarin, der Sie nicht rechtzeitig signalisierten, dass Sie mit Klatsch und Tratsch im Hause nichts zu tun haben wollen, werden Sie nicht mehr los. Die gemischte Geburtstagsfeier, die zu einem Schmutzige-Witze-Marathon ausartet, sollten Sie schon deswegen rechtzeitig verlassen, weil die meisten Witze ohnehin Frauen als dümmliche Sexopfer oder sexbesessene Monster darstellen. Dem anzüglichen Kollegen im Betrieb sollten Sie deutlich, unmissverständlich und vor allem nicht zu spät sagen, dass Sie sich seine Anzüglichkeiten verbitten. Schwieriger wird's auf den berüchtigten Betriebsfeiern, weil – ausgelöst durch Alkoholkonsum – selbst »graue Mäuse auf dem Tisch tanzen«. Psychologisch wirken nämlich Betriebsfeiern wie ein Ventil, die hierarchisch strukturierte Ordnung scheinbar legal zu durchbrechen, sich also in einer täglich zu beachtenden Ordnung jetzt frei verhalten, »Unordentliches« leisten zu dürfen. Die meisten Verhaltensformen entstehen dabei durch latente Wünsche und Begierden. Das übliche massenhafte »Bruderschaftstrinken« entsteht häufig aus dem Wunsch, den Abstand und damit eine Machtstruktur zwischen zwei Personen abzubauen. Umgekehrt ist es Ausdruck von männlichem Machtstreben, sich mit einer Kollegin nicht nur zu duzen, sondern viel wichtiger: den Bruderschaftskuss auszudehnen, Busen und Po zu begrabschen (jetzt »legal«!) und eine latent

146

entstandene sexuelle Begierde konkret umzusetzen. Werden Sie erwischt oder wird bekannt, dass (bitte Rangfolge beachten!) »Sie vom Kollegen Meier vernascht wurden«, können Sie sich in den meisten Fällen nennenswerte Aufstiegschancen abschminken. Wenn Sie Pech haben, steht's auch noch in Ihrem Zeugnis: »Im Kollegenkreise beliebt, ungezwungen, pflegte menschliche Kontakte und Geselligkeit« etc. Natürlich soll und kann nicht verschwiegen werden, dass zur »flotten Betriebsnummer« immer zwei gehören. Und es ist auch bekannt, dass es Frauen gibt, die es auf Betriebsfeiern geradezu darauf anlegen, mit einem Kollegen, auf den sie schon lange ein Auge geworfen hatten, für zwei, drei Stunden zu verschwinden. Aber die Beurteilung wird immer gleich sein: Der »Star« ist der Jäger, der Mann. Die Frau war nur die Gejagte, die Beute, die erlegt und jetzt ausgeweidet wird.

Ihr Weg nach oben, sich in der Männerwelt zu behaupten und an der Macht teilzunehmen, setzt weiterhin voraus, dass man(n) zu Ihnen Vertrauen haben kann. Vertrauenswürdigkeit und Vertraulichkeit sind dabei zu unterscheiden. Vertraulichkeiten sind eine Sache. Eine andere Sache ist es, dass Vertrauenswürdigkeit dort endet, wo die Vertraulichkeit Überhand gewinnt – das wird leider allzu oft missachtet. Hier gilt ebenfalls: Vertrauen gewinnen heißt auch Abstand halten. Es ist nur ein kleiner Schritt von einer »Vertrauensperson« zum Missbrauch als »seelischer Mülleimer«.

Mit Ihrem Verhalten als Frau senden Sie Signale aus, die in der Männerwelt erst noch »gelernt« werden müssen. Männer haben ihre eigenen Machtsignale, die erkannt, respektiert oder bekämpft werden. Frauen können diese nicht »übernehmen«, sondern müssen spezifische Signale aussenden und

Rituale präformieren, an die sich Männer gewöhnen müssen (und auch können!). Aber hier kommt es auf Berechenbarkeit und Glaubwürdigkeit an. Männer (natürlich auch Frauen) können nur das beurteilen, was sie rollenspezifisch »gelernt« haben, was sie real mit »der Frau an der Spitze« erfahren und kennen. Und diese »Erfahrung« ist aus Männersicht keineswegs immer positiv. Nicht einmal zwei Prozent aller entscheidenden Führungspositionen sind mit Frauen besetzt. Aus rechtlichen Gründen können hier keine namentlichen (dennoch sehr bekannte!) Beispiele genannt werden. Als unnahbar, eiskalt, verbissen und machtversessen müssen einige bekannte Top-Führungsfrauen aus Gewerkschaft, Wirtschaft, Medien und Politik bezeichnet werden. Es stellt sich in diesen Fällen zwangsläufig die Frage nach dem Sinn des Geschlechterwechsels. (»Wo ist der Unterschied zur Männermacht?«)

Männerhumor und Zoten

Humor und Lachen haben eine außergewöhnlich wichtige Funktion in unserem Leben. Beide können das Leben erleichtern, zeitweilig ablenken von unseren Problemen und Zwängen, Spannungen und Aggressionen abbauen, verbinden, eine psychosomatische Entlastungsfunktion haben, eine Außenseiterrolle verhindern, sie können sogar »verkaufsfördernd« sein und Menschen einen Wert zuweisen, den diese anders niemals erlangen würden.

Aber Lachen kann auch trennend, verletzend und gemein sein, kann zerstören, peinlich, rassistisch und selbstverständlich frauenfeindlich sein. Maßstab für ein Pro oder Kontra sind die Unterscheidungen, ob es sich um humorvolle Bemerkungen, Storys, Zoten, schmutzige oder saubere Witze, nette Scherze oder jene handelt, die nur auf Kosten anderer gemacht werden – wann und wie sie erzählt werden, warum und vor welchem Zuhörerkreis.

Ein solches »Beziehungsdickicht« zu strukturieren und zu definieren, ist mühsam und vor allem wenig sinnvoll. Jeder Lebenserfahrung entspricht die Tatsache, dass humorvolle Menschen beliebt und humorlose Menschen unbeliebt sind. Für Männer haben Lachen und Humor eine besondere Bedeutung. Auch hier sind die Wurzeln in der Rollenzuweisung in frühen Kindertagen zu sehen. Jungen »lernen« das Lachen über aggressive Comics, Freund-Feind-Bilder, Spiele beziehungsweise Worte und finden daran mehr Freude als Mädchen. Dieses Verhalten kann sich zwar während des Heranwachsens ändern, aber bei vielen Männern ist dieses juvenile Verhalten auch in »gesetzten Lebensjahren« festzustellen. So ist zu erklären, dass es vielen Männern eine »diebische Freude« bereitet, ihre Freunde, Kollegen und andere Menschen mit einem Scherz »reinzulegen« oder sich über sie lustig zu machen (dicker Bauch, Glatze, Kleidung usw.). Guter Indikator, was »beim Volk ankommt«, sind Fersehsendungen. Zu beobachten ist, dass oftmals auf mehreren Kanälen gleichzeitig Streiche mit versteckter Kamera gesendet werden.

Das Dominanzverhalten der Männer führt dazu, dass es unterschiedliche Einstellungen und Ausprägungen zu Spannungen, Aggressionen und Feindseligkeiten zwischen Männern und Frauen gibt. Männer müssen dies abbauen und finden in gesellschaftlich akzeptierten Witzen und Zoten dafür ein Forum. Dabei ist es aber keinesfalls so, dass nur Angehörige der mittleren und unteren Gesellschaftsschichten sich dieses Ventils bedienen. Gerade Führungskräfte bis hin zu Vorstandsvorsitzenden erzählen ein- beziehungsweise mehrdeutige Witze oder hören sich diese gerne an. So ist zum Beispiel vom ehemaligen Bundesaußenminister Genscher bekannt, dass er nicht nur ein Meister im Witzerzählen ist, sondern sich auf seinen langen Auslandsflügen auch gerne mit Menschen umgab, die besonders gut Witze erzählen konnten. Bekannt ist aus der Geschichte auch die »Tabakrunde« von Friedrich I. (dem Soldatenkönig), dem Vater des »Alten Fritz«, der besonders drastische Zoten und Witze in diesen Männerrunden liebte.

Witze haben auch eine wichtige psychologische Aussagekraft. Durch das Erzählen bestimmter Witze fühlt man sich Eigenschaften, Neigungen, Rassen usw. überlegen (Witze über Schwule, Neger, Türken, Sprachbehinderte, Sodomie etc.) und kann demonstrieren, dass man »anders« ist. Witze können aber auch entlarven, wie zum Beispiel Witze über stupiden Kommiss und dümmliche Militärs.

Es entspricht nicht der »Norm«, dass Frauen Witze und Zoten erzählen; sie sollen nur mitlachen, oftmals lauter als die Männer. Scherze, Witze und Spaß zu machen, also auch hier die Initiative zu ergreifen, ist offensichtlich ein Privileg der Männer als Dominanzbeweis. Nicht mitzulachen, auf Scherze und Zoten gar nicht, empört oder verärgert zu reagieren, heißt oftmals auch Ausschluss. Doch selbst, wenn eine Frau in einer Männerrunde Witze erzählt, sind diese nach dem gleichen Strickmuster wie die von Männern erzählten Witze. Doch was versteht man unter Humor, wo endet er und wo beginnt die Geschmacklosigkeit? Das wird jede und jeder verschieden sehen. Dennoch folgende Empfehlungen:

🐾 Frauen werden es nicht ändern, dass sich Männer Witze jeglicher Kategorie erzählen. Abhängig von der Situation und den Personen sollten Sie jedoch dann das Feld räumen, wenn nach Ihrer Meinung Grenzen des guten Geschmacks überschritten werden (schmutzige, gemeine, frauenfeindliche, rassistische, blasphemische, sodomistische etc. Wortbeiträge, Witze oder Zoten). Verständigen Sie sich eventuell mit anderen anwesenden Frauen über den gemeinsamen Weggang.

🐾 Wo immer es möglich ist, sollten Sie sachlich, aber konkret und bestimmt den erniedrigenden

Inhalt der Beiträge ansprechen. Fragen Sie, welches Ziel mit dem Beitrag erreicht werden sollte (wirklich nur »lachen« oder peinliches, unüberlegtes Dominanzverhalten gegenüber »anderen«, wie Frauen, Ausländern, Behinderten etc.).

☺ Humor und Lachen verbinden, haben somit eine soziale Funktion. Falls der Männerhumor nicht gerade in die beschriebene Kategorie fällt, sollten Sie die wichtige Gabe entwickeln, auf den Humor der Männer »auf Ihre Art einzusteigen«. Nichts ist für Männer schlimmer als eine »sich pikiert abwendende Frau«, weil sie irgendeine Bemerkung zu ernst genommen hat. Es können peinliche Situationen für den betreffenden Mann entstehen, die er Ihnen möglicherweise lange »nachträgt«, und so kann er zu einem Feind werden.

☺ »Einsteigen« auf den Männerhumor darf nicht heißen, diesen stets zu beklatschen. Entwickeln Sie Ihren eigenen Stil, indem Sie nicht nur reagieren, sondern auch agieren. Doch wenn Sie reagieren, dann nicht schnippisch oder zickig (leider tun das viele Frauen!), sondern zeigen Sie dem Mann, dass seine Bemerkung nicht gesessen hat und dass Sie es verstehen, »auf einen Schelm anderthalbe zu setzen« (humorvolle Gegenbemerkungen, Zitate, Aphorismen usw.). »Agieren« Sie, indem Sie von sich aus humorvolle Bemerkungen anbringen. Wenn das mit Lächeln und Charme erfolgt, können Sie nichts falsch machen.

☺ Nehmen Sie bestimmte Bemerkungen nicht stets persönlich. Für viele Männer gehören flapsige oder spitze Bemerkungen, Sprüche und oftmals eine gewisse Schnoddrigkeit zu einem »Ritual« in der Arbeitswelt. Frauen nehmen überraschende

Bemerkungen irritiert, nicht selten verletzt auf und »tragen schwer an diesem Problem«. Für Männer haben auch danebengegangene/misslungene Scherze eine entlastende Funktion, für Frauen gilt meistens das »Entweder-oder«.

☉ Für Frauen emotional enorm schwierig zu verkraften sind bösartige, zynische, bissige und sehr verletzende Bemerkungen von Männern. Doch stets mit gleicher Münze heimzuzahlen heißt, sich »totzusiegen«. Versuchen Sie zu erkennen, dass diese Spezies von Mannsbildern meistens Komplexe hat und Probleme mit sich herumschleppt, die sie mit ihrem Verhalten zu verdecken sucht. Sie werden »sein Problem« nicht lösen können, aber Sie können Probleme bei sich selbst verhindern. Und das »funktioniert« nur über die Schiene »Selbstbewusstsein – Selbstdisziplin/Gelassenheit – Humor«. Sie zeigen ihm, allen anderen und vor allem sich selbst, dass Sie die Klügere und Stärkere sind. Das gilt insbesondere im Umgang mit Chefs, Vorgesetzten, Kunden, fiesen Kollegen etc. Als »schwach« gelten Sie, wenn Sie davonlaufen, heulen, meckern, auf Rache sinnen, sich echauffieren, sich verkriechen, sich krankschreiben lassen, Kollegen einbeziehen, Arbeit verschleppen, boykottieren usw.

Bleiben Sie sich, Ihrem Stil und Ihrem Ziel treu. Es ist falsch, stets nachzugeben, weil Sie eine Frau sind. Bedenken Sie: Der Klügere gibt nach – und zwar so lange, bis er der Dumme ist …!

Flirt, Erotik und Sex – Tummelplatz der Missverständnisse

Ob es uns angenehm oder unangenehm ist, ob es stört oder die Arbeitsfreude steigert, ob teppich-beißende Emanzen stets die gesamte männliche Ge-sellschaft verurteilen, ob es verschärft unter Strafe gestellt oder liberalisiert wird: Wo Männer und Frauen zusammenkommen, sind Flirt, Erotik, Sex im Spiel, und damit Macht. Das lässt sich ebenso wenig austricksen wie etwa der Wetterverlauf. Dass es sexuelle Belästigungen und Frauenfeindlichkeit gibt, ist eine Sache. Mit welchen Mitteln aber man-che Frauenrechtlerinnen das Problem lösen wollen, ist die andere Sache. Diese sexuellen Machtspiele zwischen Männern und Frauen, die nicht nur mit Gesetzesvorlagen unterbunden werden können, füh-ren letztlich zu einer üblen menschenfeindlichen Konfrontation zwischen Männern und Frauen.

Unfassbar auch die Schamlosigkeit, mit der man-che Männer ihre Machtbefugnisse gegenüber Frauen ausnutzen. Wie soll sich eine Sachbearbeiterin ver-halten, die von ihrem Chef sexuell belästigt wird?

Es geht den Frauen nicht nur um die plumpen Grabscher. Frauen sollten sich dann mit der klassi-schen Methode wehren, nämlich der wohl platzier-ten Ohrfeige. Sie haben Angst vor der »Reaktion« die-ser Männer? Die würden zurückschlagen, glauben Sie? Riskieren Sie's! Und Sie werden erleben, dass

99 Prozent aller Männer für Sie Partei ergreifen werden. Auch die, mit denen Sie nicht gerechnet haben. Diese Ihre Spontanreaktion gehört zu den ungeschriebenen Gesetzen des Geschlechterverhaltens. Denn in solchen Fällen greift ein uraltes Männerklischee: Eine Frau schlägt man(n) nicht! Argumentieren Sie nicht mit dem restlichen einen Prozent der Männer! Schweine wird es immer geben ...!

Doch mitunter sehen und empfangen Männer sexuelle Signale von Frauen, die gar nicht ausgesendet wurden. Das hängt damit zusammen, dass die Männer Frauen sehr schnell mit Sex in Beziehung bringen. Unsere moderne Medienwelt unterstützt diese Vorstellung. Schauen Sie sich Fernseh- und Kinofilme an oder lesen Sie die millionenfach verbreiteten »Frauenzeitschriften«. Keine Reportage und kein Film, in dem nicht eine Frau nach dem »gängigen Männerklischee agiert und funktioniert«. Flirt, Erotik und Sex gehören immer dazu, sonst lässt sich die Reportage »nicht verkaufen«. Daran gewöhnen sich ohne Zweifel viele Männer. Und so entspricht es der »gelernten Gewohnheit« von Männern, dass sie sexuelles Verhalten von Frauen »erwarten können« oder dass Frauen, was oftmals wichtiger ist, auf sexuelle Signale der Männer (sprich: Begierde) »eindeutig reagieren müssen«. Wenn sie's nicht tun, nun ja, dann sind diese Frauen frigide, zickig, lesbisch ... oder Ähnliches.

Für Männer gehören Sex und Macht zusammen, aber meistens verwechseln sie beides. Sex ist oft eine Form der Machtausübung, um Frauen dadurch demütigen zu können, dass sie ein Verhalten ungestraft demonstrieren, was eine Frau scheinbar nicht kann. Die Palette der Möglichkeiten ist für Männer sehr umfangreich und dadurch kann die Arbeitsbeziehung für Frauen schwierig sein. Das ist insbesondere dann der Fall, wenn es sich um die so genannten »charmanten« Männer handelt, die nette Komplimente verteilen oder das Unergründliche an Frauen in einen mystischen Bereich verklären.

Beispiele:

»Frauen wollen nicht verstanden, sondern geliebt werden.«

»Wer als Mann sagt, er kenne die Frauen, weiß nichts von ihnen.«

»Eine Dame ist eine Frau, die es einem Mann leicht macht, ein Herr zu bleiben.«

»Zerbrechen Sie sich darüber nicht Ihr hübsches Köpfchen.«

Diese und ähnliche Bemerkungen sind frauenfeindlich, denn dahinter steht die Auffassung, dass Frauen ohnehin nichts verstehen oder nur in ihrer vorgegebenen Rolle als Frau leben wollen.

Problematischer wird es, wenn sich Frauen mit einem Arbeitskollegen einlassen und diese Beziehung bekannt wird. Geschieht das zum Beispiel unter Alkoholeinfluss nach einer Betriebsfeier und brüstet sich der Mann bei seinen Kollegen auch noch damit, dass er die Kollegin XY »vernascht« habe, so dürften der Ruf und damit die Aufstiegschancen für die Frau »gelaufen« sein. Jede Frau weiß heute, wie gefährlich es ist, mit einem Kollegen »etwas anzufangen«. Liebesaffären zerstören meistens die Arbeitsatmosphäre, und in aller Regel sind dann die Frauen benachteiligt. Der Ratschlag, generell keine Liebesbeziehung im Betrieb einzugehen, ist natürlich leicht gegeben, aber oftmals schwer durchzuhalten. Viele Männer sind durchaus nicht ungeschickt in ihrem Liebeswerben und lassen sich »etwas einfallen«. Insbesondere für allein stehende

Frauen und solche, die zum Beispiel in einer Ehekrise leben, ist es sehr schwer, an die Beteuerungen nicht zu glauben, diese stets abzuwehren und dem Liebeswerben widerstehen zu können. Für Männer ist es sehr reizvoll und oftmals schmeichelhaft, die attraktive Kollegin unbemerkt von den anderen, die sie ebenfalls hofieren, auf ihrer Seite zu wissen. Und in der eher nüchternen Arbeitssituation und dem Versteckspiel vor anderen baut sich bei beiden ein Spannungspotenzial auf, welches sich irgendwann, zum Beispiel an einem Wochenende, entlädt. Aber es gibt immer ein »Danach«! Fragen Sie sich also, wer im Konfliktfall entlassen wird, ob die »heißen Schwüre« sich wirklich realisieren lassen, oder noch einfacher, was im günstigsten und was im schlechtesten Fall bei dieser Beziehung für Sie herauskommen kann.

Festzuhalten bleibt, dass überall dort, wo Männer und Frauen zusammenkommen, eine besondere Atmosphäre entsteht, in der Flirt, Erotik und Sex eine Rolle spielen – bewusst oder unbewusst. Mit Gesetzen lässt sich das nicht verhindern. Denn nochmals: Männer sehen Sex oft da, wo er gar nicht existiert, viele Signale einer Frau werden von den Männern als Sexsignale interpretiert. Männer erwarten eine Antwort auf ihr »Balzverhalten«, Männer bringen Frauen meist mit Sex und Macht zusammen, und das Wichtigste: Sex ist für Männer eine von vielen Möglichkeiten, ihre Macht über Frauen zu demonstrieren.

In diesem Zusammenhang müssen aber auch einige typische Männerargumente beleuchtet werden:

»Vielen Frauen macht es Spaß, begrabscht zu werden.«

»Frauen legen es darauf an, die Männer wild/scharf zu machen.«

»Frauen macht es genauso viel Spaß, zu … wie Männern. Beide trennt nicht die Lust, sondern gesellschaftliche Regeln.«

»Frauen sind selbst schuld, wenn sie belästigt werden. Warum kleiden sie sich, gehen oder schauen sie so aufreizend?«

»Frauen gehen in ihrer Koketterie einem natürlichen Trieb nach, für die Fortpflanzung zu sorgen. Das ist ein Grunderhaltungsprinzip der Natur, ohne das wir alle längst ausgestorben wären oder gar nicht existieren würden.«

Genauso wenig, wie es ein einheitliches Verhaltensmuster »der Frauen« gibt, existiert ein typisch sexistisches Verhalten von Männern. Machos und Paschas, die ein frauenfeindliches Verhalten analog ihren Sprüchen haben, sind leicht auszumachen und noch leichter in ihre Schranken zu verweisen – wenn frau will. In den meisten Fällen ist keine Antwort die beste Antwort. Wenn Sie erst versuchen, dem sexistischen Spruch eines Machos zu kontern, wird ihn das eher noch zu weiteren Anzüglichkeiten motivieren. In vielen Fällen hilft auch ein uralter Trick, nämlich dass Sie das Gespräch auf Ihren festen Freund oder Ehemann bringen. Der Jagdtrieb, der auf schnelles, unkompliziertes »Erlegen der Beute« gerichtet ist, lässt bei Männern im Allgemeinen dort nach, wo mit einem Kontrahenten zu rechnen ist. Findet die »sexistische Anmache« in Gegenwart anderer statt, so kann es vorteilhaft sein, den Mann nicht direkt für sein schweinisches Benehmen zu maßregeln, sondern ihn einfach stehen zu lassen. Sie werden sich wundern, wie viele (auch Männer!) sich mit Ihrem Verhalten solidarisieren und dem schamlosen Schürzenjäger Vorhaltungen machen. Wiederholt sich ein solcher Vorfall, hilft in der Tat die schriftliche Beschwerde beim Arbeitgeber.

Anders beim Flirten. In der Tat verstehen es viele Männer, charmant, originell und oftmals kunstvoll zu flirten. Es ist längst erwiesen, dass sich ein Flirt so lange positiv auf die gesamte Arbeitsatmosphäre auswirkt, wie sich dahinter nicht die klare Absicht zum Sex gegen den Willen der Frau verbirgt. Wird sie nicht bedrängt, sondern als Frau respektiert, entstehen keine Probleme. Doch oftmals werden Grenzen überschritten, oder, was noch häufiger ist, der Mann versucht gegen den Willen der Frau mit ihr zu flirten. Vielleicht macht er sich Hoffnungen, weil er falsche Signale empfangen hat. In einem Lokal kann die Frau das dadurch beenden, dass sie geht. In der Arbeitssituation hat der Mann viele Möglichkeiten, ihr nachzustellen und sie anzusprechen. Weglaufen kann sie nicht.

Doch auch in solchen Situationen sollte Ihre Reaktion angemessen sein. Den Flirtversuch zum Anlass nehmen zu wollen, sich selbst vor den Kollegen interessant zu machen und mit einer »Überreaktion« zu antworten, kann »ein Schuss nach hinten« sein und dazu führen, dass sich alle Kollegen von Ihnen abwenden. Besser ist das klärende Gespräch unter vier Augen. Sagen Sie dem Kollegen zum Beispiel, dass Sie sein Verhalten zwar bemerkt hätten und auf eine freundschaftliche Arbeitsbeziehung mit ihm großen Wert legen, dass Sie aber keine darüber hinausgehenden Kontakte möchten. Doch denken Sie auch an die Verletzlichkeit der Männer, hinter der wahrlich nicht immer sexistische Absichten stehen müssen. Vielleicht hat sich ein Kollege ganz einfach Hals über Kopf in Sie verliebt. Geben Sie ihm bei einem solchen Gespräch die Möglichkeit, sein Gesicht zu wahren, und lassen Sie ihn nicht »kalt abfahren«. Sagen Sie ihm, dass Sie seine Gefühle verstehen, aber nicht erwidern können. Entspannen

Sie die Situation dadurch, dass Sie ihn fragen: »Was können wir beide in Zukunft tun, damit wir zu einem kollegialen Verhältnis ohne Absichten kommen?« Übrigens: Gespräche dieser Art sind auch nicht dazu geeignet, mit der Arbeitskollegin ausdiskutiert zu werden.

Ohne Zweifel gibt es aber auch Frauen, die es darauf anlegen, Männer scharf zu machen. Und nicht immer sind sich solche Frauen der Konsequenzen ihres Verhaltens bewusst. Bei Prostituierten ist das anders. Jede betont mit einer scharfen Sexkleidung und entsprechendem Verhalten einen bestimmten »Typ«, weil sie weiß, dass nahezu jeder Mann auf »seinen Typ von Frau« reagiert und weil sie eben diesen Mann für ihr »Geschäft« heranlocken will. Das Ziel und die Konsequenzen sind sowohl der Prostituierten als auch dem Freier bekannt: Es geht um reine Triebbefriedigung. Neuere Untersuchungen geben jedoch darüber Aufschluss, dass die Männer zwar vordergründig betrachtet bei Huren Sex haben wollen, sie aber unbewusst auch die Demütigung und Erniedrigung einer Frau »kaufen« – auch wenn dann im Bordell selbst die Frau die Macht über den Mann hat. Letzteres soll es übrigens in bürgerlichen Schlafzimmern auch geben ...

Frauen haben sich zu allen Zeiten modisch gekleidet und jede Zeit hatte ihren erotischen Reiz. Bei unseren Großeltern hat schon die sichtbare schlanke Fessel so manchem Mann den Kopf verdreht. Als in unserer Zeit Miniröcke und Hotpants Mode wurden, verschlug es einer ganzen Männergeneration die Sprache. Jedes Jahr werden wir mit neuen Modetrends konfrontiert. Aber hat es jemals irgendeine Moderichtung gegeben, in der nicht der erotische Reiz einer Frau unterstrichen werden sollte? Selbst nach der sehr kurzlebigen Sackkleid-

und Maximode schlug der Trend wieder ins Gegenteil um.

Der erotische Reiz und die Signale, die von einer Mode ausgehen, dürfen selbstverständlich kein Freibrief für Männer sein, sich einer Frau gegenüber sexistisch zu verhalten. Doch nochmals: Männer empfangen oft Signale des Optischen und des Verhaltens einer Frau, die überhaupt nicht ausgesendet wurden. Eine Frau, die bisher zum Beispiel nur halblange Kostümröcke getragen hat und ganz einfach einmal einen kurzen Rock mit einer figurbetonten Bluse und den neuen, modischen Strümpfen tragen möchte, weiß, was sie im Büro an Blicken, Getuschel und Bemerkungen der lieben Kollegen zu ertragen hat (»Jetzt will sie's aber wissen«, »Die will die Männer scharf machen«, »Die sucht für heute Abend einen …« usw.). Was immer wir an Gesetzen erfinden, wie immer wir uns moralisch entrüsten, das Männerverhalten lässt sich kurzfristig nicht ändern. Zu tief sitzen die historisch gewachsenen Wurzeln des Patriarchats und zu fest verankert sind die Verhältnisse. Es wird ein sehr langsamer Prozess der Veränderung werden, bei dem das Verhalten der Frauen eine entscheidende Rolle spielen wird. So viel steht fest: Aus eigenem Antrieb wird sich die Männerherrschaft nicht verändern. Aber sie verändert sich auch nicht, wenn alle Männer pauschal auf die Anklagebank gesetzt werden, sondern nur dann, wenn gemeinsam mit den Männern die Gleichberechtigung der Frauen vorangetrieben wird.

Auch das Verhalten der Frauen selbst ist entscheidend. Eine Frau muss erkennen und reagieren, wenn Machtspiele und Sex von Männern eingesetzt werden. Die »richtige Reaktion« kann in Einzelfällen allerdings sehr schwierig werden. Wenn ein Kollege zum Beispiel – scheinbar als freundschaftliche Geste gemeint – seinen Arm um die Schulter seiner Kollegin legt, um sie, eventuell noch mit einem Kosenamen wie »tolle Lady«, »Supergirl«, »Herzblatt« etc., zur Konferenz zu begleiten, so demonstriert er – bewusst oder unbewusst – Macht über die Kollegin. Was soll sie also tun? Drückt sie unwirsch den Arm weg und echauffiert sich, zieht sie das Unverständnis aller Kollegen auf sich (»So eine Zicke, das war doch nur nett gemeint« usw.). Das Verhältnis untereinander dürfte damit einen Knacks bekommen haben. Doch diese Frau könnte versuchen, durch ähnliche Machtgesten einen »Gleichstand« zu demonstrieren, indem sie ihm – eher unweiblich – auf die Schulter klopft und sagt: »So, mein Lieber, dann wollen wir mal in der Verhandlung sehen, was du kannst!« Oder: »Prima, Verehrtester. Was machen denn Frau und Kinder?« Je nach Situation und Person kann auch ein flapsiger Spruch geeignet sein: »Na, mein Lieber, machst du immer noch diese herrlichen Laubsägearbeiten?« Oder: »Na, du toller Hecht. Fährst du immer noch deinen alten Manta mit den runderneuerten Reifen?«

Schwieriger wird es, wenn zum Beispiel der Chef solche Machtspiele ausübt. Hier kann meist nicht mit gleicher Münze heimgezahlt werden. Aber Sie können Ihr Machtspiel auf eine andere Ebene verlagern, um Ihrem Chef damit indirekt zu sagen, dass Sie sein Machtspiel erkannt haben. Möglich wäre zum Beispiel, dass Sie einem Kollegen die Tür aufhalten mit der Bemerkung: »Und jetzt müssen wir auch etwas für den Kollegen Meier tun. Bitte!« Oder Sie fordern einen Kollegen auf, auf »diesem Stuhl hier« Platz zu nehmen, usw. Im Grunde kann das Verhalten des Chefs und des Kollegen wirklich harmlos, unüberlegt und ohne Absicht sein. Gefährlich wird es aber dann, wenn Männer zum Beispiel in gemischten Konferenzen mit Bemerkungen über Frauen,

Aussehen, Verhalten und Sex Machtspiele demonstrieren, weil sie damit stets eine bestimmte Absicht verfolgen. Wenn Frauen beispielsweise an Geschäftsbesprechungen und Verhandlungen teilnehmen, haben sie auch eine entsprechende Kompetenz und Zuständigkeit. Die Männer begreifen in diesen Fällen besonders deutlich Frauen als unberechenbare Konkurrenz, weil Männer eben nur mit »Männerritualen« umgehen können. Sie versuchen deshalb sehr häufig, mit sexuellen Machtspielen Frauen abzuwerten, zu verunsichern oder einzulullen. Der Versuch wird insbesondere bei jungen Frauen und solchen mit niedrigem beruflichem Status angewandt – weniger bei älteren oder beruflich gleichgestellten Frauen. Hier heißt es »wachsam sein«. Versteckte Abwertung und Verunsicherung sind dabei noch leichter zu parieren als charmantes, witziges Einlullen. In den meisten Fällen genügt der Hinweis auf die Sache, die Wiederholung der eigenen Frage oder auch eine humorvolle, aber selbstbewusste Bemerkung: »Soso, Herr Meier. Nun kenne ich Ihre Auffassung. Ich habe auch eine. Wollen Sie die mal hören?« Vorsicht ist geboten bei versteckten Anspielungen wie etwa: »Also, Frau Schneider, wenn Sie die Zahlen bis Montag parat haben, dann habe ich auch etwas für Sie parat, nämlich eine Einladung zum Abendessen!« Mit der schnippischen Antwort »Die können Sie sich sparen!« werden Sie nicht viel erreichen. Erfolgreicher ist in solchen Fällen eine humorvolle Bemerkung: »Na gut, Herr Meier, dann lassen Sie uns mal über die Voraussetzungen sprechen, die *Sie* erfüllen müssen, damit mir das auch gelingt.« Entkrampfen Sie aber solche Situationen stets durch ein freundliches Lächeln, und kommen Sie dann unmittelbar zum Thema zurück: »Ich möchte noch einmal auf das Thema Umsatz im Gebiet XY zurückkommen. Was ist der Grund, dass ...?« Usw.

Besondere Vorsicht ist dann geboten, wenn sexuelle Fähigkeiten, Wirkungen oder Ausstrahlungen der Männer infrage gestellt werden. Sagt zum Beispiel ein Mann in Gegenwart anderer: »Also, Frau Schneider, Sie sind schon eine Sünde wert!«, so stellen Sie mit der möglichen Antwort »Das können Sie wohl kaum beurteilen!« seine sexuellen Fähigkeiten infrage. Darin sind Männer äußerst sensibel und empfindlich und nicht selten führt eine solche Verletzung zu einem »neuen Feind«. Bewährt hat sich in solchen Fällen stets der Humor: »Es freut mich, dass Sie das so sehen. Ich bevorzuge allerdings die Arbeitswelt, und da haben Sünden ja bekanntlich keinen Wert!« Natürlich reizt es, mit einer scharfen Antwort zurückzuschlagen. Und dann? Dann ist »Ruhe«, meinen Sie? Falsch. Oberflächlich vielleicht. Aber Sie haben sich mindestens einen neuen Feind geschaffen, der unter der Oberfläche gegen Sie agiert. Raffinierter ist es, die Fassung zu bewahren und mit humorvollen Antworten dem Mann die Chance zu geben, sein Gesicht zu wahren – insbesondere in Gegenwart anderer Männer.

Schwierig, oftmals kompliziert wird es für Frauen, wenn Männer charmant, höflich und originell Komplimente machen. Schwierig ist es vor allem deswegen, weil liebenswerte Komplimente durchaus keinen manipulativen Charakter haben müssen, sondern ganz einfach die Bewunderung für eine Frau ausdrücken können. Kompliziert wird es für Frauen deswegen, weil sie sich – ob sie wollen oder nicht – bei Verhandlungen oder Streitgesprächen mit diesen Männern in einer gefühlsmäßig nicht guten Situation befinden. Einerseits wollen Frauen ihren Standpunkt durchsetzen, andererseits müssen sie dazu möglicherweise Taktiken und Verhaltensformen anwenden, über die sie den Komplimenten zufolge nicht verfügen. Hier sollten Frauen gut überlegen, ob sie solche Komplimente einfach nur »über sich ergehen lassen« und sich geschmeichelt fühlen oder ob Person, Situation und Sachverhalt geeignet sind, nach dem kurzen Bedanken für das Kompliment mit einem kleinen Redebogen darauf zu verweisen, dass ihnen auch andere Verhaltensformen nicht fremd sind. Wie überall macht auch hier der Ton die Musik, und darum sollte es stets eine humorvolle Erwiderung sein. Entscheidend ist, was erreicht werden soll.

Männer können Komplimente aber auch gezielt einsetzen, um Frauen einzulullen, geschickt zu demütigen beziehungsweise herabzusetzen oder um sie zu verunsichern. Häufig geschieht dies in Besprechungen und Verhandlungen, aber auch – oft genug beobachtet – bei gesellschaftlichen Anlässen. Der anwesenden Frau werden von einzelnen Männern Komplimente über ihr Aussehen, ihre interessanten Gedankengänge oder gar ihren Erfolg gemacht. Üblicherweise erfolgt Zustimmung der anderen Männer und nicht selten unterhalten sich diese dann untereinander und ergänzen die Komplimente. Die Frau kann dann nur staunend, geschmeichelt und lächelnd zuhören. Was soll sie auch anderes machen? Doch hier ist Vorsicht geboten. Warum tun diese Männer das? Die Antwort kann nur lauten: weil sie diese Frau nicht als gleichwertig und gleichberechtigt akzeptieren und ihre Auffassung in scheinbar legale Komplimente verpacken. Das merkt eine Frau spätestens dann, wenn sie eigene Gedanken einbringen will, ein bestimmtes Ziel verfolgt und mit ihrer Meinung im Widerspruch zu der der Männer steht. Sie darf ganz sicher sein, dass die Männer jede Gelegenheit nutzen werden, auf die vielfältigste Weise neue Komplimente auszusprechen und geschickt in ihre Argumentation einzubinden. Das Ziel ist klar.

Die Frau soll ausgeschaltet werden, indem sie als nicht gleichberechtigte Partnerin zurückgesetzt wird, denn die Komplimente werden taktisch eingesetzt. Diese sind damit, genau betrachtet, keine Aufwertung der Frau, sondern eine Abwertung, eine Rückversetzung in die patriarchaische Rolle als Frau.

Hier gilt es, Fingerspitzengefühl, Augenmaß – aber auch Beharrlichkeit zu zeigen. Natürlich könnte die Frau, wenn sie das Machtspiel durchschaut hat, sich nichts anmerken lassen und weiterverhandeln. Aber diese Taktik scheitert oft im Detail. In den meisten Fällen ist es besser, das Kompliment aufzugreifen, sich kurz zu bedanken und zur Sache überzugehen. Je öfter das erfolgt, desto eher werden die Männer begreifen, dass ihre Taktik »Einlullen mit Komplimenten« nicht aufgeht. Doch auch hier sollten Ton und Inhalt nicht bissig sein. Freundlichkeit und Humor sind der Beweis für Überlegenheit. Damit wird das Männerverhalten entlarvt, dass die Komplimente sich nicht auf die Frau an sich beziehen, sondern taktisch eingesetzt werden.

»Die schläft sich nach oben«, »Die ist lesbisch«, »Die hat was mit dem (verheirateten) Kollegen Schulz«, »Die soll früher mal im Rotlichtmilieu gearbeitet haben«, »Die ist sexuell pervers« usw.

Die wohl mieseste und schmutzigste Waffe, die Männer gegen Frauen einsetzen können, sind Gerüchte und Verleumdungen. Das Perfide an einer Verleumdung ist, dass immer etwas hängen bleibt. Es gibt keine Möglichkeit, sich lupenrein zu rehabilitieren, besonders nicht im Sexualbereich. Gerüchte werden aus sehr unterschiedlichen Gründen in die Welt gesetzt. Es kann verletzte Eitelkeit sein, Rache, Eifersucht, Machtdominanz, sexuelle Unterdrückung, Sensationslust, Wichtigtuerei, Taktik, pure Gemeinheit usw., aber auch Angst oder Unsicherheit. Dagegen ist im Grunde kein Kraut gewachsen; alle wissen es, niemand sagt etwas, nichts ist greifbar. In Prominentenkreisen ist zu beobachten, dass zunehmend viele Frauen (auch Männer) an die Öffentlichkeit treten – natürlich PR-wirksam. Doch was soll die namenlose junge Kollegin tun, der nachgetuschelt wird, sie sei pervers?

Nicht jede Frau hat den Mut, so zu handeln, wie es eine junge, sehr attraktive Frau in einem Münchner Unternehmen konnte. Ihr war bekannt geworden, dass ein junger Kollege, der nach einer Betriebsfeier sehr aufdringlich wurde, aber letztlich keinen Erfolg hatte, gezielt im Unternehmen verbreitete, sie sei lesbisch. Anlässlich einer Kaffeepause, zu der sich die Mehrzahl aller Kollegen (auch der junge Mann) traf, nahm sie ihren Mut zusammen: »Übrigens, ich hörte von dem Gerücht, dass ich lesbisch sei!« Alles schwieg plötzlich und schaute sie an. »Unabhängig davon, dass das niemanden etwas angeht, möchte ich dennoch sagen, dass das falsch ist. Richtig ist, dass mich jemand vernaschen wollte. Da habe ich ihn rausgeschmissen. Aus Wut darüber setzte er das Gerücht in die Welt, ich sei lesbisch!« – dabei lachte sie zum Schluss. Ohne den betreffenden Kollegen anzusehen, wusste jeder im Raum, wer gemeint war. Es folgte eine kurze Schrecksekunde aller, dann brach nahezu brüllendes Gelächter aus. Nur einer lachte nicht mit, sondern bekam einen roten Kopf ... Das Gerücht war vom Tisch.

Da im Regelfall nicht auszumachen ist, wer ein Gerücht oder eine Verleumdung in die Welt gesetzt hat, ist ein klärendes persönliches Gespräch nicht möglich. Selbst eine Anzeige gegen unbekannt scheitert meistens daran, dass sich plötzlich niemand mehr erinnern will, wann er/sie was von wem gehört hat. Darum bleiben meistens nur zwei Möglichkeiten: Entweder das Gerücht wird vollständig ignoriert und es wird auch mit keinem Wort Stellung bezogen oder die Betreffende geht voll in die Offensive. Das kann zum Beispiel dadurch geschehen, dass sie ein Schreiben aushängt oder verteilt, in dem auf die Verleumdung Bezug genommen und bei weiterer Verbreitung auf strafrechtliche Konsequenzen hingewiesen wird (Abstimmung mit dem Betriebsrat und der Geschäftsleitung wichtig). Falls dieses Geschütz zu groß ist, bleibt noch der Weg der Solidarisierung von Frauen untereinander. Das setzt natürlich voraus, dass es keine Frau war, die ihrer Rivalin mit Gerüchten schaden wollte. Doch in den meisten Fällen sind es schwache und feige Männer, die Gerüchte und sexuelle Verleumdungen als Mittel der Unterdrückung und Machtausübung gegen Frauen einsetzen. Hier sollten Frauen Solidarität demonstrieren – nicht gegen die Männer allgemein, sondern gegen das Verhalten einzelner Feiglinge, Frauen mittels Sexualität abzuwerten, zu demütigen und zu unterdrücken.

Produzieren Sie Ihren eigenen Film

Nach dem vorigen Kapitel über das grundsätzliche Verhalten zwischen Frauen und Männern möchte ich Sie wieder zu dem hinführen, was wir das Weibliche nennen und wie wir das unterstreichen beziehungsweise ausbauen können. Wenn wir das so wollen, wie wir es für richtig halten, so müssen wir auch selbst die Regie führen – und sie nicht anderen überlassen. Im Grunde genommen sind wir Regisseure des eigenen Lebens. Durch unsere Vorstellungen, durch die Fähigkeit, auch in Bildern zu denken, haben wir die Gabe, unser Leben zu produzieren. Der Unterschied zu einem richtigen Film ist, dass die Entstehung unserer Story ohne großen finanziellen Aufwand in unserem Kopf geboren wird – praktisch zum Nulltarif.

Wir sind nicht nur der Regisseur und Produzent, sondern spielen auch die Hauptrolle, die wir uns auf den eigenen Leib schreiben. Das Drehbuch und die Geschichte, die wir uns ausgedacht haben, kann spannend, bunt, traurig, lustig, romantisch oder aufregend sein. Denken Sie an den Moment, wo sie im Kino sitzen und einen Film anschauen, der ganz traurig endet, wie etwa die Liebesgeschichte auf der Titanic. Fast alle gehen mit feuchten Augen aus dem Kino, weil die Bilder, Worte, die Schauspieler, die Stimmen, die Atmosphäre und die Musik durch unsere Sinne aufgenommen werden. Unsere Gefühle werden dadurch beeinflusst und die Seele reagiert entsprechend. Wir sind mit aller Leidenschaft in diese Geschichte reingeschlüpft, und statt aus dem Kino fröhlich rauszugehen, sind wir richtig bedrückt, weil wir in eine melancholische Stimmung versetzt wurden.

Wer hätte während des Films daran gedacht, dass die zwei Hauptdarsteller sich in Wirklichkeit gar nicht »riechen« konnten, dass jede Szene x-mal gefilmt wurde, bis sie tatsächlich glaubwürdig war, dass rundherum Hunderte von Komparsen mitgewirkt haben, geschweige von dem ganzen technischen Team. Wir Zuschauer bezahlen sogar dafür, damit uns die Filmindustrie und die Filmemacher Geschichten liefern, die uns in die Nostalgie, Historie oder in die Zukunft versetzen.

Das können wir auch selbst! Ohne Kosten für den gesamten Apparat. Wir haben doch auch unsere Stimme, die Kostüme, die wir schon als eigene Kleidung besitzen, die Art unserer Bewegungen und vor allen Dingen die Wunschgedanken, die uns in entsprechende Laune versetzen.

••

🦉 *Seien auch Sie Ihre eigene Regisseurin! Produzieren Sie Ihren Film und Ihre Geschichte und spielen Sie Ihre Hauptrolle nach Ihrem persönlichen Drehbuch, egal, in welcher Situation Sie sich befinden.*

••

Den Traummann oder den Superjob können Sie dadurch nicht zaubern, aber tun Sie so, als würden Sie nur den Besten oder das Beste bekommen. Rennen Sie dem Film nicht nach, suchen Sie ihn nicht verzweifelt. Sie sollten sich auf ihn vorbereiten! Ja, ich meine, Sie sollten sich sogar auf Ihren Traummann vorbereiten, in dem Sie an sich arbeiten, an Ihrem Äußeren und Inneren. Wenn Sie richtig fit sind, bekommen Sie auch das, was Sie sich wünschen. Greifen Sie zur Selbstinitiative, pflegen Sie sich, verwöhnen Sie sich, bilden Sie sich weiter, üben und lernen Sie Ihre Rolle mit allen Konsequenzen. Machen Sie Ihren Film zur Realität!

Kapitel 4:

Für den ersten Eindruck gibt es keine zweite Chance

Was ist Ausstrahlung?

Eine Frau, die ihre inneren Werte kennt und sich nicht versteckt und darum weiß, wozu sie fähig ist, strahlt nach außen Energie aus, eine Aura, die sie umgibt und die von anderen wahrgenommen wird. Und das sind nicht nur Frauen, die schön im Sinne von klassischen oder modernen Idealen sind. Nein, es sind vor allem auch Frauen, die ruhig und überlegen wirken, aber optisch nicht unbedingt dem vorherrschenden Schönheitsideal entsprechen. Doch diese Frauen haben meistens eine absolut gesunde Einstellung zu sich selbst, weil sie sich ihrer Macht, sei es durch Schönheit, Wissen, Erfahrungen und private oder geschäftliche Verdienste, bewusst sind. Diese Frauen verblüffen allein durch ihre Haltung, ihre persönliche Präsenz und damit durch ihre Würde.

Man hat eine solche Ausstrahlung oder man hat sie nicht. Es ist eine Botschaft, die von innen heraus kommt, und wem das Prädikat »Ausstrahlung« verliehen wird, ist etwas Besonderes. Ich spreche hier nur von einer positiven beziehungsweise angenehmen Ausstrahlung. Man begegnet natürlich auch Frauen, die eine ausgesprochen traurige oder negative Energie ausstrahlen. Das sind Frauen, die oft an Misserfolgen, unerfülltem Sexualleben oder Mangel an Selbstwertgefühl leiden. Auch mit solchen müssen wir – sei es in der Arbeit oder im Bekanntenkreis –

kommunizieren, und über solche Mitstreiterinnen sollten Sie sich nicht aufregen oder in Frust verfallen. »Sie ist zu bedauern«, sollten Sie sich denken und diese Person nur durch Ihre überzeugend ehrliche und nette Art aufmuntern.

Betrachten wir nun die angenehme Aussage »Diese Frau hat eine hervorragende Ausstrahlung«. Was steckt hinter diesem Zauberwort? Ist das die Erotik, ihr Intellekt oder die tadellose Figur? Ausstrahlung wird uns nicht in die Wiege gelegt und sie ist auch nicht käuflich. Sie können sie nur durch das eigene Potenzial entdecken und erarbeiten, was Ihnen natürlich auch viel Spaß bereiten kann.

Es sind Gott sei Dank nicht nur die Äußerlichkeiten, sprich die »Superfigur«, das schöne Gesicht und die gute Kleidung, denn die Ausstrahlung kommt aus dem Inneren, das mit dem Äußeren im Einklang stehen muss.

Schöne Menschen haben es in manchen Dingen besonders schwierig, denn es ist statistisch erwiesen, dass sehr attraktive Frauen Probleme haben, langfristige Beziehungen zu Männern aufzubauen. Ihre Schönheit kann die Männer zwar anmachen, aber die echte erotische Ausstrahlung geht aufgrund von Unechtheit und dem Anspruch, sich ständig unter Kontrolle haben zu müssen, unter. Dagegen entpuppte sich schon oft die Unscheinbare als wahre Sexbombe, weil sie die Defizite des Äußeren kompensieren kann. Das sind die Aussagen der Männer, und es muss schon etwas daran sein. Die persönliche Ausstrahlung kann man ebenso als »Anziehungskraft« bezeichnen. Ich kenne genug Frauen, die trotz ihrer barocken Figur einen »Magnetismus« besitzen, weil sie durch ihre Ausstrahlung einfach faszinieren.

Sie sind etwas Besonderes und Einzigartiges, dadurch gewinnen Sie Ihre Ausstrahlung. Es ist nicht nur der Gesamteindruck, sondern Ihre Art, mit der Sie Ihr Umfeld »erobern« können. Mal ist es nur die grazile Gestik, mal der graziöse Gang oder eine temperamentvolle Bewegung. Andere fallen durch ihre Stimme auf oder werden aufgrund ihres ansteckenden Humors, Charmes oder Intellekts begehrt.

Auch die zeitlosen Schönheiten wie Catherine Deneuve, 57 Jahre, Petra Schürmann, 62 Jahre, Dagmar Berghoff, 55 Jahre, oder Christine Kaufmann, 55 Jahre, lassen die Augen tanzen. Es sind nicht nur Frauen aus dem Showbusiness, die extrem auf das Äußerliche Wert legen. Auch die mütterlich wirkende »Wissenschaftsministerin aus Thüringen«, Dagmar Schipanski (57 Jahre), weltweit anerkannte Physikerin und heute eine der stärksten Politikerin Deutschlands, Mutter von drei Kindern, vermittelt durch ihre Präsenz, ihr Engagement und ihr Wissen ein »individuelles Profil«, das man als persönliche Ausstrahlung bezeichnen kann.

Trotzdem soll man(n) die Frauen nicht einfach kategorisieren. Entscheidend ist das gesamte Bild, bei dem auch der erste Eindruck eine sehr wichtige Rolle spielt. Der Großteil von uns sucht nach einer eigenen persönlichen Note. Doch auf dem Weg nach oben, innere Zufriedenheit vorausgesetzt, ist unsere Ausstrahlung, unser Eindruck von ernst zu nehmender Bedeutung. Und gerade dies ist ausschlaggebend, ob wir den Erfolg im Job oder im Privatleben unter dem Druck immer größer werdender Konkurrenz annehmen oder ablehnen.

177

Der erste Eindruck »passiert« bei allen Begegnungen im täglichen Leben und gehört zu unserer Lebensart. Es ist ein wichtiger Teil unserer Kommunikation. Bedenken Sie: Nur wenige Sekunden entscheiden über unsere Wirkung. Das ist verdammt schnell, denn in dieser Zeit wird unsere Person beurteilt und auch verurteilt, angenommen oder abgelehnt. In diesen Sekunden werden wir entweder als sympathisch (was mit Zuneigung belohnt wird) oder als unsympathisch (was uns den Job, den Verkauf eines Produkts, die zukünftige Freundschaft oder eine Liebesbeziehung verwehren kann) eingeordnet.

Stellen Sie sich vor, Sie begegnen einer neuen Kollegin/einem neuen Kollegen oder einer Frau/einem Mann, die/den Sie zum ersten Mal ansprechen. Als Erstes betrachten wir diese Menschen in Sekundenschnelle, beurteilen sie nach ihrem Aussehen und stellen fest: »Was für eine tolle Erscheinung!« In den nächsten Sekunden hören wir vielleicht eine Piepsstimme, fühlen einen laschen Händedruck oder registrieren einen unangenehmen Mundgeruch. Ein paar Sekunden sind vergangen und der erste Eindruck ist total zerstört. Jetzt sind Sie aber gezwungen, mit diesem Menschen beruflich, privat oder gesellschaftlich in Kontakt zu bleiben, und stellen fest, dass sie oder er doch eine interessante, liebenswürdige, charmante, hilfsbereite Person ist. Natürlich können Sie ihn oder sie nicht »abschreiben« und aus Ihrem Leben verbannen, weil man sich zwangsläufig in der Arbeit oder bei Verwandten begegnet. Trotzdem bleibt dieser erste Eindruck in Ihrer Erinnerung fest verankert. Dieser wird leider sehr häufig unterschätzt. Falls Sie beim ersten Kontakt nicht so gut ankommen, kann es Ihnen die wahren Chancen zum Beispiel bei Vorstellungsgesprächen oder beim ersten Rendezvous nehmen.

Glauben Sie mir: Für den ersten Eindruck gibt es keine zweite Chance!

Egal, was Sie verkaufen und tun, als Erstes müssen *Sie sich selbst* gut verkaufen. Ist Ihre erste Wirkung positiv, haben Sie die besten Voraussetzungen, Ihre Wünsche und Pläne durchzusetzen. Denken Sie immer daran: Alles, was wir im Leben tun, wird dadurch bestimmt, wie wir mit anderen kommunizieren. Jede Begegnung, ob ein persönliches Gespräch, ein Telefonat, ein Brief oder eine E-Mail, sind die Bestandteile unserer Kommunikation. Es ist nicht nur das Äußere, wie Ihre Kleidung, Frisur, das Make-up, der Blickkontakt, die Körpersprache, Ihr Geruch und Gesichtsausdruck, sondern auch die innere Kommunikation, sprich Ihre Bereitschaft und Fähigkeit, Ihre persönlichen, geheimen Gedanken zum Ausdruck zu bringen.

Wenn Ihre äußere und innere Ausdrucksweise nicht übereinstimmen, dann kann der positive Eindruck, der zum Beispiel aufgrund der Kleidung entstanden ist, dahin sein. Und gerade im Showbusiness kennt jeder von uns Frauen von äußerlich bestechender Schönheit – und innerlicher, pardon, Blödheit. Das Äußere und Innere harmoniert einfach nicht, aber durch den ersten Eindruck sind wir gewissermaßen programmiert. Das ist so zu verstehen, dass wir die gleiche Qualität des Inneren erwarten wie die Qualität, die wir jetzt schon äußerlich sehen können. Wenn diese Erwartung nicht erfüllt wird, dann wird die Kommunikation mit diesen Menschen schwierig. Denn jede Kommunikation ist eine Handlung und durch diese können Sie Ihre wahre Wirkung auf andere entweder gewinnen oder verlieren. Seien Sie darum eine Meisterin der Kommunikation! Die Einordnung und Bedeutung bei anderen Menschen ergibt dann Ihre persönliche Ausstrahlung. Sorgen Sie dafür: Wenn Sie eine angenehme, interessante Erscheinung sein wollen, dann müssen Sie auch »wirklich erscheinen«. Ich bin sicher, dass Sie durch die folgenden Kapitel genügend Anregungen und Tipps bekommen.

Entdecken Sie Ihr weibliches Charisma

Oft fragt mich morgens mein Mann: »Warum schminkst du dich? Ein bisschen Lippenstift reicht doch!« Aber mit einem bisschen Lippenstift ist da noch nichts getan. Wenn ich morgens in den Spiegel sehe, schaut mich eine blasse graue Maus an, die manchmal eher krank als putzmunter aussieht. Das kennen sicher viele Frauen, die sich morgens selbstkritisch im Spiegel betrachten. Es tut mir zwar sehr gut, wenn mein Mann behauptet, ich sehe ungeschminkt genauso gut aus, trotzdem brauche ich mein tägliches Make-up und die entsprechende Garderobe, um mich selbst wohl zu fühlen.

Ich will nicht wie eine graue Maus erscheinen, denn schließlich möchte ich auch meinen Mitmenschen durch die richtige »Verpackung« Freude bereiten und bewundernde Blicke ernten. Es geht um die Wirkung, denn mit den Augen wird ein Mensch erfasst. Der amerikanische Psychologe Albert Mehesblau hat erforscht, dass sich die Wirkung des Gesprächspartners, der vor einem steht, gerade mal zu sieben Prozent auf den Inhalt bezieht. 55 Prozent dessen, was rüberkommt, stammen aus der Körpersprache und aus dem Aussehen. Die Tonlage trägt noch zu 38 Prozent bei. Also müssen wir ein gewisses »Regietalent« entwickeln, um uns richtig in Szene zu setzen. Und zwar so, dass wir aus uns selbst

181

durch die äußere Präsentation und in optimaler Verpackung ein einzigartiges Bild schaffen.

Die Vorstellung, ein eigenes Produkt zu sein, ist nicht ungewöhnlich. Schließlich leben wir in einer Konsumwelt. Und wir Frauen nehmen ein Leben lang an den Produkten der Mode- und Kosmetikindustrie teil. Wer tut das nicht? Selbst Frauen, die in fernen Ländern leben, haben oder schaffen sich selbst die Mittel, mit denen sie sich von anderen unterscheiden – abhängig von der Kultur, der Religion oder dem Klima.

Wenn Sie als Typ sportlich, elegant oder extravagant sind, so ist das Ihr persönliches Markenzeichen! Manchmal sind es sogar nur ein roter Lippenstift, Bewegungen, eine hohe Stirn, ein Faible für Buntes oder modisch Schreiendes, eine prägnante Stimme etc., die als Merkmale gelten, sich von anderen zu unterscheiden. Sie sind Sie selbst in der »Verpackung«, die Ihnen gut tut. Und wenn Sie dadurch Neid oder Eifersucht bei anderen erzeugen, lernen Sie, damit souverän umzugehen. Wie immer die Bemerkungen ausfallen, empfangen Sie diese als Kompliment. Denn Sie gehören nicht zur grauen Masse, sondern zu denen, die Mut haben, etwas aus sich zu machen.

Dazu möchte ich Ihnen eine kleine Geschichte erzählen. In einem meiner Seminare saß unter anderem eine Schweizerin. Sie war eher ein Mauerblümchen, aber sie hatte einen Traum, nämlich einmal ein Haus in St. Tropéz zu besitzen und wie eine Superlady auszusehen. Hm, eine schöne Vorstellung, wer hätte diese nicht? Aber gibt es nicht etwas »Normales«, was man wirklich erreichen kann?

Sie war Anfang 50, ziemlich rundlich, geschieden und nicht gerade eine Frau, nach der man sich mit

Bewunderung auf der Straße umdreht. Sie wirkte eher müde, traurig und lustlos. Im Grunde genommen hatte sie außer ihrer Phantasie gar nichts, womit sie ihren Traum zaubern könnte. Da müssen wir uns fragen, ob uns unsere Phantasie genügt, in Bildern zu denken, um das ersehnte Projekt in Wirklichkeit aufleben zu lassen? Ja, denn wenn wir von unserer Vorstellung oder unserem Wunsch besessen sind, dann treiben wir unsere Gedanken zu Handlungen, die uns dabei helfen, Unmögliches möglich zu machen. Diese Frau hat gehandelt und sie hat sich verwandelt.

Fast eineinhalb Jahre nachdem ich sie kennen gelernt hatte, lief sie mir in einem Züricher Kaufhaus über den Weg. Ehrlich gesagt, ich habe sie nicht erkannt. Sie ist mir nachgelaufen und hat mich mit einem strahlenden »Grüezi« eingeholt. Sie war nicht mehr blond-ergraut, rundlich, unsicher, langhaarig mit künstlichen Locken, nein, vor mir stand eine attraktive Frau, eine topmodische Lady mit ansteckendem Lächeln, grazilen Bewegungen, die Wert auf ihr Äußeres legt. Ihr neuer, braunroter Bubikopf, ihr dezent geschminktes Gesicht und ihre fast königliche Haltung signalisierten ihr neues Bewusstsein. Ihr Erscheinungsbild war völlig verändert und sie hat sich in der neuen Rolle sichtlich wohl gefühlt.

Ich konnte es nicht fassen, mit welcher Hingabe sich diese »graue Maus« verändert hat. Aber es sprudelte einfach aus ihr heraus, dass sie damals den richtigen Anstoß durch mein Seminar bekommen hat. Ich war überwältigt, wie ernst sie zwischenzeitlich hat an sich gearbeitet hat. Ich konnte mich sogar noch sehr gut an ihren Wunsch erinnern. Optisch hat sie es wirklich geschafft. Nur, was war mit ihrem Traumhaus?

Damals habe ich gedacht, als Angestellte könnte

sie sich das nie leisten. Im Lotto zu gewinnen, dazu war die Chance zu gering, und sich einen reichen Mann zu angeln, das wäre in ihrem Fall fast unmöglich. Schließlich müsste derjenige, der so ein Haus besitzt und zu ihr vom Alter her passen würde, über 50 Jahre alt sein. Und wenn so ein Mann alleine ist, hat er zumindest eine junge Frau zur Seite (oder mehrere junge Geliebte).

Hat eine 50-Jährige überhaupt noch Chancen, den richtigen Mann zu treffen und sich sogar zu verlieben? Die Chance gibt es immer! Man muss sie nur wahrnehmen. Sie wurde sich ihrer Wirkung bewusst. Die Chance kam erst in der zweiten Hälfte ihres Lebens, aber sie hat entdeckt, welches Potenzial in ihr steckt, und das hat sie durch ihr neues Inneres und durch ihre äußere Darstellung geschafft.

Sie erzählte mir, dass sie sich im Zugrestaurant zu einem Mann gesetzt hat, obwohl noch viele andere Plätze frei waren, und sie hat ein Gespräch begonnen. Und es stellte sich heraus, dass dieser Mann, zehn Jahre älter als sie, ein Sommerdomizil in Nizza besitzt und sie dort seit einem Jahr gemeinsam alle Feiertage und Ferien verbringen. Sie ist in Südfrankreich gelandet. Ob nun in Nizza oder in St. Tropéz – das kommt aufs Gleiche raus. Heute sind es drei Jahre her, dass ich die Einladung zu ihrer Hochzeit erhalten habe, zu der ich leider nicht kommen konnte, da ich zu diesem Zeitpunkt selbst mit meiner Familie im Urlaub war.

Viele Frauen schränken ihre Weiblichkeit unter anderem durch Kleidung ein. Für mich ist eine Frau gut angezogen, wenn sie sich in ihrem Wesen entsprechend wohl fühlt. Sie soll nicht als Modepüppchen auftreten, sondern mit der Mode spielen. Die Mode liefert die Karten, die ständig neu gemischt werden. Gut angezogen sind Frauen dann, wenn ihre Kleidung die vorhandene Stärke hervorhebt und die schwachen Stellen raffiniert vertuscht. So kann auch die Mollige »eine gute Figur« machen, wenn sie die richtige Kleidung anhat. Sie soll darauf achten, dass sie weiche und fließende Materialien trägt. Am besten sind Kleider in einer geraden Form, überspielt durch Jacke oder Kasak, das immer offen bleibt. Die Bluse sollte über Hose oder Rock hängen, mit seitlichen Schlitzen ausgestattet, gerade und etwas weiter geschnitten. Sie dürfen dazu auch eine offene Weste tragen, die kürzer sein kann als Ihre Bluse. Wenn Sie einen Zweiteiler kaufen mit einem langen Rock und ein Oberteil in T-Shirt-Form, achten Sie darauf, dass der Rock nicht zu lang ist, sondern immer mindestens 15 Zentimeter über den Knöcheln endet. Sonst wirkt man wie ein Kartoffelsack. Am besten ist, wenn Ihr Oberteil ein feines kleines Muster hat und der Rock Ton in Ton in Unifarbe ist. Denken Sie an diese Regel: Was gerade, weit und länger geschnitten ist, macht eine schmale Silhouette. Und wenn Sie schon ein Dekolletee wagen, dann in einer tieferen V-Form. Das verlängert optisch Ihren Oberkörper. Glockig geschnittene Paletots und Capes sollten nur Frauen ab einer Größe von 1,70 Meter tragen.

....

Vergessen Sie nicht: Hell hebt vor, dunkel lässt zurücktreten. Noch ein weiterer Tipp: Sie wirken optisch immer schmaler, wenn Ihre Schulterpartie zwei bis drei Zentimeter breiter ist als Ihre Hüfte. Das können Sie bei einer Ganzkörperbetrachtung vor dem Spiegel sofort sehen. Sind ihre Schultern frontal gesehen schmaler als ihre Hüfte, wirkt auch eine schlanke Frau ziemlich rundlich und unförmig. Da helfen kleine Polster, die nicht zu breit sind, sondern nur zu einer klaren, geraden Linie verhelfen sollen. Auch lange Schals aus leichten Materialien sowie lange Perlenketten unterstützen diese Wirkung.

....

Die Stilsünde wäre eine Hose oder Rock mit Bundfalten, breite Gürtel in der Taille, enge Jeans mit einem dicken Pulli oder T-Shirt – in die Hose gesteckt. Sie lachen, weil Sie es auch unmöglich finden? Aber es gibt genug Frauen, die auch bei Größe 44 solche Fehler machen. Auf keinen Fall groß gemusterte Stoffe, Leggins, Stretchkleidung und einen zu breiten Halsschmuck tragen.

Bei der heutigen Modeauswahl dürfte es für uns alle kein Problem mehr sein, die richtigen Modestücke zu wählen. Wichtig ist, dass Sie genau überlegen, welche Kleidung Sie brauchen und in welcher Sie sich wirklich wohl fühlen. Wenn Sie nur eine Bluse oder eine Jacke benötigen, wissen Sie sicherlich, wo Sie diese am besten bekommen. Wenn Sie aber etwas Zusammenhängendes suchen, also eine völlig neue Garderobe, dann ist eine Art »Minimarathon« sinnvoll. Dazu gehen Sie in mehrere Geschäfte, um sich eine Übersicht und einen Eindruck zu verschaffen. Probieren Sie alles an, und was Ihnen gefällt, lassen Sie sich reservieren. Am besten ist der Samstag, dann haben Sie das ganze Wochenende zum Nachdenken, was am besten zusammenpasst, was Sie gut kombinieren können. Gehen Sie danach nur dorthin, wo Sie glauben, dass es das Beste für Sie gibt. Den Rest stornieren Sie per Telefon.

Wenig überraschend dürfte das Ergebnis einer Untersuchung sein, nach der nur 20 Prozent der Kleidung in einem Kleiderschrank benutzt beziehungsweise getragen wird. Welche Frau kennt das nicht? Kaufen Sie darum das, was Sie auch gern tragen möchten. Lieber weniger im Schrank, mit zeitlosen Schnitten und guter Qualität, als zu viel, was uns nur Platz nimmt. Den Spruch »Ich habe nichts zum Anziehen« kennen wir alle. Die Kreativität der Gestaltung und Ausstattung ihrer Garderobe fehlt einigen Frauen. Deshalb fangen Sie an, sich ernsthaft über eine sinnvolle Grundgarderobe Gedanken zu machen, womit Sie Ihren Kleiderschrank ergänzen oder erneuern. Alles andere geben Sie in einen Secondhandshop, in die Altkleidersammlung oder verkaufen es auf den Flohmarkt.

Zu empfehlen sind zumindest zwei Kostüme oder zwei Zweiteiler und ein Hosenanzug, eventuell ein Sakko – also solche Kleidungsstücke, die Sie beliebig kombinieren können. Am besten eignen sich als Basis Schwarz, Beige, Grau oder Dunkelblau. Dazu drei Blusen, eine in Weiß, zwei T-Shirts aus feiner Baumwolle oder Stretchmaterial, ein Spitzenbody (unterm Blazer zu tragen), zwei Westen, eine davon im Brokatstil, mindestens zwei Schals aus Chiffon oder Polyester, die Sie unter dem Blazer auch als Bluse mit Schalkragen drapieren können. Mindestens zwei Pullis gehören zu dieser Grundausstattung, die Sie zu jeder Hose oder zu jedem Rock tragen können, und dazu nicht nur bequeme Schuhe, sondern auch elegante mit Absatz. Ein Paar Pumps sind ein Muss! Das sieht nicht nur feminin und elegant, sondern auch sexy aus.

Apropos Rock – viele Frauen hassen Röcke. »Meine Knie, die Waden, es ist unbequem«, das sind die typischen Plagen der Frauen. Aber wozu sind Sie eigentlich Frau? Um ständig nur Hosen zu tragen und wie ein Mann auszusehen? Bitte tragen Sie doch auch mal einen Rock! Wenn Sie einen kurzen Rock nicht mögen, dann einen längeren mit einem Seitenschlitz oder im Sommer einen langen plissierten, vielleicht auch transparenten Rock, mit einem leichten lässigen Pulli oder einer weichen bequeme

Bluse. So ist eine Frau gekleidet. Das unterscheidet uns von Männern. *Wir* haben Röcke, Schuhe mit Absatz, Strümpfe, einen BH aus Spitze oder einen Body und die Männer ihren Bart, ihre Hosen und oftmals auch ihre Hosenträger usw.

Vertreten Sie Ihre Weiblichkeit immer wieder aufs Neue, seien Sie nicht bequem! Sie werden sehen, es kommt an, nicht nur beim anderen Geschlecht, sondern auch bei Ihnen selbst. Sie können mit nur kleinem Aufwand große Wirkung erzielen.

Noch etwas über Ihre Rocklänge. Entscheidend sind Ihre Beinform und Ihr Alter. Jede Rocklänge ist erlaubt und hat etwas für sich. Sie tragen bitte die Rocklänge, die zu Ihren Beinen am besten passt. Sogar als 50-Jährige dürfen Sie noch einen kniefreien Rock tragen, wenn Ihre Beine schlank sind. Eine 30-Jährige mit stämmigen Beinen macht eine bessere Figur in einem geschlitzten, längeren, engen Rock als eine 20-Jährige mit schlanken X-Beinen in einem superknappen Minirock.

Ihre Fingernägel sollten nicht wie Krallen aussehen, da sie verraten, dass Sie nur mit sich selbst beschäftigt sind. Auch kurz geschnittene, mit durchsichtigem Nagellack lackierte Fingernägel, stets gepflegt und gefeilt, zeugen von Ihrer gepflegten Erscheinung. Übrigens – ob Sie wirklich eine gepflegte Frau sind, das verraten Ihre gepflegten beziehungsweise ungepflegten Füße. Man sieht sie außer im Sommer kaum, aber wenn Sie kein Verhältnis zu Ihren Füßen haben, dann haben Sie es auch nicht zum Rest des Körpers. Und viele Männer achten bei einer Frau sehr darauf, wie gepflegt ihre Füße sind. So wie wir bei den Männern erst die Hände und dann die Sauberkeit der Schuhe betrachten.

Weder Ihr Mode- noch Ihr echter Schmuck soll die Kleidung übertönen. Eine Frau, die zu viele Ringe, Armreifen und Halsketten auf sich lädt oder Designernamen quer über die Brust trägt, signalisiert Mangel an Selbstbewusstsein nach dem Motto: »Ich hab's nötig aufzufallen.« Eine Lady, jung oder alt, hat höchstens zwei bis drei auffällige Schmuckstücke am Körper – entweder große Ohrringe und breite Armreifen oder eine auffällige Kette und maximal zwei Ringe. Im anderen Fall sehen Sie aus wie eine mobile Bijouterie oder ein wandelnder Juwelierladen. Unausrottbar scheint auch zu sein, dass sich manche Frauen anlässlich großer Feste und Bälle alles umhängen, was die Schmuckschatullen hergeben. Ist nun das Abendkleid noch mit Perlen bestückt oder gar aus durchwirktem Brokat, kann das Weihnachtsfest beginnen. Der Baum ist geschmückt.

Wichtig ist, dass Sie zu jeder Zeit und zu jede Gelegenheit eine gute »Figur« machen. Gott und die Natur waren schon zu uns gerecht und haben uns alle mit guten und schlechten Merkmalen beschert. Wenn Sie schöne Beine haben, dann sind Sie geradezu verpflichtet, sie zu zeigen. Dafür dürfen Sie die Oberweite dezent zurückstellen, wenn es nicht mehr so ist wie in jungen Jahren. Umgekehrt ist es sinnvoller, oben zu zeigen, was Sie haben. Auch hier sollten Sie nach einem ganz einfachen Motto vorgehen, indem Sie sich selbstkritisch, aber keinesfalls alles verneinend, vor einem Spiegel die Frage stellen: »Was ist schön an mir, was kann ich zeigen?« Und glauben Sie mir, meine Damen, auch die Topmodels, die doch scheinbar so perfekt sind, haben ihre Zweifel an sich selbst. Doch jede Frau hat etwas Schönes, was sie herausstellen kann, sei es eine schmale Hüfte, eine sehr enge Taille, ausdrucksvolle Augen, ein schön geschnittenes Gesicht usw.

Übrigens: Haben Sie Mut zu Farben! Aber Vorsicht, ein pinkfarbenes oder giftgrünes Kostüm kann leicht zu dramatisch oder aufdringlich wirken. Deshalb kombinieren Sie zum Beispiel die Jacke mit einem anderen Rock, der eine neutrale Farbe hat beziehungsweise schwarz oder weiß ist. Und falls Sie nicht auf Ihre Lieblingsfarben wie Schwarz oder Grau verzichten wollen, dann frischen Sie Ihr gesamtes Bild zum Beispiel mit einem pastellfarbenen Schal, einem Tuch, einer raffinierten Bluse oder Weste auf. Die Vorliebe für neutrale Farben wird sich sowieso später in fortgeschrittenem Alter ändern. Da werden wir alle automatisch auf fröhliche Töne umsteigen. Eines steht fest: Ein bisschen Farbe frischt stets Ihren persönlichen Ausdruck auf, wirkt fröhlich, dynamisch und jugendlich. In immer gleichen Farben herumzuspazieren ist auf die Dauer einfallslos und langweilig. So können Sie sich nicht von der Masse abheben.

Ich bin sicher, dass Sie auch genug Selbstkritik und Geschmack haben, um nicht nur mit der Kleidung, sondern auch mit Ihrem Make-up Ihre Persönlichkeit unterstreichen zu können. Hier gilt eine stahlharte Regel: Weniger ist mehr! Inspiriert durch Frauenzeitschriften und TV können Sie natürlich einiges abschauen oder kopieren. Bedenken Sie aber, dass alle abgebildeten Models oder Filmstars stundenlang von Profis »zurechtgerückt« werden bis die ersten Probebilder geschossen werden. Erst dann ist das das gewünschte »Endprodukt« des Visagisten und Stylisten kameratauglich. Hunderte Bilder werden verknipst, um das Beste daraus herauszukitzeln. Erst dann wird entschieden, welches Bild das Licht der Öffentlichkeit genießen darf. Wir aus dem »normalen Leben« vergleichen und studieren die Trends unserer makellos und perfekt geschminkten Favoritinnen. Ja, und wenn wir ehrlich sind, müssen wir zugeben, dass das an uns nicht spurlos vorübergeht. Wir Frauen schauen und kaufen immer gern. Genau wie Männer ihre Sportsendungen gucken usw.

Vor einiger Zeit gab es Uncharmantes in der Presse. Da hatte doch jemand tatsächlich die Topmodels und Stars unserer Zeit ohne Schminke und in Lotterkleidung abgebildet – daneben ihr Profi-Konterfei; und das auch noch in einer der auflagenstärksten Zeitungen. Das war wohl mehr als ernüchternd, es war desillusionierend, denn da waren keine Stars zu sehen, sondern schlicht graue Mäuse. Nun, das kann man positiv oder negativ sehen. In jedem Fall kommt man schmunzelnd zu dem Schluss, dass wir eben alle doch nur ganz normale Menschen sind. Und zu Ihrer Beruhigung kann ich jeder Leserin versichern, dass auch Sie, wenn die Möglichkeit bestünde, sich für fünf bis zehn Stunden in die Hände der Experten zu begeben und sich unter perfekter Beleuchtung und mithilfe des professionellen Instinkts eines Fotografen zu präsentieren, auch für die Titelseite eines Modemagazins reif wären. Leider wäre dieses Kunstwerk für den Tagesbedarf untauglich, weil Sie sich und anderen durch das dick aufgetragene Make-up außerhalb des Studios wie ein Gespenst, wie eine fremdartig präparierte Maske, vorkommen würden.

Und im Übrigen wissen wir alle, dass gut aussehende Menschen sehr häufig gar nicht fotogen sind. Dagegen kommen manchmal bei wenig attraktiven Menschen Bilder und Fotos zustande, die sehr schmeichelhaft und schön anzusehen sind.

🦉 *Was ist überhaupt Schönheit? Hier möchte ich Karl Lagerfeld zitieren: »Schönheit muss zeitentsprechend, altersentsprechend, eigentlich allem entsprechend sein. Regeln gibt es ja in unserem Leben nicht. Es gibt nur das Richtige im richtigen Moment. Was plötzlich gefällt, braucht nicht der klassischen Schönheit zu entsprechen, hat aber den Charme des Moments. Man sieht plötzlich etwas, was man früher nicht gesehen hätte. Schönheit ist Geschmacksache und Zeitgeschmack. Es gibt ein Schönheitsideal, aber keiner weiß, wie es aussieht.«*

Welche Frau will nicht gut aussehen? Doch jede Frau ist eitel, und das beruhigt, denn so etwas verbindet uns Frauen doch auch. Den Verdacht, dass wir nur uns oder den Männern gefallen wollen, muss ich doch korrigieren. Wir wollen auch Frauen gefallen, oder ehrlich gesagt, wir wollen Sie übertrumpfen. Auf jeden Fall macht es sympathisch-mobil. Der positive Effekt dieses Konkurrenzdenkens nämlich ist, dass Sie immer auf dem Sprung und dadurch auf dem neuesten Stand sind, und so räumen Sie Ihre Rivalinnen aus dem Feld und erhalten Anerkennung von anderen. Wer von Ihnen dieses Spiel ignoriert, hat sich aufgegeben und glaubt, nicht mehr mithalten zu können!

Ich muss gestehen, dass ich mich seit über 25 Jahren mit Schminktechniken beschäftige. Unzählige Male saß ich voller Neugier als Modell bei verschiedenen internationalen Visagisten, ob es Fotoaufnahmen für Mode oder Aufnahmen für Kosmetik waren. Doch keiner hat mich so gut geschminkt wie ich mich selbst. Jedes Mal habe ich selbst Hand angelegt, die Arbeit des Meisters sozusagen korrigiert, um den letzten optischen Kick einzubringen. Natürlich habe ich später zahlreiche Visagistenkurse belegt, um mich zu vergewissern, dass ich mit meinen Kenntnissen richtig liege. Das Gespür für die Gestaltung des Make-ups bei einer Frau verdanke ich meinem frühzeitigen Interesse an den schönen Dingen, den unzähligen Anwendungen an mehr als tausend verschiedenen Frauen und dem unermüdlichen Wunsch, ein optimales Gesichtsbild für jeden Frauentyp zu schaffen. Ehrlich gesagt, das Schminken ist mein größtes Hobby, und wenn ich meine »Opfer« danach strahlend und begeistert vor dem Spiegel sehe, ist das für mich eine schöne Bestätigung.

Das perfekte Make-up

Im täglichen Leben haben wir keine Chance, uns dieser so aufwändigen und zeitraubenden Tortur zu unterziehen. Deshalb nur ein paar Schminktipps, wie Sie es selbst bewältigen können – mit Ihrer eigenen Hand, dem Willen und der Übung. Das sollte mit der Zeit zu einer Routine und Selbstverständlichkeit für Sie werden.

Ich gehe davon aus, dass Sie keine routinierte Expertin auf dem Gebiet Schminken sind, sondern eher eine Frau mit normalen Kenntnissen, vielleicht sogar eine Anfängerin. Und deshalb empfehle ich Ihnen zumindest die Grundausstattung, die Sie haben müssen oder sich anschaffen sollten, um Ihr Make-up wirkungsvoll, einfach und schnell aufzulegen und zum Ausdruck zu bringen.

Dazu brauchen Sie das richtige Arbeitsmaterial,

Ihr Handwerkszeug, und dazu gehört: Puderpinsel, Rougepinsel und Schminkschwämme. Wichtig sind auch der Lidschattenpinsel beziehungsweise Lidschattenapplikator, bei denen Sie auch auf die feste Struktur achten sollen. Wenn diese zu weich sind, werden Sie sich beim Auftragen des Lidschattens sehr schwer tun.

Die Wahl der Produkte wird für Sie nicht einfach. Lassen Sie sich beim ersten Mal von einer ausgebildeten Visagistin in einem Fachgeschäft kostenlos und fachlich beraten. Ob Sie jetzt ein rundliches, viereckiges, dreieckiges oder ovales Gesicht haben, ist im Augenblick nicht so wichtig. Entscheidend ist, dass Sie etwas für Ihre Schönheit tun und das mit Freude beginnen. Seien Sie zuversichtlich, auch Sie bekommen das hin. Übung macht den Meister.

Wählen Sie bitte einen gut ausgeleuchteten Raum. Im Sitzen ist das Schminken natürlich immer leichter, da Sie auf diese Weise eine ruhigere Hand haben. Vorausgesetzt, Ihr Gesicht ist schon mit der Tagescreme versorgt, tragen Sie zuerst das **Make-up** auf. Ich empfehle Ihnen flüssiges Make-up, das sich für jeden Hauttyp eignet, oder Kompakt-Make-up für alle, die perfekt abdecken müssen. Das Creme-Make-up ist durch die pflegende Wirkung eher für trockene Haut geeignet.

Natürlich können Sie das Make-up mit den Fingern auftragen, am besten von der Stirn zum Kinnpartie, aber besser und optisch effektvoller ist es, wenn Sie es mit einem feuchten Schwamm auftupfen und sanft verklopfen – so verbindet sich das Make-up perfekt mit der Haut.

Die Übergänge vom Gesicht zum Hals sollten perfekt verwischt sein. Wenn Sie mit dem Farbton beim

Kauf unsicher sind, nicht auf dem Handrücken ausprobieren, sondern im ungeschminkten Gesicht bei Tageslicht. Leihen Sie sich einen Spiegel und gehen Sie ganz frech vor die Tür. Der Ton darf nicht zu stark von Ihrer Hauptfarbe abweichen. Wenn Sie eine sehr braune Haut haben, verwenden Sie eine getönte Tagescreme. Es sieht sportlich und natürlich aus. Jede Grundierung schützt Ihre Haut, macht Ihren Teint ebenmäßig und ist die Basis für ein gut geschminktes Gesicht.

Für den nächsten Schritt brauchen Sie einen **Aufheller**. Sie können einen Abdeckstift, Aufhellcreme oder einen breiten Drehstift wählen, der einen Farbton heller ist als Ihre Grundierung. Er bewirkt fast Wunder und lässt Ihre Augenringe, Unreinheiten, Unebenheiten, Hautrötungen durch Auftupfen verschwinden. Darauf dürfen Sie auf keinen Fall verzichten – genauso wenig wie auf **Puder**, der Ihnen zu einem perfekten Aussehen verhilft, denn Hautfett wirkt zwar regulierend, erhöht aber das Glänzen. Die Ansichten, dass Puder die Haut vertrocknen lässt oder einen künstlichen Eindruck hinterlässt, sind längst durch die enormen Fortschritte der Kosmetikindustrie überholt. Puder ist das Finish auf der Haut und sorgt für längere Haltbarkeit. Wichtig ist: Puder und Grundierung sollten exakt den gleichen Ton haben. Denn ein farbloser Puder bei einem dunkleren Teint verwandelt Ihr Gesicht in eine leblose Maske. Sie können Puder mit dem Pinsel, einem Wattepad oder einem feuchten Schwämmchen auftragen. Bevor Sie ihn auftragen, klopfen Sie zuerst den bestäubten Pinsel auf einem Papier oder dem Handrücken ab. Erst dann dürfen Sie ihn von oben nach unten fixieren. Doch die beste Methode ist immer noch ein feuchter Schwamm. Streuen Sie den Puder auf ein ausgebreitetes Tuch und tragen Sie ihn danach durch Druckbewegungen auf die Haut auf. Dann sollte schnell und ständig nachgetupft werden, damit sich der Puder vollständig mit dem Make-up verbindet.

Mit **Wangenrouge** setzen Sie dann Akzente und zaubern Frische in Ihr Gesicht. Die Farbe soll nicht zu auffällig sein, sonst sehen Sie aus wie ein Clown. Rouge sieht besonders natürlich aus, wenn Sie es nach dem Auftragen nochmals leicht überpudern.

Ich bin sicher, in diesem Moment sehen Sie schon wesentlich besser aus. Es mag sein, dass der ganze Vorgang für Sie auf den ersten Blick zu kompliziert ist. Vertrauen Sie mir, es geht in der ersten Phase nur um das Make-up, Aufheller, Puder und Rouge, wofür Sie nach ein paar Übungen nur zirka drei bis fünf Minuten benötigen werden.

Jetzt bringen Sie noch etwas Farbe in Ihr Gesicht: Nehmen Sie als Erstes die Augenbrauen ins Visier. Für manche Damen wurden diese als Markenzeichen definiert, wie bei Sophia Loren, Marlene Dietrich oder Elizabeth Taylor.

Machen Sie sich richtig Mühe mit Ihren Brauen, denn schöne Brauen öffnen Ihr Gesicht und lassen Ihre Augen strahlen. Unsere Augenbrauen sind wie der Rahmen eines Bildes. Ist das Bild, also die Augen, schön, hat aber eine schlechte Umrahmung, das heißt unordentliche Brauen, ist die Wirkung des Bildes dahin. Also geben Sie sich Mühe mit Nachziehen, Auffüllen, Zupfen oder auch Färben.

Sorgen Sie dafür, dass Ihre Augenbrauen die richtige Form und Betonung bekommen. Die richtige Braue steigt die ersten zwei Drittel ihrer Länge an und fällt nach dem höchsten Punkt wieder um ein Drittel ab. Wenn Sie eine zu gerade Form haben, versuchen Sie mit einem **Brauenstift** auf der oberen

Kante eine Linie zu ziehen. Wenn Ihre Brauen zu dominant oder breit sind, greifen Sie zur Pinzette. Sie werden beim Zupfen keine Schmerzen haben, wenn Sie die Haut zwischen zwei Fingern spannen und die Härchen in Wuchsrichtung rausziehen. Auf jeden Fall sollten Sie die Haare auf der Nasenwurzel entfernen. Die Farbe des Brauenstifts darf eher zu hell als zu dunkel sein, je nach Typ zwischen hellbraun bis hellgrau. Betonen Sie Ihre Brauen durch schwarzen Mascara, wenn Ihr Haar dunkel ist. Falls Ihre Brauen zu dicht sind, vor allem wenn Sie zur Mitte hin verlängert sind, bekommt Ihr Gesicht einen düsteren Ausdruck. Dann bitte zupfen!

Nun zu den Augen: Sie sind der Glanzpunkt im Gesicht. Um die Wirkung zu betonen, sollten Sie immer einen **Lidschatten** auftragen. Aber Vorsicht, die Farben dürfen nicht zu intensiv sein. Wenn Sie kräftige Töne mögen, halten Sie sich dann bei der Betonung der Lippen zurück, sonst wirken sie zu bemalt. Wenn Sie schattieren wollen, gilt die Faustregel: innen hell, außen dunkel – mit fließendem Übergang. Bevor Sie die Farben auftragen, sollte das Lid schon mit der Grundierung abgedeckt sein. Wenn Ihr Auge frei und ohne Überlider ist, tragen Sie dicht unter den Brauen ein weißen oder einen beigen Lidschatten auf.

Ein **Lidstrich** betont die Augen besonders gut. Die Linie muss im Ansatz sehr fein beginnen und nach außen deutlich breiter werden, so wirken schmale Augen optisch größer. Ich empfehle Ihnen einen dunklen Kajalstift, mit dem gelingt der Lidstrich leichter als mit einem flüssigen Eyeliner. Anstelle des Lidstrichs können Sie auch einen dunklen Lidschatten über dem Lid auftragen, was die Form der Augen noch mehr prägt. In diesem Fall kann eine leicht verwischte Kajallinie im unteren Innenlid mit sanftem Übergang zum Unterlid aufgetragen werden. Den Strich aber niemals ganz bis zum inneren Augenwinkel ziehen. Viele Frauen betonen das Unterlid so dramatisch schwarz und breit, dass sie statt frisch und dezent wie – pardon – Teufelinnen aussehen.

Weißer oder hellbeiger Kajal am Innenrand des unteren Augenlides kaschiert Rötungen und lässt die müden Augen erholt aussehen. Auch wenn Sie ein ungeschminktes und natürliches Aussehen bevorzugen, auf **Mascara** (Wimperntusche) sollten Sie nie verzichten.

Der Höhepunkt des Make-ups und die zarte Versuchung einer Frau sind die Lippen. Im Gespräch ist nicht nur der Augenkontakt wichtig, auch der Mund wird betrachtet, der durch die Bewegung der Lippen sogar die Herzen schmelzen lässt. Aber nicht einmal der teuerste **Lippenstift** hat eine Chance, wenn Sie keinen **Konturenstift** verwenden. Bevorzugt sind zuerst die Lippenkanten nachzuziehen. Beginnen Sie bei »V« in der Mitte der Oberlippe und malen Sie von außen rechts oder links zur Mitte zurück. Verwenden Sie bitte einen stets exakt gespitzten Konturenstift. Die Linie wird dadurch perfekt und haltbar. Dann können Sie den Lippenstift auftragen oder durch einen Lippenpinsel ausmalen. Manche Frauen, die trockene Lippen haben, legen die Lippenkonturen erst nach Auftragen des Lippenstifts an. Wählen Sie die Art, mit der Sie am besten zurechtkommen. Um den Lippenton perfekt zu mattieren, legt man auf die fertig geschminkten Lippen kurz ein Zelltuch oder Kleenex auf. Die Farbe ist dann haltbarer.

Wenn Sie schmale Lippen haben, kann der Konturenstift ein bis zwei Nuancen dunkler sein als Ihr Lippenstift. Das Resultat – volle Lippen! Effektvoll sehen die Lippen mit zusätzlichem Lippgloss aus. Sie müssen nicht immer unbedingt einen Lippenstift auftragen, sondern Ihre Lippen mit einem Konturenstift umrandet und mit gleichem Stift ganz ausmalen. Die Lippen sind zwar matt, aber natürlich. Auch hier können Sie ein farbloses Lippgloss verwenden. Wenn Sie keinen bemalten Mund mögen, sollten Sie dennoch auf ordentliche Konturen nicht verzichten. Dann nehmen Sie einfach einen hellbraunen »Augenbrauenstift« und füllen die Lippen mit Gloss auf. Es ist die schnelle, perfekte Lösung für »zwischendurch«.

Hin und wieder sind dunkle, braune Konturen zum roten Mund im Trend. Vorsicht – die Lippen wirken schmaler! Ein alter, aber stets wirksamer Tipp zum Schluss: Spröde Lippen mit Honig betupfen, kurz abwarten und dann Lippenstift auftragen.

Jetzt habe ich Ihnen so viele »Arbeitsgänge« geschildert und es liegt nun an Ihnen, ob Sie sich das nun antun und mit so viel Aufwand Ihr Gesicht »bemalen« wollen. Aber es geht hier wahrlich nicht um »Bemalen«. Nicht unter dem Motto »Es lebe eine Indianerin«, sondern allein nach Ihrem Geschmack sollten Sie die Tipps und Hinweise anwenden, ob dezent, natürlich oder als Vamp. Da gibt es keine Grenzen. Tun Sie es nur in Ihrem Sinne! Doch Vorsicht: Ein knalliger Lippenstift in »nacktem Gesicht« ist genauso schlimm wie eine dicke Schicht Farbe, die sich womöglich am Hals als Farbgrenze absetzt. Ihr Aussehen sollte mit einem kompletten Make-up harmonieren. Eine Grundierung, Abdeckstift, Puder, Mascara, Lidschatten, Kajal und Lippenstift bewirken mit ein bisschen Übung wahre Wunder. Und das sollen Sie sich antun.

🦉 Auch wenn jede Ihrer Minuten kostbar ist, widmen Sie Ihrem Gesicht am Morgen zehn Minuten Zeit. Ihr gutes Aussehen ist kein Zufall, genauso wenig wie Erfolg von Zufall abhängig ist.

Mit der Hautpflege werde ich Sie jetzt nicht mehr als nötig beanspruchen, weil ich davon ausgehe, dass Sie genügend Kenntnisse darüber haben, wie wichtig die tägliche Pflege nicht nur für Ihr Gesicht, sondern für den ganzen Körper ist. Es muss für Sie selbstverständlich sein darauf zu achten, dass Ihre Haut täglich die richtige Pflege bekommt. Es ist auch die Voraussetzung für das perfekte Make-up. Ihre Haut wird Ihnen für die kleinen oder großen Aufmerksamkeiten sehr dankbar sein.

Unser Gesicht, Hals und die Hände sind ein Leben lang jedem Wetter, wechselnden Temperaturen und Umweltbedingungen ausgesetzt. Wer sich heute noch immer ungeschützt den schädlichen UVA-Strahlen ausliefert, ist der beste Kandidat, eine schnell alternde Lederhaut oder gar Hautkrebs zu bekommen. Das gilt für Sonnenstudios ebenso wie für das Sonnenbad. Außerdem macht ein braunes Gesicht eine Frau ziemlich alt und deshalb wird schon seit Jahren – mit Recht – mehr ein heller Teint propagiert. Und wenn Sie doch auf Ihre Bräune nicht verzichten wollen, dann greifen Sie lieber zu einem Selbstbräuner.

Wenn Sie Ihrer Haut etwas Gutes tun wollen, trinken Sie viel Wasser, das polstert die Haut von innen auf. Wer wenig Flüssigkeit zu sich nimmt, sieht im fortgeschrittenen Alter wie eine ausgetrocknete Zitrone aus.

Ein schneller Schönmacher und eine Hilfe bei trockener Haut ist eine **Honig-Ei-Maske**, die Sie selbst zubereiten können. Sie brauchen ein Ei, einen Esslöffel Mandelöl, einen Teelöffel Hautcreme und einen Esslöffel Bienenhonig. Das Ei trennen und in das Eigelb tropfenweise das Mandelöl einrühren, die Hautcreme und den Honig zufügen, das locker aufgeschlagene Eiweiß darunter heben. Mit einem breiten Pinsel auf Hals und Dekolletee verteilen, 30 Minuten wirken lassen und mit warmem Wasser abwaschen.

Als Alleskönner für jeden Hauttyp gilt die **Mandel-Zitronen-Maske**. Sie brauchen zwei Esslöffel Mandelöl, ein Eigelb, einen Teelöffel Hautcreme und einen Teelöffel Zitronensaft. Mandelöl ins Eigelb rühren, Hautcreme und Zitronensaft dazugeben. Auf Gesicht, Hals und Dekolletee verteilen und 20 Minuten einwirken lassen. Mit viel Wasser abwaschen.

Der Muntermacher für jede Haut ist **Mandelpaste**. 50 Gramm geschälte Mandeln fein mahlen und mit etwas Wasser zu einem Brei verkneten. Mit 10 Gramm Hafermehl und 10 Gramm Orangenschalenaroma mischen, ein bis zwei Teelöffel Milch dazugeben – es soll eine weiche Paste entstehen. Das Gesicht mit dieser Mixtur sanft massieren, kurz einwirken lassen und abwaschen. Diese Mischung durchblutet die Haut, strafft und macht sie weich.

Ihre sensible Haut wird durch eine **Bananenpaste** beruhigt. Das Viertel einer Banane zerdrücken und mit etwas Zitronensaft, einem Teelöffel Allzweckcreme und zwei Teelöffeln Mandelöl zu einer Paste verrühren. Die Vitamine in der Banane und das reichhaltige Mandelöl sorgen dafür, dass trockene und gereizte Haut geschmeidig wird.

Das **Meersalz-Körperpeeling** ist ein Mix, der die Haut samtweich macht: Zwei Hand voll grobes Meersalz mit einem Esslöffel Olivenöl und dem Saft einer halben Zitrone vermengen. Damit den Körper kräftig abrubbeln und kräftig abduschen, sodass abgestorbene überschüssige Hautreste entfernt werden.

Die **Rizinus-Quark-Kurpackung** ist ein Patentrezept gegen Haarspliss. Mischen sie zwei Esslöffel Rizinusöl (in der Apotheke erhältlich) mit fünf Esslöffeln Quark, den Sie vorher gut abtropfen lassen. Diese Masse auf das trockene Haar geben, bis in die Haarspitzen einmassieren. Plastikfolie und ein warmes Handtuch um den Kopf hüllen, 30 Minuten einwirken lassen, danach ausspülen.

Sie sehen, auch in der Küche finden Sie alle Zutaten, die Ihre Haut und Ihre Haare verschönern.

Vielleicht schwebt Ihnen jetzt im Kopf herum: »Das kann ich nicht« oder »Das schaffe ich nicht«. Aber Sie haben doch dieses Buch erworben, um Tipps und Hinweise zu bekommen, wie Sie aus sich eine begehrenswerte Frau machen können. Nur, das Schminken allein wird Ihnen sicherlich nicht dazu verhelfen. Aber es ist ein Teil Ihrer Schönheit, der genauso wichtig ist wie Ihre Gedanken und die Einstellung zu sich selbst. Auch Begriffe wie »aber«, »vielleicht«, »geht nicht« sollten Sie in diesem Zusammenhang aus Ihrem Wortschatz verbannen. Sie verhindern alle Ihre guten Vorsätze und Versuche. Ersetzen Sie diese doch durch »Ich will«, »Ich kann«, »Ich möchte« – und Ihr Körper und Ihre Seele werden auf Sie hören. Glauben Sie fest daran, dass gerade Sie einen gewaltigen Vorrat an verschiedenen Begabungen besitzen. In manchem sind Sie sogar eine Meisterin geworden, warum sollten Sie in einer neuen Sache Schülerin bleiben, die sich zwar durch ihren Fleiß auf den gewünschten Platz einer Lebenskünstlerin freut, aber ihn nicht einnimmt? Glauben Sie an sich und handeln Sie! Wir Frauen sind doch alle irgendwie Lebenskünstler – und oft genug sogar Überlebungskünstler! Also liegen Sie doch richtig, wenn Sie Ihre innere Stärke durch Ihre gepflegte, vielleicht bemalte, supermodische, dezente oder natürliche Erscheinung zum Ausdruck bringen. Das haben Sie doch verdient! Oder laufen Sie lieber als graue Maus durch die Kanäle des Lebens, damit Sie den Menschen wegen Ihrer unglücklichen, bescheidenen Art nicht ins Gesicht schauen müssen? Ganz bestimmt nicht. Gehen Sie aus sich heraus, zeigen Sie, was in Ihnen steckt. Wenn Sie keinen Applaus bekommen, ist das auch okay. Erwarten Sie nicht gleich alles von anderen, dann ist die Enttäuschung auch nicht so groß. Durch Ihre neue Einstellung werden Sie sowieso auffallen und vielleicht auch neidische Blicke auf sich ziehen. Und das ist gut. Dann sind Sie »in«, gefragt und immer im Gespräch. Und wenn niemand an Ihnen Interesse hat, dann hoffe ich, dass Sie als Frau genug Selbstbewusstsein und Sicherheit besitzen, um trotz alledem Ihr Leben richtig zu genießen.

Haben Sie aufgehört, gut zu sein, dann haben Sie aufgehört, besser zu werden. Heute ist sicher noch eine Steigerung möglich.

....

Legen Sie also los! Beginnen Sie heute! Morgen ist nie. Beginnen Sie, und wenn es nur einfache, kleine Schritte sind. Verschaffen Sie sich selbst einige Glücksmomente, kleine Erfolgserlebnisse. Und noch eines: Lassen Sie sich nicht durch einzelne Misserfolge demotivieren. Sie sind nicht auf der Welt, um allen Menschen gefallen zu müssen. Um Erfolg wird man Sie immer beneiden. Den »für Sie richtigen Weg« wollen Ihnen andere stets vorschreiben und sie werden nicht müde,

Ratschläge zu geben. Aber Ratschläge sind auch Schläge! Werden Sie nach Ihrer eigenen Fasson glücklich. Und Glück, das ist kein Allgemeinplatz, sondern etwas, was jede von uns anders definiert, beurteilt und darum individuell anstrebt. Wir beziehen Glück immer auf uns selbst.

Werden Sie so, wie Sie es sich wünschen – nicht wie andere es wollen.

Bleiben Sie fit und gesund

Angenommen, Sie haben sich wirklich fest entschlossen, Ihr Leben umzukrempeln und Ihre Lebensqualität zu verbessern. Mit Enthusiasmus legen Sie mehr Wert auf Ihr Äußeres, Sie schmieden Ihre Pläne mit den besten Vorsätzen und plötzlich werden Sie müde, kraftlos, ausgelaugt, schlapp, träge, traurig, nervös, nehmen zu, haben keine Lust auf Sex, schlafen schlecht, Ihre Haut ist matt, die Fingernägel brechen, die Haare sind spröde – Ihr Zustand ist einfach jämmerlich.

Und so schleicht sich entweder eine Krankheit an Sie heran, weil Sie sich einfach übernommen haben, oder Sie haben ein Alter erreicht, in dem auch Ihre Hormone »zu spinnen anfangen«, das heißt, Sie kommen langsam in das gefürchtete Klimakterium. Vielleicht haben Sie sich bis dato keine Gedanken darüber gemacht, was Sie eigentlich Ihrem Körper antun, möglicherweise mit falscher Ernährung und mangelnder Bewegung.

Als Erstes, was Sie sicherlich tun – Sie gehen zum Arzt, um sich einer Behandlung zu unterziehen. Eine Krankheit ist unangenehm, ärgerlich und kommt immer ungelegen – wir haben einfach keine Zeit zum Kranksein. Ein Grund mehr, weshalb ich über dieses Thema schreibe, denn die meisten der genannten Beschwerden können Sie bekämpfen.

Solange wir uns wohl fühlen, brauchen wir uns mit Krankheiten nicht zu beschäftigen. Gesundheit nehmen wir oftmals als etwas Selbstverständliches hin. Wir registrieren sie gar nicht; es ist wie mit der Luft, die wir atmen. Solange sie vorhanden und rein ist, nehmen wir sie nicht wahr. Erst wenn sie schlecht ist oder gar fehlt, dann werden wir aktiv. Und dann schimpfen und fluchen wir gar über die schlechte Luft, und wenn wir krank sind, bejammern und bedauern wir uns. Doch wie viele von Ihnen beherrschen die Kunst, mit dem eigenen Körper so umzugehen, dass Mangelerscheinungen vorgebeugt wird?

Darüber können Sie sehr viel nachlesen, wenn Sie die Zeit haben, aber richtig unterrichtet wird darüber kaum. Am dem Spruch »Du bist, was Du isst« ist viel Wahres dran. Die Art und Weise, in der wir mit unserem Körper umgehen, zeigt uns, wie wir tief in unserem Inneren über uns denken. Wie viele Frauen lassen ihren Haaren oder Fingernägeln mehr Pflege und Achtung zukommen als ihrem Körper und damit sich selbst. Ich erinnere mich mit Schaudern an ehemalige Nachbarn. Sie wuschen mit viel Hingabe ihr Auto zweimal in der Woche, oft brachten sie Politur auf und polierten es. Kein anderes Auto in unserer Straße war so gepflegt. Aber wie sahen die beiden selbst aus? Das Nachlässige, das Schluderhafte lässt sich kaum beschreiben. Als ich beim Bäcker einmal neben dieser wenig gepflegten Frau stand, ergab es sich, dass der Bäcker mir Komplimente über mein Outfit machte. Es lag mir auf der Zunge, laut zu sagen: »Mir ist mein Äußeres mehr wert als das Äußere meines Autos!« Aber ich habe es nicht gesagt. Es war nicht fehlender Mut, sondern eine Art Mitleid und auch Vorsicht, die mir durch den Kopf schossen. Denn ich konnte nicht wissen, in welcher Abhängigkeit diese Frau stand. Hätte ich sie kränken sollen? Welchen Wert hatte sie wohl bei diesem Mann?

Sollten wir uns selbst nicht mehr wert sein? Ja! Sie haben das Beste verdient, also warum gönnen Sie sich das nicht? Wie der Körper das richtige Essen und Trinken braucht, benötigt auch Ihre Seele Nahrung. Welche geistige Nahrung gönnen Sie sich? Sehen Sie sich platte TV-Unterhaltung, Nachrichten über Katastrophen, Kriege, Morde, Trennungen, Wirtschaftskrisen an? »Eigentlich müsste man sich nach jeder Nachrichtensendung erschießen!« – sagte ein gebildeter, weiser Mann einmal resigniert zu mir und führte weiter aus: »Besteht unsere Welt, unser Leben wirklich nur aus dem Elend, das wir dort sehen? Wo bleibt das Schöne, das Künstlerische, wo bleibt die Liebe, wo bleibt das Leben?«

Bilden Sie sich weiter, arbeiten Sie an sich, besuchen Sie Vorträge, suchen Sie das Positive, das Aufbauende, umgeben Sie sich mit Menschen, die Wertvolles zu sagen haben, lassen Sie nur die guten Beispiele Ihr Maßstab sein, wenn Sie selbst nach innerer und äußerer Schönheit streben. Scheuen Sie sich nicht zu sagen: »Ich habe das Beste verdient!« Das ist wahrlich kein Egoismus. Es ist eine Medizin, die Sie sich selbst verordnen, um nicht krank zu werden, um da zu sein, um auch für Ihre Lieben da zu sein. Ist das egoistisch?

Wir alle wissen: Nur in einem gesunden Körper ruht der gesunde Geist. Wie wollen Sie Ihr Vorhaben fortsetzen, wenn Sie Ihren Körper so wenig schätzen und lieben, dass Sie ihn mit minderwertiger Nahrung versorgen oder zu wenig Bewegung zukommen lassen? Schluss damit! Sie sollen Ihr Leben genießen, um in Würde zu altern. Älter werden wir alle, aber wie, das liegt nur an uns. Frauen in Deutschland werden laut Statistik durchschnittlich 75 Jahre alt, Männer sterben einige Jahre früher – übrigens schon ein Grund, einen jüngeren Mann zu nehmen. Spaß beiseite, auch wenn Sie alleine bleiben, wollen Sie doch im hohen Alter noch fit und gesund sein.

Es sollte für Sie ab sofort Pflicht sein, alles einzusetzen, damit Sie weiterhin mit viel Energie und Power durchs Leben gehen. Es erwarten uns noch so viel Freude, Trauer, Erfolg und Enttäuschungen, für die wir auch körperlich stark sein müssen. Das können Sie schaffen, indem Sie mit sich selbst vernünftig umgehen. Damit meine ich richtige Ernährung, Bewegung, geistige Aktivtät und Freude über jeden Tag Ihres Lebens.

Falls Sie sich über Ihr Leben beklagen, Sie haben doch in den meisten Fällen als Hauptdarstellerin dazu beigetragen, wie alles bis jetzt verlaufen ist. Lassen Sie das Vergangenheit sein, trauen Sie sich zu, ernsthaft anzufangen, sich jetzt Gedanken über Ihren körperlichen Zustand zu machen. Warum sind Sie manchmal schlecht gelaunt, schlapp oder müde? Unsere ungesunde Lebensweise führt zu Defekten in unserem Körper. Und der rechnet mit uns irgendwann einmal gnadenlos ab. Bei manchen früher, bei anderen später. Bekommt unser Körper die richtige Nahrung und Bewegung, ist er auch imstande, für unsere Gesundheit, unser Aussehen und Gefühlsleben zu arbeiten. Nur wenn den nahezu 70 Billionen Körperzellen alle Nährstoffe in ausreichender Menge zur Verfügung stehen, fühlt sich die Seele wohl, ist körperliche und geistige Leistung überhaupt möglich. Fehlt nur einer der etwa 40 Stoffe (Vitamine, Spurenelemente und Mineralien) im Blut, äußert sich das im Alltag an der entsprechenden Reaktion. Wir reagieren mit Nervosität, Erschöpfung und Ähnlichem.

Wenn Sie jetzt zwischen 20 und 30 Jahre alt sind, dann schmunzeln Sie sicher darüber, und vielleicht werden Sie sogar dieses Kapitel überblättern. Nun, ab 30 geht es bei uns bergab mit der körperlichen und geistigen Leistung. Keine Angst, wenn Sie gesund leben, können Sie sich noch mit 70 Jahren wie eine 30-Jährige fühlen. Da Sie nicht in Ihren Körper hineinsehen können, ist es ein Muss für alle, mindestens einmal im Jahr die Blutwerte messen zu lassen.

Die Baustoffe für Knochen, Muskeln, Gelenke und Blut sind Eiweiß und Wasser. Wichtig ist, dass Sie sich sich für fettarmes Eiweiß entscheiden, das in Magerjoghurt, Buttermilch, Magermilch sowie in Seelachs, Kabeljau, Putenbrust oder Linsen vorhanden ist. Je mehr Magnesium im Blut ist, desto besser ist die Sauerstoffversorgung der Zellen, für die es zuständig ist – genauso wie für die Nerven und Muskeln, den Aufbau von Zähnen und Knochen. Da wir den Tagesbedarf nie erreichen, empfehle ich Ihnen zusätzlich ein Präparat aus der Apotheke, das mindestens 300 Milligramm Magnesium enthält. Wenn Sie genügend Magnesium haben, schlafen Sie wieder gut und sind nicht mehr »benommen«. Und wer nächtliche Krämpfe hat, kann auf zusätzliche Magnesiumpräparate ohnehin nicht verzichten.

Als typisch weiblich wird Vitamin E bezeichnet, das die Haut jung hält; es beugt der Faltenbildung vor, bleicht Altersflecken, mindert das Herzinfarktrisiko und gilt als Krebsprophilaxe. Verschiedene Studien ergaben, dass mindestens 50 Prozent aller Herzinfarkte mit Vitamin E verhindert hätten werden können. Je höher Ihr Cholesterinspiegel ist, desto mehr Vitamin E sollten Sie zu sich nehmen. Aber auch hier, wie bei allen Empfehlungen dieser Art, gilt der Hinweis: Zu Risiken und Nebenwirkungen fragen Sie Ihren Arzt oder Apotheker.

Der Alleskönner und der König unter den Vitalstoffen ist Vitamin C. Es kurbelt die Fettverbrennung an und somit bleiben wir schlank, es glättet die Falten, fängt freie Radikale, mindert das Herzinfarktrisiko, beugt Krebs vor, stärkt das Immunsystem, senkt einen hohen Blutdruck, schützt die Blutgefäße und behütet viele andere Vitamine vor dem Zerfall. Es kommt allerdings auf die Menge an. Wie die Deutsche Gesellschaft für Ernährung empfiehlt, sollte man 150 Milligramm Vitamin C pro Tag zu sich nehmen. Da lacht Sie jeder Schnupfenvirus aus! Wir brauchen tatsächlich – und darüber sind sich heute die Nahrungsforscher einig – 1000 bis 3000 Milligramm über den Tag verteilt, da Vitamin C alle zwei Stunden aus dem Körper ausgeschieden wird. Das hat schon der zweifache Nobelpreisträger und Vitaminpapst Linus Pauling gepredigt. Warum bekommen Rehe und Hasen weder Herzinfarkt noch Grippe? Weil Tiere Vitamin C selbst produzieren. Schwarze Johannisbeeren, roter Paprika, Kiwi und exotische Früchte sind die besten Lieferanten. Wenn Sie Raucherin, Sportlerin oder Stressgeplagte sind, brauchen Sie fast 60 Prozent mehr. Solche Mengen am Tag können Sie nur durch den Verzehr von enormen Mengen an Zitrusfrüchten erreichen. Ich kann mir nicht vorstellen, dass Sie es schaffen, einen halben Liter Orangensaft, eine ganze Papaja und 250 Gramm Erdbeeren täglich zu essen, um einigermaßen die unterste Grenze des Bedarfs an Vitamin C decken. Es ist in der heutigen Zeit sehr schwer, nachdem Analysen ergeben haben, dass frisches Obst und Gemüse, ob aus dem Supermarkt oder frisch vom Bauern, zirka 50 Prozent der Vitalstoffe eingebüßt haben.

Im Großen und Ganzen war das nur ein Bruchteil der Auswahl an Baustoffen, die unser Körper braucht. Genauso wichtig sind Vitamin D (in Seefisch, Milchprodukten, Pilzen), Vitamin A (in Möhren, Spinat, Tomaten, Paprika), Vitamin B_1 bis B_6 (in Vollkorngetreide, Gemüse, Obst, Fisch, Nüssen, Geflügel) und die sieben Mineralstoffe und Spurenelemente wie Natrium, Kalzium, Kalium etc. Als Lieferanten gelten wieder fast alle oben genannten Produkte.

Dass unsere Figurprobleme meistens mit falscher Ernährung und Mangel an Bewegung zu tun haben, ist uns allen bekannt. Essen Sie in Maßen, legen Sie lieber fünf kleine Mahlzeiten pro Tag ein, als erst am Abend »richtig reinzuhauen«. Denn was Sie am Abend essen, setzt sich meistens auf die Hüfte. Sparen Sie an Fett. Die Studien zeigen: Wer täglich nur zehn Gramm Fett spart (ein Esslöffel Butter), verliert an Hüften und Po 4,7 Kilogramm pro Jahr. Das ist zwar ein relativ langer Zeitraum, aber wenn Sie die Dickmacher noch mehr reduzieren, werden Sie belohnt.

Sie wollen doch vital, frisch und jugendlich aussehen? Es ist so einfach: Ersetzen Sie alle Fette durch Olivenöl, meiden Sie Butter, Sahne und Sonnenblumenmargarine. Essen Sie viel Hülsenfrüchte, Gemüse, frische Früchte und Vollkornprodukte. Ersetzen Sie Fleisch, Wurst und Käse durch Seefisch und Geflügel. Trinken Sie zum Essen ein Gläschen Rotwein, versuchen Sie Ihre Flüssigkeitszufuhr auf mindestens zwei Liter zu erhöhen. Oder Sie schließen einen gesunden Kompromiss: Wenn Sie nur 50 Prozent Lebensmittel zu sich nehmen – Obst, Gemüse, Getreide in seiner rohen Form –, dann können Sie in 50 Prozent der Fälle Kompromisse schließen in Form von Kuchen, Broten, Wein & Co.

Man muss im Grunde genommen gar nicht so aske- tisch leben: Ich zum Beispiel esse sogar sehr viele Nudelarten in jeder Variation, esse gern Kuchen, rauche nach dem Essen sogar eine Zigarette, trinke ein Glas Wein, aber – ich laufe fast jeden Tag. Da- durch verliere ich genug Kalorien, und wenn ich ge- sündigt habe, verzichte ich auf das Abendessen oder esse einfach ein paar Tage nur die Hälfte. Fakt ist, dass ich ausschließlich mit Olivenöl koche und mir noch nie Schokolade gekauft oder gegessen habe. Mein Gewicht ist seit 17 Jahren absolut konstant.

Die schnellste Art, wieder jünger und fit zu werden, ohne jeden Tag das Fitnessstudio besuchen zu müs- sen, ist das Laufen. Diese Sportart ist mir aus mei- ner aktiven Zeit als Leistungssportlerin sehr ver- traut. Am Anfang meiner Sportkarriere war es das Laufen, das mich aus meinem verkümmerten physi- schen Zustand herausgeholt hat. Ich bin dankbar, dass ich den Willen hatte, mich mit dieser Disziplin auseinander zu setzen. Diese einfache und natür- liche Art der Fortbewegung kann fast jede Frau aus- üben. Nur, nicht jede ist bereit, sich »ins Zeug zu legen« und einfach anzufangen.

Nachdem ich beruflich viele Stunden im Auto, Zug oder Flugzeug verbringe, habe ich in den letzten Jahren bemerkt, wie sich meine Figur und damit auch meine Leistung verändert hat. Die Kleider haben mir zwar gepasst, nur meine so hart antrai- nierten Muskeln waren leicht schwabbelig und meine schwache Kondition war plötzlich zu spüren. »So geht es nicht weiter«, habe ich mir vor zwei Jah- ren gesagt. Ich musste was dagegen unternehmen. Mit Widerwillen habe ich meine alten Laufschuhe herausgeholt und begann wieder zu laufen. Oje, die die ersten 500 Meter waren ganz schön schwer! Ich kenne aber das Gefühl von früher, nur, wenn ich wirklich will, wird das schon funktionieren. Fast jeden Tag bin ich auf der »Piste«, um meinen früher so trainierten Körper wieder in Form zu bringen. Die ersten fünf Versuche waren eine Qual, aber mein Organismus hat sich langsam daran gewöhnt, und heute kann ich wieder powern. Auch wenn ich wenig Zeit habe, heute bin ich wieder so weit, dass ich fünfmal in der Woche für zirka eine Stunde jogge. Das Gute daran ist, dass man überall laufen kann und nichts als ein Paar geeignete Schuhe braucht. Was die Passanten über mich denken, ist mir völlig egal. Ich glaube, Sie bewundern mich, dass ich den Willen habe zu joggen, weil sie genau wissen, wie gesund das ist.

Und wenn Sie es nicht schaffen, weil Sie älter, übergewichtig und untrainiert sind, dann versuchen Sie es mit Walking – zügiges Gehen mit strammen Schritten und betontem Armeinsatz. Richtig wäre es, dies drei- bis viermal die Woche für etwa 40 Minuten durchzuhalten. Das Fazit Ihres regelmäßigen sportlichen Einsatzes: Sie verbrennen Fett, Ihr Puls verändert sich, Milchsäure und Schlacken werden abtransportiert, Ihre Muskeln werden straff, Ihr Herz-Kreislauf-System stark, Sie schlafen besser, Ihre Verdauung ist auf Trab und Sie werden sich jung, dynamisch, gesund und schön fühlen.

Entscheiden Sie sich für Gesundheit und Schönheit! Fangen Sie an! Beginnen Sie ganz langsam, machen Sie zwischendurch Gehpausen, und nach zwei bis drei Wochen schaffen Sie 30 Minuten Laufen ohne Pause. Wichtig ist, dass Sie mindestens viermal die Woche gehen, und ob Sie 30 Minuten oder eine Stunde laufen, ist egal. Entscheidend ist, Sie bewegen sich, und stärken somit dauerhaft alle Ihre Organe und vor allem Ihr Herz. Treiben Sie Sport, in welcher Art auch immer. Wichtig ist, Sie trainieren Ihren Körper und Ihre Seele, denn wenn Sie wirklich länger leben wollen, dann müssen Sie nach Dr. Strunz pro Woche schon 1500 Kalorien durch Sport verbrennen. Die erreichen Sie auf die sieben Tage verteilt durch zwei Stunden Joggen oder vier Stunden Schwimmen oder 4,5 Stunden Gehen oder neun Stunden langsames Radfahren usw.

Wir haben es selbst in der Hand, ob wir uns wohl fühlen, schön wirken, schnell altern oder langsam – und das ganz ohne Genmanipulation oder Schönheitsoperation. Oft hat unser Alter in Jahren mit unserem »gefühlten« Alter nur wenig zu tun. Die Voraussetzung ist, dass wir unseren Körper und unsere Seele behandeln wie unseren allerbesten Freund. Tests in den USA haben gezeigt, was verjüngend auf Sie wirkt: Ihr idealer Blutdruck liegt um 120/80 (± 10). Ihr Ruhepuls beträgt weniger als 60 Schläge pro Minute, der Cholesterinspiegel übersteigt nicht die 200er-Marke. Sie sollten nicht rauchen und nachts länger als sieben Stunden schlafen. Benutzen Sie täglich Zahnseide, so haben die herz- und gefäßschädigenden Bakterien keine Chance. Essen Sie täglich mehrmals frisches Obst und Gemüse, dreimal pro Woche sollten bei Ihnen Geflügel oder frischer Fisch auf dem Speiseplan stehen und treiben Sie mindestens dreimal die Woche Sport. Wenn Sie viele Freunde und Hobbys haben und mit sich selbst in Harmonie oder in einer glücklichen Partnerschaft leben, können Sie »uralt« werden.

Es gibt noch etwas, womit wir Frauen umgehen lernen müssen, was unseren seelischen und körperlichen Zustand beeinflussen kann – die Wechseljahre. Schönheit hin oder her, wenn unsere »Zeit kommt«, nützen uns Selbstbewusstsein und perfektes Aussehen wenig, denn schon ab 40 wird die Produktion der Hormone reduziert. Doch es sind gerade die Hormone, die für unsere Jugend, Dynamik, Sexualität, Euphorie und unser Wohlbefinden sorgen. Es ist gerade der Hormonhaushalt, der bestimmt, ob wir uns in zehn Stunden kaputtarbeiten oder 18 Stunden Hochleistung erbringen. Wenn Sie zu dem einen Drittel Frauen gehören, an denen das Klimakterium spurlos vorübergeht, dann zählen Sie zu den Glücklichen. Ein Drittel der Frauen leidet sogar an Depressionen und fühlt sich richtig krank, der Rest verspürt nur leichte Beschwerden. Das heißt im Klartext: jede Dritte leidet.

Was bringen Hormonkuren wirklich? Die gute Nachricht zuerst. Künstliche Hormone haben tatsächlich eine erstaunlich verjüngende Wirkung! In der amerikanischen Rundman-Studie stellte das Wachstumshormon STH (Somatropin) bei 65-Jährigen die innere Zelluhr um etwa 25 Jahre zurück. Zwei Spritzen täglich – und das Fett schmolz. Muskeln nahmen zu, die Haut wurde straffer, die Dynamik schien unendlich. In den USA wird DHEA, der Frischmacher, der ein scharfes Gedächtnis, gute Laune und ein taufrisches Immunsystem verspricht, wie Bonbons geschluckt, ebenso Melatonin, das Schlaf- und Lusthormon der Zirbeldrüse. Lebenszeitgewinn (zumindest bei Mäusen): 20 Prozent!

Die schlechte Nachricht: Ohne Langzeitstudien weiß bisher niemand, ob womöglich nicht nur die guten, sondern auch die bösen Zellen zum Wachstum angeregt werden. Das Krebsrisiko könnte drastisch steigen. Und tut es auch – zumindest bei Mäusen.

In Deutschland gehen Mediziner deshalb weitaus behutsamer mit der künstlichen Hormonspritze um als in den USA. Bevor Sie – wenn überhaupt – in das empfindliche Steuersystem eingreifen, ermitteln sie im Blutbild, welches Hormon überhaupt fehlt – und wie viel davon. Übrigens, Sie selbst können auf ganz natürliche Weise dafür sorgen, dass Ihr Hormonspiegel steigt. Eiweiß aus magerem Fisch oder Geflügel treibt den STH-Spiegel im Blut nach oben, Chrom (in der Apotheke erhältlich) facht die DHEA-Produktion im Körper an.

Ihre einzige Chance ist, diese Hormontalfahrt zu verringern oder mit ihr umzugehen. Unabdingbar ist es natürlich immer, frühzeitig zum Gynäkologen beziehungsweise Endokrinologen zu gehen. Er misst den Hormonspiegel mittels einer Blutprobe, damit er sieht, wie viele von welchem Hormon dem Körper fehlen. Ein guter Arzt ist bereit, diese Untersuchung durchzuführen und Sie zu beraten. Ein schlechter Arzt sagt: »Das haben Sie doch noch nicht nötig, Sie haben ja keine Beschwerden.« Da sich das Klimakterium schleichend über Jahre vorbereitet, ist es fast ein Muss, rechtzeitig vorzubeugen. Man muss dem Körper geben, was ihm fehlt, die richtigen Hormone in der richtigen Menge. Deutsche Frauenärzte und Hormonspezialisten verständigen sich auf die Formel: Eine gezielte Hormonersatztherapie bis zu einer Dauer von fünf Jahren gilt als ungefährlich. Warum sollen uns Hormone, die wir brauchen, plötzlich krank machen? Ich kenne Hunderte von Frauen, die sich durch eine richtige Hormontherapie blendend und topfit fühlen. Und als Osteoporoseprophylaxe sind Joggen, Walken, Fahrradfahren und das Fitnessstudio zu empfehlen. Das Sportprogramm sorgt für eine bessere Durchblutung und eine stärkere Ausschüttung von Glückshormonen – und die schlagen auch die Depressionen der Wechseljahre in die Flucht.

🦉 *Sie sollen das Leben genießen, denn nicht nur durch Bewegung, Entspannung, Ernährung, sondern auch durch Ihre Entschlossenheit und Selbstliebe können Sie ein langes, erfülltes Leben erreichen. Wenn Sie allen gleich viel Aufmerksamkeit schenken, halten Sie den Schlüssel zu Ihrem Wohlbefinden und ewiger Jugend in der Hand. Wir alle verfügen über ein Gesundheitskonto. Doch statt regelmäßig darauf einzuzahlen, überziehen die Menschen dieses Konto permanent, bis ihr Körper ihnen keinen Kredit mehr gibt.*

**Behandeln Sie Ihren Körper
mit Liebe und Respekt!**

Treten Sie mit Stil auf

Keine Frage – eine Frau von Format schafft sich den perfekten Auftritt. Und da Sie, liebe Leserin, eine Königin sind oder auf dem Weg sind, eine zu werden, ist es für Sie ein Muss, alle Tricks der Kniffe zu beherrschen, die im Spiel um das Können täglich im Rennen sind.

Gerade in dieser wunderbaren, aber oft verfluchten Welt des atemberaubenden technischen Fortschritts müssen wir Frauen alles tun, damit die Technik uns nicht zu herzlosen Robotern oder auf Knopfdruck zu quietschenden Barbiepuppen macht und wir besser miteinander leben und freundlicher und weiblicher miteinander umgehen. Vor allem für die Frau, die die Bezeichnung »eine Besondere« genießen darf, ist es eine Selbstverständlichkeit, dass sie durch ihr Auftreten, durch die äußere Form ihres Verhaltens die Basis ihrer Selbstsicherheit schafft, um damit Anerkennung, Bestätigung und Erfolg zu erhalten. Sie ist guten Willens, einen Beitrag für den Umgang von Mensch zu Mensch zu leisten. Doch eine Königin, ein Filmstar, eine Politikerin, eine Hausfrau oder eine Geschäftsfrau steigert ihre Beliebtheit, wenn sie Herz hat – mehr Verständnis für die anderen zeigt. Rücksichtnahme, Hilfsbereitschaft und vor allem Menschlichkeit sind heute für alle im Umgang miteinander nötiger als die hohle Förmlichkeit einer überholten Etikette.

Wir sollen uns abwenden von hohlen Formen als Ersatz für menschliches Verhalten, von der Heuchelei eines nur scheinbaren Mitgefühls, von autoritärer Bevormundung. Heute wird die gleichberechtigte Partnerschaft zwischen Mann und Frau angestrebt, die Toleranz und ein Zusammenleben in gegenseitiger Achtung verspricht. Ob das wirklich immer geschieht, liegt schließlich auch ein bisschen an uns – hierzu wurden im 3. Kapitel wichtige Ausführungen gemacht.

Gehört sich das oder nicht, ist das geschmacklos oder nicht – das ist eine Frage der Toleranz. Heute sehen wir noch mehr, wenn die Frauen fast überall oben ohne oder auch ganz ohne in der Sonne liegen. Die Zeiten haben sich geändert. Dennoch: Gutes Benehmen ist niemals »out« gewesen, nur die Formen haben sich gewandelt. Sie sind zeitgemäß, und vor allem sind bestimmte Übertreibungen verschwunden. Heute gehen wir zwar lockerer mit den Regeln um, aber diese Regeln gibt es noch. Ich behaupte, dass das gesellschaftlich einwandfreie Auftreten, die Hinwendung zu gutem Benehmen, in den letzten Jahren stark zugenommen hat. Institutionen, die Benehmen und gesellschaftliche Regeln vermitteln, wie zum Beispiel »Benimmkurse«, Tanzschulen usw., erfreuen sich eines immer stärker werdenden Zuspruchs. Und es gibt auch sicherlich genug Veranlassung, die einfachen Regeln klar zu beherrschen. Beispielsweise glauben nach meiner Erfahrung immer noch fast 40 Prozent der Frauen, dass sie bei der Begrüßung warten müssen, bis ihnen die Hand vom Mann gereicht wird. Sehen Sie, das sind die kleinen Lücken. Und wenn sich Ihnen doch irgendwann mal die Hand des Mannes entgegenstreckt, kann es auch passieren, dass die sich wie eine nasse Feder anfühlt, kraftlos wie ein Lappen oder wie ein »toter Fisch«.

Wie sollte der Händedruck einer Dame sein? Er soll fest und voll sein, aber nicht schmerzhaft nach dem Motto: »Es lebe das Bodybuilding.« Wir sind keine Kerle, sondern Damen. Trotzdem demonstrieren Sie durch angemessenen Druck die Sicherheit und die eigene Überzeugung. Haben Sie keine Angst, dass Ihr Händedruck zu fest ist. Die Regel für eine Frau ist: Lieber etwas fester als typisch weich, kraftlos, zurückhaltend. Ein Mann verrät übrigens durch seinen Händedruck schon sehr viel über sich. Mag ja sein, dass manche Männer gute Beziehungen zu Orthopäden haben, aber das einer Dame durch Zusammenquetschen der Hand wissen zu lassen, zählt allerdings schlicht zum schlechten Benehmen (dasselbe gilt übrigens auch unter Männern). Sitzen Sie gerade, dann brauchen Sie bei der Begrüßung nicht aufstehen. Um es augenzwinkernd zu sagen, dieses »Privileg« steht lediglich den Herren zu. Als Frau stehen Sie bei der Begrüßung nur dann auf, wenn eine bedeutend ältere Dame oder ein bedeutend älterer Herr Sie begrüßt. Sie springen bitte nicht auf, sondern deuten das Aufstehen lediglich mit einer kleinen Bewegung an. Und Sie reichen dem Herrn die Hand. Ja, Sie haben mich richtig verstanden – bei der Begrüßung eines Herrn reicht auf jeden Fall als Erstes die Dame die Hand. Da die Herren manchmal sehr voreilig sind, sollten wir in den meisten Fällen ihre Kontaktfreudigkeit in Kauf nehmen und mit unserem Händedruck entgegenkommen. Handelt es sich bei Herr oder Dame um eine wesentlich ältere, angesehene Person, warten Sie, bis Ihnen die Hand gereicht wird. Im Grunde genommen ist der Handschlag ein Zeichen gewisser Sympathie oder Zusammengehörigkeit, das erste Berühren bis dato unbekannter Personen, und deshalb sollte er richtig durchgeführt werden. Die ältere Dame reicht der Jüngeren die Hand, der Chef der neuen Mitarbeiterin, die Chefin der jüngeren Angestellten.

Schauen Sie bei der Begrüßung nicht weg, denn Sie sind Herrin Ihrer Situation und haben nichts zu befürchten. Deshalb sollten Sie Ihrem Gegenüber in die Augen schauen. Ein gesenkter Blick – während Sie mit jemandem sprechen – wird Ihnen unbewusst als »Unterwerfungsgeste« ausgelegt. Schauen Sie Ihrem Gegenüber immer fest in die Augen, auch wenn es Ihnen komisch vorkommt. Halten Sie durch! Lassen Sie es ruhig auf einen kleinen Machtkampf mit den Augen ankommen. Wenn Sie es einmal längere Zeit durchgehalten haben, bringt Sie in Zukunft kein Blick mehr aus dem Konzept. Und niemals das freundliche Lächeln vergessen. Aber versuchen Sie nicht, Ihren Gesprächspartner zu hypnotisieren, denn damit bringen Sie ihn in Verlegenheit. Eine Begrüßung oder ein Abschied mit einem langen, tiefen Blick in die Augen sollten Sie nur dem Ausgewählten Ihres Herzens schenken. Natürlich sprechen Augen mit, aber man soll während des Gesprächs mehr das ganze Gesicht betrachten.

Ist niemand da, der oder die das Vorstellen durchführt, dürfen Sie es selbst tun. »Tag! Huber!«, »Angenehm! Maier!«, »Mein Name ist Stolze«, »Ich heiße Richter«, klingt nicht gerade nach einer selbstbewussten Person. Ich muss immer schmunzeln, wenn ich so etwas höre, denn »… Ich heiße X« oder »Mein Name ist Y« sagt ungefähr: »Ich kann nichts dafür, dass ich X oder Y heiße.« Sie haben doch auch einen Vornamen, der zu Ihnen gehört – sagen Sie doch: »Guten Tag, ich bin Eva Maier.« Ja, ganz genau: Ich bin – ich existiere, ich stehe zu mir und zu meinem Vor- und Nachnamen. Glauben Sie mir, das wirkt und Sie hinterlassen einen sicheren und überzeugenden Eindruck. Manchmal muss ich sogar zweimal fragen: »Entschuldigung, wie war Ihr Name?«, da mein Gegenüber so gemurmelt hat, dass ich sie kaum verstanden habe.

Wenn Sie privat oder in ein Restaurant eingeladen sind, begrüßen Sie zuerst die Gastgeberin und den Gastgeber und dann der Reihe nach die Gäste rund um den Tisch. Sie fangen erst bei den Damen an und machen dann bei den Herren weiter. Ist die Gruppe größer, in einem geschlossenen Raum, wie zum Beispiel Schulungsraum oder Besprechungszimmer, wo sich mehrere Personen aufhalten, grüßen Sie alle mit einem »Guten Tag«. Wiederum sehr wichtig: ein Lächeln. Und je nach Situation fügen Sie an den Tagesgruß Ihren Namen an: »Ich bin Eva Meier.« Wer einen Raum betritt, muss auch als Erste grüßen. Oft beobachte ich in Seminaren, wie einige Teilnehmerinnen in den Raum ohne jeglichen Gruß geradezu reinschleichen. Es ist fast peinlich, denn dann kommt mir nur ein Gedanke: Die hat's wirklich nötig.

Noch ein Wort zur »Wiedergeburt des Handkusses«. Eine Zeit lang als übertrieben, schleimig oder unzeitgemäß belächelt, erfreut er sich nun wieder zunehmender Beliebtheit – nicht nur in gesellschaftlich höher stehenden Schichten. Zwar hat es irgendwie etwas Rührendes, wenn ein Mann, der eher für raue Sitten bekannt ist, Ihnen ein Schmatzerl auf den Handrücken drückt. Aber was sich andere Exemplare diesbezüglich leisten, ist auch nicht gerade filmreif. Mitunter hatte manche Frau den Eindruck, ihr Handrücken wurde von einem Hund abgeschleckt.

Dabei ist die Regel sehr einfach: Der Handkuss wird nur angedeutet, also etwa zwei Zentimeter vor dem Handrücken endet das Vergnügen, und der Mann geht eher einen halben Schritt zurück, als dass er auf die Dame losstürmt. Ein Handkuss wird übrigens nur in geschlossenen Räumen gegeben – im Freien gilt er als Stilbruch. Und ein Fauxpas wäre es, nur eine Dame an einem Tisch mit Handkuss zu begrüßen und die anderen nicht. Jede Dame hat jetzt praktisch »Anspruch« auf diese Form der Begrüßung. Eine Dame selbst muss den Handkuss sozusagen »zulassen«, das heißt, Sie dürfen Ihre Hand nicht zurückziehen, wenn der Mann den Handkuss andeutet.

Ein Beispiel aus meiner Seminartätigkeit. Es ging um eine ältere Dame. Sie war 79 Jahre alt, sehr rüstig, nicht unmodern gekleidet, sehr agil, sehr interessiert. Und dennoch »passte« sie irgendwie nicht in dieses Seminar; schließlich war das Alter aller übrigen Teilnehmerinnen zwischen 30 und 50. Aber sie machte alles mit und verhielt sich im Übrigen sehr kooperativ. Doch dann kam das Thema »Begrüßen, Benehmen, Etikette« – und ich gab einige praktische Beispiele zum Besten. Doch diese Dame wollte nicht nur den groben Rahmen wissen, sondern fragte unentwegt nach Details. Dabei führte sie selbst Beispiele an, die zu beantworten überflüssig schienen, denn in solche Situationen würde sie (nach der Schilderung ihres jetzigen Lebens) wohl kaum mehr kommen. Vor allem spielte der Handkuss eine wichtige Rolle, also wer was wo und wann tun, machen und auch unterlassen sollte. So wurde zum Beispiel in den Raum gestellt, ob sie als Tischdame in einer vornehmen, adligen Gesellschaft auch von einem Grafen XYZ genauso aufmerksam begrüßt werden müsste wie die Herzogin von ABC. Durch unsere abendlichen Gespräche erfuhr ich, warum diese Dame mein Seminar besuchte, und ich habe mich unvorstellbar darüber gefreut. Sie war in jungen Jahren als reiche, bürgerliche Gutsbesitzerin im Osten mehrfach in diese Situation gekommen und hat es wohl nie verwunden, gesellschaftlich nicht so aufmerksam und korrekt behandelt worden zu sein wie Adlige, die eher »ärmlich« daherkamen. Sie war im Grunde immer noch auf der Suche nach Bestätigung, nach Anerkennung. Und der damals verweigerte Handkuss war für sie ganz offensichtlich ein Synonym für gesellschaftliches Fehlverhalten.

Ein korrekt angedeuteter Handkuss ist ein Geschenk, und welche Frau würde sich nicht über ein Geschenk freuen? Auch hier empfehle ich Ihnen, mit wachen Augen Ihr gesellschaftliches Umfeld zu beobachten. Vielleicht werden Sie dann durch die Defizite bei den anderen erkennen, wie groß Ihre Chancen sind und dass es nicht überzogen und übertrieben ist, wenn ich Sie auffordere: Beginnen Sie jetzt! Seien Sie Ihre eigene Königin!

Zur Etikette muss noch einiges gesagt werden. Aber es sollen hier nur alltägliche Situationen beschrieben und Hinweise gegeben werden, die uns Frauen wirklich betreffen. Es gibt zudem unzählige Bücher, die sich mit Etikette beschäftigen. Und ganz interessant ist es doch auch, dass diese Bücher von sehr bekannten Adligen geschrieben wurden. Da stellt sich doch die Frage: Für wen wurden diese Bücher geschrieben? Der Hochadel unter sich benötigt keine Benimmregeln. Und wenn Hochadlige etwas übers Benehmen schreiben, das Durchschnittsbürger beachten sollen, so müsste doch vielleicht eher die Frage gestellt werden, ob die Hoheiten begriffen haben, dass die Zeiten des Absolutismus vorbei sind und wie das überhaupt so in den vergangenen Jahrhunderten mit dem Benehmen der Adligen gegenüber den Bürgerlichen, dem Volke, war.

Was wollen Sie mit den Empfehlungen, über denen der Geist der königlichen Tischgesellschaft der englischen Queen schwebt? Bleiben wir darum mit unseren Hinweisen im alltäglichen Leben, also bei dem, das uns alle betrifft. Denn auch hier gibt es einiges zu beachten.

So haben zum Beispiel das Betreten und Verhalten im Restaurant nicht alle im Griff. Nehmen wir einen Normalfall, nämlich dass Sie in Begleitung eines Mannes sind und das Restaurant betreten. Nachdem er Ihnen die Tür aufgemacht hat und Sie als Erste das Lokal betreten, müssen Sie am Eingang warten, bis er die Türe schließt. Sie machen einen Mann lächerlich, wenn Sie jetzt allein durch das Lokal sausen und den Tisch bestimmen wollen. Richtigerweise folgen Sie ihm durch das Lokal zum Platz, denn traditionell bahnt er den Weg für Sie. Führt Sie beide der Ober, folgen Sie dem Ober (also in der Mitte), und Ihr Begleiter folgt wiederum Ihnen. Nach dem Essen geht die Dame als Erste, gefolgt von dem Mann, da sie den Weg zur Garderobe schon kennt. Sind Treppen zu steigen, gilt eine ganz einfache Regel: Die Frau geht stets dort, wo es ungefährlich ist. Beim Hinuntergehen folgt sie dem Mann, beim Hinaufgehen geht sie vor. Kavaliere alter Schule wissen noch um ein paar andere Regeln, zum Beispiel, dass der Mann der Dame den Stuhl zurechtrückt, seine Zigarette aus dem Mund nimmt, wenn er der Dame zum Rauchen Feuer gibt (das brennende Feuerzeug übrigens in Augenhöhe der Dame, der Frisur wegen), sich vor dem Verlassen des Lokals eher den Mantel anzieht als die Frau, um ihr behilflich sein zu können (sie soll nicht auf ihn warten müssen), auf dem Gehweg geht er an der der Straße zugewandten Seite (Gefahrenseite), und wenn sie das Auto erreicht haben, öffnet er die Beifahrertür für sie (das gilt auch für das Einsteigen in ein

Taxi). Achten Sie doch mal darauf, ob diese Regeln heutzutage noch so streng eingehalten werden – und fragen Sie sich, meine Damen, ob Sie es mögen, so »beachtet« zu werden?

Bleiben wir nun noch beim Essen, denn Sie möchten den besten Eindruck hinterlassen. Hier ein paar Tipps: Angenommen, Sie sind von einem Mann, der Sie kennen lernen will, zu einem Essen eingeladen. Es ist nicht gerade taktisch klug, gleich die Speisekarte von unten zu lesen, die teuersten Vorspeisen zu wählen, den besten Wein zu bestellen, Sonderwünsche zu äußern, um damit den Eindruck einer Luxusfrau zu vermitteln. Hier geht es darum, welchen Eindruck Sie (und natürlich auch der Mann!) hinterlassen. Wählen Sie nicht das Teuerste, aber auch nicht das Billigste. Die goldene Mitte ist nie falsch. Natürlich sollen Sie den Abend genießen, aber wenn man sich schon länger kennt und Sie auch vertraut sind mit der finanziellen Situation des Mannes, sieht die Sache ganz anders aus. Übrigens: Heute ist es nicht unüblich, dass die Frau den Mann zum Essen einlädt, wenn es sich nicht nur um Geschäftliches handelt. Es gibt natürlich Chefinnen, die sich durch eine solche Geste bedanken möchten, oder auch Ehefrauen, die ihren Mann zu einem besonderen Anlass einladen möchten. Wenn ein Mann Sie allerdings unzweifelhaft einlädt und beim Bezahlen sagt: »Bitte getrennte Kasse!«, sollten Sie zu ihm – falls er noch etwas von Ihnen erwartet – lächelnd sagen: »Bitte getrennte Wege!«

Oft ist das gemeinsame Essen der wichtigste Prüfstand Ihrer Kinderstube oder Ihrer »Klasse«. Eigentlich haben wir die Tischordnungen alle gelernt, doch nur wenige praktizieren sie ständig. Wenn Sie demnächst zum Essen gehen, werden Sie in Ihrer Nähe sicher ein paar »Sünder« ertappen. Sie als besondere Frau sollten auf Ihre aufrechte Haltung achten und keinen runden Rücken machen oder mit den Kopf während des Essens am Tisch festkleben. Es sieht fürchterlich aus.

Den Tisch darf man nur mit der Hand bis zum Gelenk berühren. Die Ellenbogen nicht auf den Tisch stemmen, das macht man nur beim Armdrücken. Es gibt Frauen, die ihre Hände in den Schoß legen, aber es wirkt lustlos und frustriert. Manche fummeln ständig in den Haaren, im Gesicht oder am Glas, was sehr viel Unsicherheit signalisiert. Genauso unweiblich sieht es aus, wenn Sie mit dem Besteck so gestikulieren, als hätten Sie ein Orchester zu dirigieren.

Bei einem Menü sind oft verschiedene Bestecke neben dem Teller angeordnet. Die Reihenfolge ist einfach. Mit dem außen liegenden Besteck wird begonnen. Übrigens, wenn Sie einen Tisch decken beziehungsweise dekorieren müssen, ist die Reihenfolge die gleiche. Die meisten Menschen essen zum Schluss die Nachspeise mit der Gabel. Vielleicht schmeckt es auch besser. Wenn aber über dem Teller Gabel und Löffel liegen, wird das Dessert mit dem Löffel gegessen. Die Gabel dient nur als Zusatzhelfer und gehört in die linke Hand.

Der Gipfel der Unhöflichkeit ist es, sich eine Zigarette anzuzünden, während andere am Tisch noch essen. Der tolerante Nichtraucher hat sicher nichts dagegen, wenn Sie sich nach dem Essen eine Zigarette anzünden. Selbst wenn Sie starke Raucherin sind, bleiben Sie gelassen, wenn andere im Schneckentempo essen, aber ständig reden. Und auch das gilt: Kein Parfüm darf den Bratenduft oder das Weinbouquet übertreffen. Damit bringen Sie jeden Feinschmecker auf die Palme.

Klar, dass nach dem Essen der Lippenstift gelitten hat. Es ist erlaubt, nach dem Hauptgang das kleine Spiegelchen kurz zu zücken, um geschwind die Lippen zu korrigieren. Größere Aktionen wie Pudern, Frisieren etc. sind tabu. Ich erinnere mich gerne an eine Filmszene mit Walter Giller, in der die Dame sich so lange restaurierte, bis der Mann einen Trockenrasierer aus der Tasche zog, um sich genüsslich und mit unverkennbarem Geräusch zu rasieren. Bei allzu langen Schminkaktionen schwingen stets bei den anderen Gästen unausgesprochen die Töne mit: »Was ist der eigentlich wichtig – wir oder ihre Farbe?« Und wenn Sie mal »müssen«, dann halten Sie durch, bis die Pause zwischen den Mahlzeiten kommt. Die freundlichen Worte: »Bitte entschuldigen Sie mich für einen Moment«, versteht sowieso jede und jeder. Ach, übrigens: Vergessen Sie nicht den Zahnstocher mitzunehmen, denn an diesem stillen Örtchen können Sie auch Aufräumarbeiten zwischen den Zähnen und – falls immer noch vorhanden – in der Zahnspange erledigen. Das Herumbohren nach dem Essen in den Zähnen am Tisch ist in südlichen Ländern normal, in unseren Breiten, trotz vorgehaltener Hand, eher ein peinliches Gefummel.

Wenn Gastgeber einen Wein bestellen, lassen Sie die Gastgeber den Wein erst probieren, bevor Sie selbst nach dem Glas greifen. Das können Sie zu einem netten, freundlichen Ritual ausbauen (»Ich bin gespannt auf Ihr Urteil«). Das Weinglas wird immer am Stiel gehalten (Ausnahme: Cognacschwenker oder Bierglas), denn das »Zum Wohl!« klingt dadurch nicht so stumpf (beim Bier heißt es übrigens schlicht »Prost!«). Zudem bleibt das Glas frei von fettigen Fingerabdrücken und der Inhalt behält seine Temperatur. Eine schöne alte Sitte des Anstoßens wird nur selten richtig ausgeführt. Und so ist sie korrekt: Das Glas am Stiel anfassen und Oberkante an Oberkante das Glas des Nachbarn vorsichtig antippen, in die Augen sehen, lächeln, ein Schlückchen nehmen und – jetzt kommt, was die meisten vergessen – das Glas nochmals anheben und sich wieder anblicken, ehe Sie das Glas absetzen. Sitzen am Tisch mehrere Personen, schauen Sie sich beim Anheben alle kurz an. So ist es perfekt. Im Hofbräuhaus in München werden zwar die Maßkrüge recht deftig aneinander geschlagen, aber wenn Sie in Gesellschaft sind, sollte das dezenter erfolgen. Vor allem, stoßen Sie nicht wie beim Wein mit den Glasrändern an, sondern mit dem Bierglasboden – beim Weißbier ist das ohnehin »Pflicht«.

Nicht nur die Dame, die Lippenstift benutzt, auch der Herr tupft vor jedem Schluck den Mund mit der Serviette ab. Diese befindet sich vor dem Essen links vom Gedeck oder kunstvoll gefaltet auf dem Platzteller. Sobald Sie mit dem Essen beginnen, landet das Tuch auf Ihrem Schoß, wo es bleibt, bis Sie den Tisch verlassen. Eine Stoffserviette kommt nach dem Essen links neben das Gedeck, eine Papierserviette wird zusammengefaltet und vor dem Abservieren auf den Tellerrand gelegt (zusammenpressen und auf den Teller werfen ist Ausdruck schlechten Benehmens). »Platz will ich haben«, sagte der Banause und schob seinen gebrauchten Teller weit von sich. Weit von sich schob er damit auch die guten Manieren. Der gebrauchte Teller mit dem Besteck (schräg rechts zusammenliegend) bleibt, wo er ist – bis der Ober das Gedeck abräumt.

Und noch einen guten Rat – bedanken Sie sich bei dem Gastgeber nie für das Essen, sondern für den netten und interessanten Abend. Außerdem nehme ich an, dass Sie während der Mahlzeiten die Vorzüge der Küche mit passenden Worten honorieren. Es kann auch passieren, dass Ihr Essen im Restaurant nicht in Ordnung ist. Es ist Ihre Pflicht, das Ihrem Gastgeber mitzuteilen, damit Sie rechtzeitig etwas anderes bestellen können. Aber machen Sie keinen »Aufstand«. Diskretion ist angesagt. Denn dem Gastgeber ist Ihre Unzufriedenheit ebenso peinlich.

Für Singles ist es heutzutage keine Besonderheit mehr, ohne Begleitung in ein Gourmet-Restaurant essen zu gehen. Reservieren Sie vorher einen Platz oder – noch besser – lassen Sie die Bestellung durch Ihre Freundin »als Ihre Sekretärin« vornehmen. Die Chancen, einen guten Platz zu ergattern, steigen. In legeren Lokalen und Cafés bekommen Sie immer Platz und dort können Sie in Ruhe vor und nach dem Essen in Ihrer Zeitschrift blättern. Nur eines ist tabu: Lesen in feinen Toprestaurants oder gar Lesen während des Essens.

Jetzt noch ein paar knifflige Aufgaben, die Sie elegant lösen können: Das Brot aus dem Korb, das zum Essen serviert wird, dürfen Sie in die Finger nehmen und ein mundgerechtes Stück abbrechen. Mit Ihrem Buttermesser auf das Stück streichen, mit der linken Hand essen, aber nie eine ganze Scheibe Brot buttern und davon abbeißen. Beim Frühstück dürfen Sie die Brötchen wie zu Hause durchschneiden, buttern, belegen und mit der Hand essen. Belegte Brotscheiben werden mit Messer und Gabel gegessen. In vielen italienischen Lokalen muss der Gast seinen Salat selbst anmachen. Was daran kulinarisch einmalig sein soll, werden wir sicher auch irgendwann begreifen. Zunächst, der Ober bringt den Essig-Öl-Set, daneben stehen Salz und Pfeffer. Was nun? Damit der Salat nicht zu sauer gerät, zuerst wenig Öl darauf träufeln, durchmischen, bis die Blätter mit Öl überzogen sind.

Das verhindert, dass sie zu viel Essig aufsaugen. Dann kann das Würzen des Salates beginnen, das ja eigentlich von dem Koch erwartet wird. Übrigens, ob Sie bei einem guten Italiener gelandet sind, erfahren Sie anhand eines einfachen Tomatensalats. Sind die Strünke ausgeschnitten, darf man auch davon ausgehen, dass nicht nur die Tomaten gewaschen wurden, sondern dass auch bei anderen Speisen Mühe aufgewandt wurde.

Dieses Kapitel würde unendlich lang werden, um alle Regeln um das Thema Essen zu beschreiben. Aber dafür gibt es genug Ratgeber, die Sie zu besonderen Anlässen informieren.

Wenn Sie schon unter Menschen sind, sollten Sie auch ein bisschen beobachten. Vielleicht sind Sie nicht gerade kontaktfreudig, aber es wird Ihnen gut tun, wenn Sie sich gerade im Café oder in einem Bitro unauffällig umschauen, was um Sie herum passiert. Sympathie lässt sich nicht erzwingen, aber wenn Sie jemand anspricht mit einer Frage oder Bitte, die nett vorgebracht wird, reagieren Sie doch nicht abweisend und unfreundlich. Es kann als liebevolle Herausforderung gelten. Und natürlich wird ein von Ihnen nett vorgebrachtes »Nein« akzeptiert, bei dem derjenige sein Gesicht wahren kann.

Es kann natürlich auch – je nach Lust und Laune – zu einem Smalltalk kommen, den Sie durch Ihre Redegewandheit für sich positiv lenken können. Die Kunst des Smalltalks sollten Sie unbedingt beherrschen, denn nichts ist dem eigenen Image abträglicher als ein unbeholfener erster Eindruck, den wir bei anderen hinterlassen. Ein Smalltalk ist eher eine oberflächliche Angelegenheit, die nun auch gewisse Unterschiede verzeichnet, was die Qualität betrifft. Oft hinterlassen wir einen positiven, negativen oder gar keinen Eindruck. Laut US-Studien sind die situationsbedingten Themen besonders beliebt, auf die die Menschen sofort reagieren und mithalten können, zum Beispiel in einem Café oder Restaurant zu sagen: »Der Kuchen ist hier besonders gut«, oder: »Ist die Dekoration des Lokals nicht einmalig? Gibt es noch etwas Ähnliches in dieser Gegend?« Gegenüber Personen des öffentlichen Lebens sollten Sie keine negativen Stellungnahmen über gesellschaftliche Themen abgeben. Hobbys, Reisen, Frauen, Familie, Kinder und Mode sind die besten Themen. Die sehr berühmte Dialogweisheit ist die Anerkennung, die wir unserem Gesprächspartner durch Lob oder ein kleines Kompliment erteilen. Wissen Sie, gerade die Männer sind rührend eitel, wenn Sie nette Worte finden. Schon ein Sprichwort besagt: Man gewinnt einen Menschen, indem man mit ihm und gleichzeitig über ihn selbst spricht. Wenn Sie durch das Gespräch schnell herausfinden, was sie oder er kann, versteht oder gerne macht, dann fragen Sie weiter. Damit zeigen Sie Interesse, und Ihr Gegenüber erzählt und erklärt, bis Sie ihn oder sie gewonnen haben.

Wenn zum Beispiel mit mir jemand über Computerprogramme oder Aktienfonds sprechen würde, dann würde ich wie ein Idiot dastehen, da ich keine Ahnung von diesen Themen habe. Aber bei Themen wie Mode, Sport, Frauen oder Kochen bin ich Expertin und rede auch gern darüber. Wer fragt, führt das Gespräch, also fragen, fragen, fragen, bis Sie herausfinden, was die Person interessiert und worüber sie locker erzählen kann. Da der Smalltalk in der Regel nicht besonders intellektuelle Inhalte hat und nicht auf Konfrontation zielt, verzichten Sie vor allem auf Themen wie Wirtschaftskrise, Geld, Politik, Steuer oder Finanzamt, außer Sie sind eine Expertin und haben einen Abgeordneten vor sich.

Es ist nicht die Vergesslichkeit der Menschen, sondern oft Gleichgültigkeit oder Nichtswissen, wenn
sie in einem Dialog die Gesprächsperson so selten
mit dem Vornamen oder Nachnamen ansprechen.
Gerade der Name ist nämlich das wichtigste Wort für
den Menschen, mit dem Sie gerade kommunizieren.
Prägen Sie sich den Namen der Person ein, mit der
Sie sprechen, ob geschäftlich oder privat. Der oder
die fühlen sich dann richtig angesprochen.

Hören Sie auch aufmerksam zu, denn das kann
nicht jede. Frauen plappern oft zu viel, unterbrechen
und lassen andere nicht ausreden. Jede hat ihre
Probleme vor Augen und wenig Zeit für andere. Ist
das nicht traurig, denken Sie jetzt, wie oft wir den
Seelendoktor bei einer Freundin spielen müssen,
und wenn wir jemand brauchen, ist Hilfe rar. Doch
das ist eine Frage der Perspektive – beweisen Sie
Ihren Stil und Charakter und hören Sie aufmerksam
zu! Aktives Zuhören ist richtig und lockert, indem
Sie immer wieder durch einzelne Bemerkungen und
vor allem durch Gestik und Mimik Ihrem Gesprächspartner Aufmerksamkeit signalisieren. Nur so kann
bei öfterer Wiederholung eine Verbindung zwischen
Ihnen entstehen, was sicher eine gute Basis für
einen erfolgreichen Geschäftsabschluss oder eine
neue Freundschaft sein kann.

Aber jetzt zu einem anderen Thema – was ist mit der
richtigen Anrede? Es ist Ihnen sicherlich bekannt,
dass das Du die Dame dem Herrn anbietet, die
Ältere der Jüngeren, ein Vorgesetzter seiner Mitarbeiterin. Und hier gibt es eben die feinen Unterschiede, wie Sie sich entscheiden. Angenommen, Sie
arbeiten seit Jahren für Herrn Boss, dessen Ge-
schäfts- und auch Privatleben an Ihnen nicht spurlos vorbeigeht. Bei einer Firmenfeier bietet er Ihnen
das Du an und Sie sind völlig verblüfft, weil Sie nicht

wissen, wie Sie reagieren sollen. Auch kann, das geht Ihnen durch den Kopf, diese Sache zu bösem Blut bei Ihren Kolleginnen führen. Was können Sie also tun? Beweisen Sie Ihren Stil und bewahren Sie ein bisschen Abstand, indem Sie ihm einen Gegenvorschlag machen und freundlich antworten: »Ach, Herr Boss, ich fühle mich sehr geehrt und Sie wissen, wie gern ich auch für Sie arbeite, aber ich habe einen Vorschlag. Wir bleiben per Sie und Sie nennen mich ab sofort Birgit.« Es geht um den gegenseitigen Respekt. Denn es droht nämlich die Gefahr, dass in Zukunft es nur heißt: »Birgit, wo ist mein Kaffee? Bring mir endlich die Akten!«, und Sie rennen und machen, und oft wird das Duzen einfach ausgenutzt. Locker geht es zumeist nur dort zu, wo junge Menschen zusammenarbeiten. Bedenken Sie: Nur Sie entscheiden, wer Sie duzen darf.

Neulich habe ich einen Bekannten nach vielen Jahren wieder getroffen. Er lief auf mich zu mit den Worten: »Hey, bist du noch weiter gewachsen?«
Ich schaute ihn an und antwortete freundlich: »Herr Frech, es ist mir nicht bekannt, dass wir per du sind.« Und jetzt kommt es darauf an, wie Sie es meistern. Ist Herr Frech ein sehr guter Freund oder nur ein flüchtiger Bekannter? Sie haben zwei Möglichkeiten, wie Sie reagieren – erstens, indem Sie ihn weiter per Sie ansprechen, er wird das schon begreifen; oder zweitens, Sie sagen: »Schön, dich wieder zu sehen«, womit Sie ihm das Duzen bestätigen. Ein Tipp: Sie dürfen sich sogar beim Vornamen nennen, wenn Sie oft miteinander zu tun haben, aber das Angebot zum Du sollte von Ihnen kommen. Hier wird vielleicht noch deutlicher, dass die Zwischenstufe »Vorname und das Sie!« den Brückenschlag vom Sie zum Du eher erleichtert als erschwert. Sie besagt nichts weiter als: Er ist in meinen Kreis aufgenom-

men. Er gehört dazu, er kommt infrage. Nun liegt es an Ihnen, ob er ein Bekannter bleibt oder zum Freund wird oder gar mehr. Die Frage, ob wir mit einem Menschen auf Du oder Sie stehen, hat nichts damit zu tun, ob der andere »fein« oder »gebildet genug« für unseren heutigen Kreis ist. Hier geht es um die Freiheit der Entscheidung. Auf Freunde, denen es an Herzensbildung fehlt – ihr Anzug sei noch so fein –, könnten wir verzichten. Deshalb wäre es völlig verkehrt, das »Du-Recht« nach Äußerlichkeiten abzuwägen. Das Du setzt nicht den gleichen Geldbeutel oder den gleichen Kontostand, sondern gegenseitiges Verstehen voraus. Sonst hätten doch alle, die am Strand eine Badehose oder einen Bikini tragen, gleich das Recht, alle anderen in derselben Kleidung mit Du anzureden. Dazu berechtigt nicht einmal die gemischte Sauna.

Nochmals zu den Grußformen. Wer grüßt zuerst? Warum nicht derjenige, der den anderen zuerst erkennt? Auch diese Regel wird heute immer lockerer gehandhabt. Dabei gelten die bisherigen Regeln noch immer: Der Herr grüßt die Dame, der Jüngere den Älteren, die Angestellte den Abteilungsleiter, der Abteilungsleiter den Chef etc. Beim Vorstellen gibt es folgende Regeln: Der Herr wird der Dame vorgestellt, die sehr junge Frau dem älteren Herrn, die Jüngere der Älteren, die neue Mitarbeiterin dem Chef und die einzelne Person dem Ehepaar oder der Gruppe. Wenn Sie zum Beispiel zwei Ehepaare vorstellen müssen, ist es am besten und am unkompliziertesten, wenn Sie sagen: »Darf ich vorstellen, Familie Müller und Familie Maier.« Es gibt noch viele kleine Ausnahmen, aber mit denen will ich Sie gar nicht verwirren. Wenn Sie es mit einem Lächeln meistern, wird Ihnen auch ein kleiner Fehler verziehen. Wer macht heute schon alles perfekt? Was siegt, ist Ihr natürlicher Charme und die Bereitschaft, mit Menschen offen und ehrlich zu kommunizieren.

Ihr gesamter Eindruck und Ihr Verhalten ist die Brücke, die Sie mit Ihren Mitmenschen verbindet, zusammenführt und zu neuen Begegnungen kommen lässt. Nobody is perfect, aber die kritische Selbstachtung ist Ausgangspunkt für eine mögliche Änderung oder Verbesserung in Ihrem persönlichen Auftreten. Zur perfekten Frau werden wir natürlich nicht geboren, aber man muss sich die eigene Qualität, das eigene Potenzial und den persönlichen Stil erarbeiten. So wie Sie beim Erlernen Ihres Berufes Ihr Wissen bei der Prüfung unter Beweis gestellt haben, sollte in Ihrem Sinne sein, als angehende Königin die Gesetze Ihres Aufstiegs und Ihres Erfolgs in Kauf zu nehmen, sie zu aktivieren und zu akzeptieren. Das müssen und das werden Sie schaffen!

Entdecken Sie Ihre körperlichen Ausdrucksformen durch Haltung und Gang

Bewahren Sie Ihre Haltung

Eine Frau mit Stil, Format und mit dem gewissen Etwas erkennt man sofort. Sie ist nicht nur charmant, freundlich oder hilfsbereit – sie ist einfach etwas Besonderes. Und das »Besondere«, das man, ohne mit ihr persönlich in Kontakt zu kommen, sofort bemerkt, ist ihre gesamte Haltung und die Körpersprache. Sie ist sogar ganz leger oder sportlich gekleidet, bewegt sich aber auffallend stolz und königlich. Was hat die Frau an sich, dass gerade sie die Blicke nicht nur der Frauen auf sich zieht? Sie besitzt weder Modelmaße noch die topmodische Ausstattung, sondern sie sieht sogar aus wie die Frau von nebenan. Trotzdem fällt sie aus der Reihe. Ihre gesamte Haltung hat etwas Aristokratisches und zugleich Feminines und sie bewahrt ihren Ausdruck immer und überall.

Es ist unsere Körpersprache, die normalerweise verrät, ob wir uns wohl, gesund, zufrieden, glücklich, erfolgreich, schön, begehrt oder traurig, geschlagen, krank, enttäuscht oder sogar minderwertig fühlen. Aber müssen wir jedes Mal unseren seelischen Zustand preisgeben, indem wir sitzen, gehen oder stehen mit gebrochener Haltung, hängenden Schultern und gesenktem Kopf? Das soll eigentlich unser Geheimnis bleiben. Was wir denken oder wie wir uns fühlen, das geht doch niemanden etwas an.

Die Außenwelt versteht es sowieso nicht. Wir bewegen uns außerhalb der Familie oder der Arbeit anonym. Wäre es nicht Ansporn, Lichtblick und Hoffnung für Sie, wenn Sie sich über Ihre gesamte Haltung Gedanken machen würden? Auch Sie können Ihren Auftritt so bewahren, ohne dass jemand merkt, was in Ihnen vorgeht. Achten Sie mehr auf Ihre Bewegung und Körpersprache. Sie werden nämlich feststellen, dass mit dem aufrecht gehaltenen Körper plötzlich auch Ihre Stimmung mehr Schwung bekommt. Ja, Sie haben es erraten – es ist lediglich die Art Ihrer Bewegung, ob im Stehen, im Sitzen oder beim Gehen, wodurch Sie entweder in Köpfen der anderen einen geheimen Applaus und anerkennende Bewunderung bekommen oder sich zu einem Mäuschen abstempeln lassen und unsicher wirken. Ihre Körpersprache bestimmt Ihre Wirkung auf andere, unabhängig von Ihrem Designerkostüm.

Kennen Sie die Momentaufnahmen, wo die ganze Familie oder eine Clique im Sitzen oder Stehen abgebildet ist? Aus der ganzen Mannschaft fallen meistens nur ein oder zwei Personen auf, die Wert darauf legen, sich richtig in den Mittelpunkt zu stellen. Ich spreche jetzt nicht von einer entsprechenden steifen Pose, die bei lustigen Aufnahmen aus dem Urlaub oder beim Sporttreffen entstanden ist. Ich spreche von sozusagen offiziellen Fotos, die als Vorzeigematerial für die nächsten Jahre dienen. Am häufigsten sieht man den traurigen Blick einer oft in sich gekehrten, gestressten Lady, die nur Wert darauf legt, wie sie eigentlich richtig wirkt. Sie ist überzeugt davon, dass sie, wenn Frisur und Kleidung stimmen, auf den Rest nicht besonders achten muss. Das ist der Knackpunkt der Geschichte.

Ein Beispiel: Durch meine Reisen muss ich oft auf Flughäfen oder in Restaurants warten, bis meine Maschine oder der Zug endlich startbereit ist. Mit großem Vergnügen verbringe ich die Zeit, indem ich Frauen beobachte, und ich stelle stets fest, wie wenige davon auf ihre eigene Haltung achten. Einmal »marschierte« eine supergestylte und groß gewachsene Geschäftsfrau ein, setzte sich nicht weit von mir, streckte die Füße trotz des Rocks vor sich hin, und las mit gebückt-krummem Rücken Zeitung. »Hm«, dachte ich, »eigentlich schade, denn der vorher insgesamt gute optische Eindruck ist jetzt im Eimer«.

Ihre ganze Erscheinung verfloss in der Masse. Kurz darauf »erschien« fast das gleiche Kaliber mit Aktenkoffer, nur im kleineren, und ziemlich molliger Verpackung. Sie nahm auch einen Sitzplatz, telefonierte kurz mit dem Handy und schlug ein Notizbuch auf. Sie saß da, als wenn sie gerade den höchsten Orden empfangen hätte: aufrecht, die Beine und Füße ordentlich schräg nebeneinander. Sie wirkte sehr seriös, interessant, so dass mich die Neugier packte und ich sie am liebsten gefragt hätte, was sie für eine interessante Frau ist, wie sie eigentlich ist und was sie spricht etc. Ich tat es natürlich nicht. Aber was ich gemerkt habe – die erste Dame, die sicherlich attraktiver und jünger erschien, wirkte gar nicht so toll. Meiner Favoritin dagegen wurden von jeder Seite Blicke zugeworfen, weil sie eigentlich sich und ihre Person, möglicherweise auch unbewusst, in das richtige Licht stellte, ohne dass es unnatürlich wirkte.

🦉 *Wissen Sie, es geht eigentlich nicht um die Blicke der anderen. Es geht um den richtigen Eindruck, den Sie bei anderen, auch bei einem kurzem Anblick, hinterlassen. Achten Sie darauf, wie Sie sitzen. Das aufrechte Sitzen tut nicht nur Ihrem Rücken, sondern auch Ihrer gesamten Erscheinung gut. Wichtig ist, wie Sie Ihre Beine stellen. Das können Sie am besten vor dem Spiegel üben. Die Füße und Knie sind eng nebeneinander, leicht zur Seite gestellt. Es ist einfach dezent, aufgeräumt und elegant.*

Beim Übereinanderschlagen der Beine hat es eine schlanke Frau leichter, und sehr wirkungsvoll ist es bei einem kniefreien Rock, aber auf die Dauer ist das anstrengend. Das sieht zwar stets super aus (erinnern Sie sich an Verona Feldbusch, die hält es gnadenlos die ganze Sendung durch), aber im normalen Leben ist es nur dann empfehlenswert, wenn Sie für den Fotografen posieren oder einen kurzfristigen, hervorragenden Eindruck hinterlassen möchten. Bei dieser Art zu sitzen wirkt nämlich jede Beinform, ob in X- oder O-Form, einfach himmlisch schlank und ansehnlich. Wenn Sie zum Beispiel rechts über links schlagen, richten Sie Ihre Beine leicht nach links, die Füße verlaufen parallel. Denken Sie auch an Ihre Arme. Das Spielen mit den Fingern, dem Taschentuch, dem Schlüssel oder das Zupfen an Kleidung oder sogar in Ihren Haaren hinterlässt einen unsicheren oder verkrampften Eindruck. Legen Sie die Hände einfach in den Schoß oder halten sie vor sich als kleine Hilfe Ihre Handtasche. Üben Sie es ein paarmal vor dem Spiegel. Sie werden selbst feststellen, wie frisch und dynamisch Ihr Körper wirkt und wie komisch Sie vorher ausgesehen haben.

Beim Stehen haben die meisten Frauen das Problem: Wohin mit den Händen und wie steht man überhaupt richtig? Das können Sie gleich morgen bei Ihren Kolleginnen oder bei anderen Frauen mit Vergnügen beobachten, wie manche unbeholfen wirken oder völlig verkrampft sind. Frau leidet, wenn sie stehen muss, besonders bei größeren Versammlungen, bei einem Stehempfang, in Bars, Warteräumen oder bei einem Gespräch, wenn keine Sitzmöglichkeit vorhanden ist. Das wird für Sie ab sofort kein Thema mehr sein, denn hier sind die Tricks, wie Sie auch im Stehen eine gute Figur machen.

Wichtig ist, dass die Schultern nicht runterhängen. Den Kopf halten Sie gerade und die Augen blicken nicht nach unten. Lady Di kurz nach ihrer Hochzeit mit Prinz Charles ist das berühmte Negativbeispiel: Sie wirkte dadurch nicht unschuldig, sondern unglücklich und unsicher. Das neue Selbstwertgefühl nach der Lösung von ihrem Ehemann spiegelte sich auch in ihrer Körperhaltung wider. Ich möchte Sie nicht an das tragische Schicksal dieser so geliebten Prinzessin erinnern. Ihre Haltung war in den ersten Jahren in der Königsfamilie nicht vorteilhaft. Trotz alledem hat sie die Herzen der Menschen erobert, und auch sie musste sich einem Stiltraining unterziehen, um eine königliche Haltung zu erlernen.

Ein weiterer Trick, der die Fußstellung betrifft: Ein Fuß steht immer vor dem anderen, indem der hintere Fuß leicht schräg mit der Spitze nach außen gerichtet ist. Das vordere Knie steht etwas vor und ist leicht geknickt. Das Hauptgewicht ist überwiegend auf dem hinteren Bein. Üben Sie auch vor dem Spiegel, nach zweimaligem Hinschauen werden Sie es perfekt beherrschen.

Die Arme hängen locker am Körper mit leicht angezogenen Ellenbogen auf der Höhe des Bauchnabels. Aber bitte nicht verkrampft und bitte nicht – wie beim Beten – die Finger fest verschlungen halten, denn das sieht nicht gerade souverän und selbstsicher aus. Zum Glück haben wir Frauen meistens eine Handtasche, die uns als »Säule« dient. Diese kann man über die Schulter hängen oder in der Hand halten – und schon sind unsere Hände aufgeräumt.

Ganz schlecht wirken verschränkte Arme, denn das signalisiert Ablehnung oder Unsicherheit. Noch schlimmer ist, die Arme hinten am Rücken überkreuzt oder an den Hüften gestemmt zu halten. Das ergibt ein Bild einer Generalin, es ist männlich-arrogant. Wenn Sie dann noch eine breite Beinposition einnehmen, sehen Sie aus wie die neue Frau Napoleon.

Auch das Stehen auf einem Fuß (der zweite befindet sich irgendwo zwischen Boden und Luft) erinnert mehr an einen Storch. Sie dürfen die Spitze des Fußes im Stehen nie nach innen richten, es sieht einfach fürchterlich aus.

Sie sollen im Stehen einen sicheren und weiblichen Ausdruck vermitteln, und wenn auf Ihrem Gesicht auch noch ein nettes Lächeln auftaucht, brauchen Sie nicht zu fürchten, dass Sie komisch dastehen, sondern Sie werden eher den anderen die Show stehlen.

Das Sitzen und Stehen sollten Sie also nicht unterschätzen, es gehört auch zu Ihrer gesamten Wirkung. Sie wollen doch gut aussehen, also nehmen Sie es sich nicht nur zu Herzen, sondern probieren Sie es gleich vor dem Spiegel aus: Würde Ihnen ein Mäuschen oder eine Dame besser gefallen?

Der Gang einer Königin

🦉 *Der Höhepunkt Ihrer gesamten Erscheinung ist zweifellos Ihr Gang.*

Wenn Sie sich Zeit nehmen und sich ans Fenster eines Cafés setzen oder im Sommer in einer Fußgängerzone die Menschen beobachten, werden Sie feststellen, dass nur wenige »aus der Reihe tanzen«. Es kann passieren, dass erst nach einer Stunde ein weiblicher Star an Ihnen vorbeischwebt. Ihre Blicke bleiben an dieser Frau haften. Warum – weil sie etwas Besonderes ausstrahlt. Ja, sie geht wie eine Königin, und dadurch wirkt sie auch wie eine Königin. Doch merkwürdig, ihre Haare sind nicht besonders gestylt, nicht mal auffallend groß ist sie, und im Übrigen ist sie ziemlich durchschnittlich angezogen. Doch sie schwebt durch die Straße, und Sie beobachten, wie die neugierigen Blicke der Passanten auf sie gerichtet sind. »Ist sie ein Star oder Sternchen?«, das fragte ich mich in einer ähnlichen Situation, als ich neulich eine solche Frau auf der Münchener Maximillianstraße beobachtete. Und dort sieht man wirklich sehr viele schicke und attraktive Frauen. Es ist so selten, dass man einer jungen Dame oder einer Frau begegnet, die wirklich einen graziösen Gang hat. Das Resümee, dass fast 90 Prozent der Frauen einen schlechten Gang haben, stimmt schon, denn nicht jede hat als Kind die Ballett- oder später Mannequinschule besucht.

Es ist gerade der Gang, dem Sie mehr Aufmerksamkeit widmen sollten, als Sie bisher dachten. »Schritt und Tritt« sagen sogar vieles über Ihren Charakter aus. Im Klartext – die Art, wie Sie gehen, verrät viel über Ihre Persönlichkeit.

Sie eilen täglich zur Arbeit und zum Einkaufen und Sie haben den Kopf voll mit Aufgaben, die Sie bewältigen müssen. So ist der Alltag. Und wenn Sie ausnahmsweise einen besonderen Abend vor sich haben, an dem Sie zum Essen, ins Kino, zum Konzert oder zum Tanzen gehen, sind Sie mit Ihrem Äußeren beschäftigt, und irgendwann sind Sie froh, optisch dort »gelandet« zu sein, wo Sie es sich wünschten.

Nur: Über Ihren »Einflug oder Abflug« sollten Sie sich mehr Gedanken machen. Damit meine ich Ihren Auftritt, liebe Leserin, also den ersten Eindruck, den Sie beim Betreten eines Raumes hinterlassen. Egal, wie toll Sie aussehen, auch das schönste Kleid des Abends, das gerade Sie tragen, ist nicht die Garantie Ihres Erfolgs. Wie Sie sich in dem Kleid oder mit der neuen Frisur bewegen, darauf kommt es an. Wenn Sie einen Raum betreten, sollten Sie mit einem graziösen, sicheren, stolzen, weiblichen und königlichen Gang erscheinen. Das ist der entscheidende Punkt Ihrer Erscheinung und – wenn Sie sich diesen Rat wirklich zu Herzen nehmen – auch der gewisse Wendepunkt in Ihrem Dasein.

Nicht nur Wolfgang Joop behauptet, die Klasse einer Frau erkennt man an ihrem Gang. Also weg von Masse zur Klasse. Zu welchem »Typ« Sie bis jetzt gehörten, müssen Sie selbst entscheiden. Möglicherweise finden Sie sich in einer oder anderen Gangart wieder, die ich wie folgt beschreibe:

244

Als Schleicherin mit hängenden Schultern und schleppenden Bewegungen verraten Sie eher Ängstlichkeit und Pessimismus. Dagegen die Entengängerin, die mit den Füßen nach außen wackelt und den Po nach hinten ausstreckt, schwingt beim Gehen noch seitlich aus, macht auch nicht gerade eine gute Figur. Die Raserin eilt fast immer gestresst vorwärts mit ausgeprägten Armbewegungen, wie die Soldaten bei einem Marsch, und kann sogar als aggressiv und intolerant eingeordnet werden. Die Tripplerin macht so kleine Schritte, dass sie sich durch ihre ruckartigen Armbewegungen eher nach dem Arm »eines starken Beschützers« sehnt. Die Hüpferin hat zwar eine kerzengerade Körperhaltung, bewegt sich aber federnd vorwärts. Sie hinterlässt zumindest einen spontanen Eindruck. Das Trampeltierchen brauche ich nicht zu beschreiben. Ich füge einfach nur dazu – nicht sehenswert, bitte nicht hinschauen oder gar nachahmen. Ist das nicht verblüffend? Bevor Sie mit jemandem das erste Wort gewechselt haben, weiß man, wer und was auf Sie zukommt.

Nun möchte ich Ihnen die beste und wirkungsvollste Darstellerin der Fortbewegung und Ihre Wirkung beschreiben – die Grazie beziehungsweise die Königin. Sie geht nicht, sie rennt nicht – sie schreitet mit einem grazilen, eleganten, aber auch bestimmten Schritt. Sie vermittelt Selbstbewusstsein, eine Mischung von Schönheit und Intellekt; auch in einer lässigen Verpackung. Sie kommt mit sich und der Welt gut zurecht und hat, zumindest optisch, auf die anderen eine Art Vorbildfunktion.

Wie sie in Wirklichkeit ist oder sich fühlt, weiß zwar keiner, aber sie wirkt. Das ist entscheidend und somit verblüfft sie ihre Umgebung mit ihrer Art der Sonderklasse. Ob sie es bewusst oder unterbewusst macht, spielt keine übergeordnete Rolle. Da sie auch freundlich erscheint, wird sie bewundert und anerkannt.

Ich betone, dass nicht ihre Körpergröße oder besondere Schönheitsmerkmale, sondern die Art, wie sie sich gibt, sie zu einer außergewöhnlichen Frau mit dem »gewissen Etwas« macht. Mit einer Prise des guten Stils können auch Sie zu einer Königin werden. Da ich auf diesem Gebiet langjährige Erfahrungen gesammelt habe, bin ich sicher, dass Sie es auch, wenn Sie es wirklich wollen, erlernen können. Ich habe nicht vor, Sie zu einem Mannequin mit ähnlichem Gang umzupolen, es geht lediglich darum, wie Ihr bisheriger Gang einen brillanten Schliff bekommen kann.

Um Sie nicht zu verwirren, sollten Sie sich auf vier Punkte konzentrieren: auf die Fußstellung, die Arme, die Schultern und den Kopf. Üben können Sie überall: zu Hause, auf der Straße, beim Spazierengehen oder auf dem Weg zum Einkaufen oder ins Büro, also einfach dort, wo Sie sich gerade bewegen.

Beginnen wir mit den Füßen. Stellen Sie sich vor, Sie haben eine gerade Linie vor sich – mit einem Strich eingezeichnet. Sie gehen los und achten darauf, dass Ihre Füße an der Linie bleiben und die Spitzen leicht nach außen gestellt sind. Gehen Sie mit exakten, Fuß vor Fuß setzenden Schritten. Das ist sehr wichtig, denn viele Frauen drehen die Spitze des Fußes beim Gehen sogar nach innen, was zu perfekten O-Beinen führt. Die Linie dient dazu, dass Sie gerade gehen und keinen »Minislalom« veranstalten, was auch häufig vorkommt. Also nochmals – gehen Sie bestimmt, aber nicht zu schnell, machen Sie nicht zu lange oder zu kurze Schritte, halten Sie sich an diese unsichtbaren Linie, und die Spitzen der Füße sollten leicht übereinander nach außen zeigen.

Dies ergibt automatisch auch einen eleganten Hüftgang.

Ihre Arme bewegen sich ganz locker mit am Körper, parallel zu Ihren Schritten. Bitte keine Armbewegung vor dem Körper oder seitlich zu weit weg vom Körper. Die Arme einfach locker hängen lassen, ohne großen ausgeprägten Schwung. Das ist nicht so schwer.

Die Schultern und das Rückgrat müssen eine kerzengerade Haltung bilden. Ohne diese Anstrengung werden Sie sonst nie den richtigen Gang schaffen, denn bei hängenden Schultern oder buckligem Rücken nützen Ihnen gute Schritte gar nichts.

Und jetzt kommen wir zu dem Wichtigsten – der Kopfhaltung. Der Kopf muss ganz ruhig gehalten werden, er darf nicht hin und her wackeln und nicht zum Boden hängen. Ihr Kopf – das Zentrum Ihrer Gefühle und aller Informationen – soll stolz und würdig getragen werden. Vielleicht sogar mit leicht angehobener Nase. Es wirkt nicht arrogant, wenn Sie eine freundliche, lächelnde Mimik haben.

Glauben Sie mir, der Kopf ist die »Krone Ihres Körpers«. Warum tragen ihn manche so gesenkt und versteckt? Man soll Sie doch sehen, Sie, die tolle Frau, die die Anerkennung auch verdient. Es gibt eine Hilfe – stellen Sie sich vor, Sie haben auf dem Kopf eine Krone, ein Diadem aus kostbaren Diamanten, und das darf nicht herunterfallen, sonst verlieren Sie alles. Was glauben Sie, wie stolz, würdig und ruhig Sie Ihren Kopf dann tragen würden? Und daran müssen Sie denken. Egal, wie Sie sich fühlen, Ihr Kopf ist königlich, leicht angehoben und verdient die Aufmerksamkeit. Ihre Augen sehen vor sich nach vorne. Ja, nach vorne, denn dort spielt das Leben! Wenn Sie die Augen zum Boden richten, sehen Sie nur den Staub und Dreck einen Meter vor sich. Ihr

Leben spielt sich doch vor Ihnen und nicht unter Ihnen ab. Sie wollen doch auch mitbekommen, was um Sie herum geschieht. Schreiten Sie wie eine Grazie durchs Leben und sehen Sie nur nach vorne. Sie werden sofort merken, dass Sie sich dabei anders fühlen. Fasziniert dürfen Sie von sich sein und die Menschen werden Sie ganz anders behandeln.

Sie sind es wirklich wert, wie eine Königin durchs Leben zu gehen, und ich weiß, dass es zu machen ist. Erinnern Sie sich jeden Tag, welche Qualitäten Sie haben und dass Sie eine Frau sind, die sich nie verstecken muss. Schreiten Sie, als wenn Sie gerade den Oscar oder eine Verdienstmedaille empfangen würden.

Einen Orden müssten wir sowieso alle bekommen, und wenn er schon nicht verliehen wird, bekommen wir ihn vielleicht auf eine andere Art und Weise – zum Beispiel durch überraschenden Besuch, ein Kompliment von fremden Menschen, durch das Lachen eines Kindes und durch die Freiheit, die Sie besitzen, um Ihnen was Gutes zu tun. Auch durch die Tatsache, dass Sie eigentlich alles Einmalige und Kostbare der Welt besitzen – sich selbst und die Kraft, Ihre Gedanken und Taten zu verändern, damit Sie für den Rest Ihres Daseins auch Gutes empfangen, empfinden und an andere weitergeben können.

Entdecken Sie die Lust, eine Frau sein. Durch Ihr ständiges Schaffen, gute Taten und die Aufgaben, die Sie täglich erledigen und die oft nicht leicht zu bewältigen sind, sind und bleiben Sie sowieso Ihre eigene Königin. Also – bringen Sie es zum Ausdruck und leben Sie es aus. Sie sind nicht auf dem Weg dazu, Sie sind es schon von Anfang an. Sie wollten es nur nicht wahrhaben, nicht beginnen. Und wenn Sie die Vorbildfunktion für andere nicht erfüllen, dann tun Sie es in erster Linie für sich selbst! Ihr Körper und Ihre Seele werden es Ihnen danken.

Nachwort

Ich bin sicher, verehrte Leserinnen, dass Sie erkannt haben, dass Ihr gesundes Selbstwertgefühl, die Kraft Ihrer Gedanken und Taten – genauso wie die Schönheit – einen unverzichtbaren Teil der Wirklichkeit ausmachen, in der Sie leben. Ihre wahren Stärken dürfen nicht auf der Strecke bleiben, sondern sollen mit allen Möglichkeiten und auch Raffinessen zur Geltung kommen, sie müssen ausgelebt werden.

Ihr Selbstbild soll und muss auch Ihre Realität gestalten. Seien Sie offen für Neuerungen und Veränderungen. Das kann nur durch Sie geschehen. Kein »geistiger Lehrer« wird die Zukunft Ihres Lebens gestalten. Nur Sie selbst haben die Kraft, die Macht und das Wissen, wie Sie Ihr Dasein als »Königin« oder »Eva« gestalten und ausleben.

Beweisen Sie sich selbst, was Sie alles können, wozu Sie fähig sind, was in Ihnen steckt und verborgen ruht. Sie besitzen genug Mut, Willenskraft und Intuition, um das zu erkennen. Es sollte für Sie nicht schwer sein, sich in die Rolle einer »Königin« zu versetzen. Nehmen Sie das, was Sie brauchen, denn dieses Buch soll »Ihre Requisitenkammer« für eine gelungene Vorstellung sein – mit allen Zutaten, die Sie brauchen. Wir alle wissen, dass es manchmal eines Anstoßes bedarf, einer Initialisierung, um wach zu werden, noch vorne zu schauen und zu handeln. Viele Frauen verharren gleichsam in ihrem Schicksal. Sie haben sich irgendwie »eingerichtet«, alles ist in irgendwelchen Bahnen, alles ist geregelt, und da ist oftmals kein Platz für Neues, für Veränderungen. Aber diese Frauen müssen auch wissen, dass sie einem Fahrplan gehorchen, den andere für Sie aufgestellt haben.

Sich zu verändern, zu erneuern, die eigene Weiblichkeit erneut zu entdecken, wieder Lust daran zu haben, eine Frau zu sein, sich sein eigenes Paradies und Königreich zu schaffen – das alles ist nicht das Ergebnis einer tief greifenden, umwälzenden Revolution! Nein, es ist das Ergebnis eines Anfangs, auch wenn er zunächst vielleicht klein ist. Dieser Anfang aber ist der neue Schwung, den Sie sich selbst und damit Ihrem Leben geben. Und Sie werden erkennen, dass auch Sie ein Recht darauf haben, sich wie eine Königin zu fühlen.

Konfrontieren, verblüffen und beglücken Sie Ihre Mitmenschen mit einem neuen, hervorragenden ersten Eindruck einer selbstbewussten Königin – nicht immer gibt es eine zweite Chance. Ihr Selbstbewusstsein, Aussehen, Ihre Körperhaltung und Ihre Umgangsformen sind die Voraussetzung und die Eintrittskarte für Ihren Erfolg. Setzen Sie sich in das rechte Licht, wenn Sie Ihr Bestes geben. Ich bin mir sicher, es wird Ihnen jetzt nicht mehr schwer fallen. Denn dieses Buch bietet Ihnen konkrete Hilfen und Tipps, die Sie auf Ihrem Weg benötigen, um die wahre Macht der Weiblichkeit neu zu entdecken, sie aufzufrischen und zu der Überzeugung zu kommen und zu sagen, dass jede zur Königin geboren ist.

Herzlichst, Ihre Aisha Rokovsky

Information über Seminare oder Einzelberatungen
unter:

Perfektion – Aisha Rokovsky – München
Tel.: 0 89/67 00 09 10, Fax: 0 89/67 00 09 11

Internet: http://www.aisha-rokovsky.de
E-Mail: info@aisha-rokovsky.de

http://www.ruede-wissmann.de

324 Seiten · ISBN 3-7844-7373-3

Birgit Rupprecht-Stroell · Marion Kaminski

Fleißige Frauen arbeiten - kluge machen Karriere

Kommunikation ist der Schlüssel zum Erfolg

Häufig scheitern Frauen in kritischen Situationen auf Grund defensiver Rhetorik. Die Autorinnen zeigen, wie "Frau" ihre Kommunikationsfähigkeit verbessert, in Gesprächen und Verhandlungen ihre Durchsetzungskraft und positive Ausstrahlung stärkt, und wie sie sich selbst und ihre Fähigkeiten optimal präsentieren kann.

Wirtschaftsverlag Langen Müller/Herbig

Besuchen Sie uns im Internet unter http://www.herbig.net

240 Seiten · ISBN 3-7844-7406-3

Claudia Hovermann
Es geht auch ohne Boss

Professionelle Chefentlastung

Dieses Buch hilft Sekretärinnen mit konkreten Tipps aus der Praxis, sich besser zu organisieren und Freiräume für Assistenzaufgaben zu schaffen. Claudia Hovermann zeigt, wie aus Chef und Sekretärin durch eine bessere Zusammenarbeit tatsächlich das Dream-Team wird, das sich beide wünschen.

Wirtschaftsverlag
Langen Müller/Herbig

Besuchen Sie uns im Internet unter http://www.herbig.net

Birgit Rupprecht-Stroell

208 Seiten · ISBN 3-7844-7413-6

Birgit Rupprecht-Stroell

Mobbing – nicht mit mir!

Raus aus der Opferrolle!

*Ob Mobbing von oben, von Kollegen
oder Untergebenen – die Autorin
bietet Erfolg versprechende
Reaktionsmuster an. Es ist nicht
einfach, das Schlachtfeld als Siegerin
zu verlassen, aber es ist durchaus
möglich.*

Langen Müller

Besuchen Sie uns im Internet unter http://www.herbig.net